Lukas Schwarzacher/Hermann Vinke

Philippinen: Die unvollendete Revolution

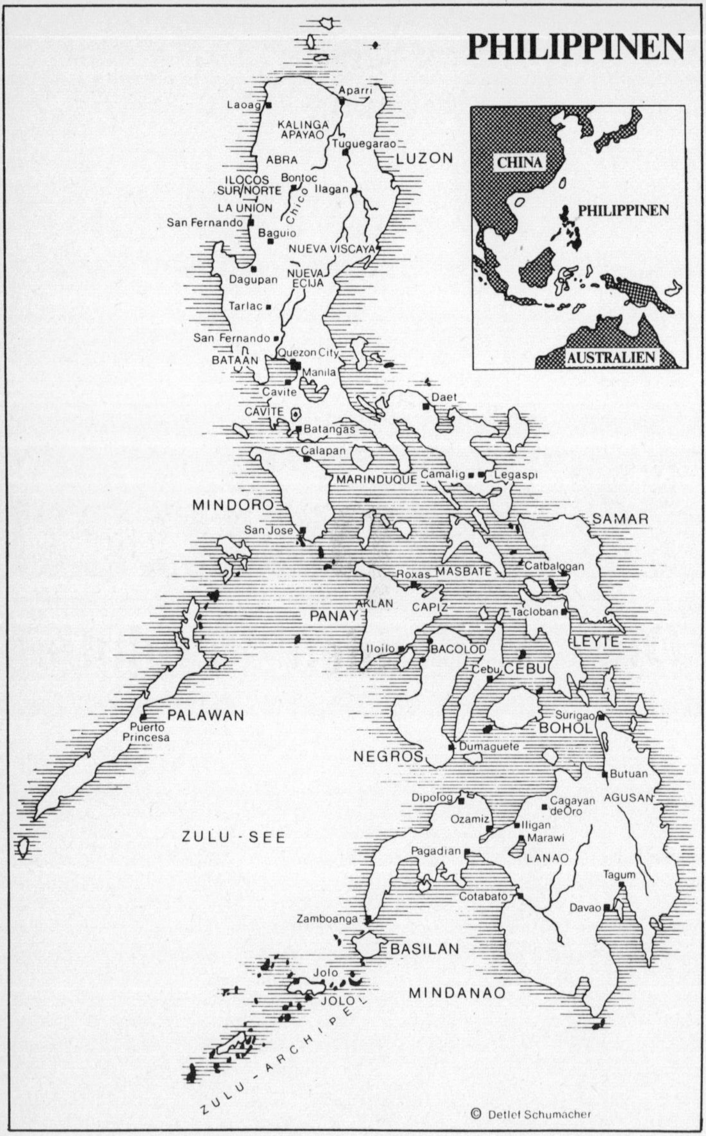
PHILIPPINEN
CHINA
PHILIPPINEN
AUSTRALIEN
Aparri
Laoag
KALINGA
APAYAO
Tuguegarao
LUZON
ABRA
ILOCOS
SUR/NORTE
Bontoc
Ilagan
Chico
LA UNION
San Fernando
Baguio
NUEVA VISCAYA
Dagupan
NUEVA
ECIJA
Tarlac
San Fernando
Quezon City
BATAAN
Manila
Cavite
CAVITE
Batangas
Daet
Calapan
MARINDUQUE
Camalig
Legaspi
MINDORO
San Jose
SAMAR
Roxas
MASBATE
Catbalogan
AKLAN
CAPIZ
PANAY
Tacloban
LEYTE
Iloilo
BACOLOD
Cebu
CEBU
PALAWAN
Puerto
Princesa
Surigao
BOHOL
NEGROS
Dumaguete
Butuan
Dipolog
Cagayan
deOro
AGUSAN
Ozamiz
Iligan
Marawi
ZULU - SEE
Pagadian
LANAO
Tagum
Cotabato
Davao
Zamboanga
BASILAN
Jolo
JOLO
MINDANAO
ZULU - ARCHIPEL
© Detlef Schumacher

Lukas Schwarzacher
Hermann Vinke

Philippinen

Die unvollendete Revolution

Lamuv Verlag

CIP-Kurztitelaufnahme der Deutschen Bibliothek

Schwarzacher, Lukas:
Philippinen: Die unvollendete Revolution / Lukas
Schwarzacher ; Hermann Vinke. – Bornheim-Merten :
Lamuv Verlag, 1987.
ISBN 3-88977-138-6

NE: Vinke, Hermann

Bitte fordern Sie unser Gesamtverzeichnis an, das wir Ihnen kostenlos zusenden.

1. Auflage, November 1987

Umschlaggestaltung: Gerhard Steidl unter Verwendung eines Fotos von Lukas Schwarzacher
Gesamtherstellung: Steidl, Göttingen
ISBN 3-88977-138-6

Inhaltsverzeichnis

Einleitung

Kinder, die elendig zugrunde gehen und in Gemüsekisten verscharrt werden wie Hunde, während ihr Präsident für seinen Geburtstag Millionen von Dollar ausgibt. Revolutionäre und Sozialarbeiter, die sich am Abend in schmierigen Bars vollaufen lassen, nachdem sie tagsüber das Elend ihrer Mitbürger zu lindern versuchten. Soldaten, die betrunken mit ihren Maschinengewehren hantieren und die abgehackten Ohren ihrer getöteten Gegner zu Hause als Trophäen aufbewahren.

Huren und Barmädchen, die vom Heiraten und vom Leben mit ein wenig Würde und Achtung träumen und vom blonden Ausländer, der versprochen hat, sie zu retten – und doch nie zurückkommt. Slums, die sich »Better Living« nennen und in denen wackelige Bretterstege »Sweden Street« heißen. Zuckerrohrarbeiter und Slumbewohner, die trotz Hunger Menschen geblieben sind und lachen können, während jene, die sie ausbeuten, der Schamlosigkeit und Unmenschlichkeit zu neuen Dimensionen verhelfen.

Bischöfe, die mit Untergrundkämpfern an einem Tisch sitzen, und Prälaten, die am liebsten alle Kommunisten in der Hölle schmoren sehen wollen. Revolutionäre, die einem bei Coke und Hamburger Marx und Mao erklären. Bürgerwehren aus fanatischen Sekten, die an ihre Unverwundbarkeit glauben und ihren Opfern den Kopf abschlagen oder sie in Stücke hauen – und dafür von ihrer Regierung unterstützt werden. Stämme, die »neu entdeckt« werden, die es aber nie gegeben hat und nur von einem Minister als Touristengag erfunden wurden.

Spanischer Traditions- und Kultkatholizismus, dem man auf Knien huldigt, bevor man hingeht und die Schwächeren unterdrückt. Diktatoren, Chaoten, Madonnen, Matronen, Pfaffen, Heilige, Lemuren, Bestien, Freischärler, Idealisten, Revolutionäre, Schießfreudige, Mörder, Generäle, Folterknechte, Guerilleros, Intellektuelle, dazwischen Bomben, Kinderlachen und dann und wann »Coke is it!«...

Das und noch viel mehr ist das »Philippinische Labyrinth«, in dem sich nicht nur der Besucher verfängt. Die Filipinos selbst sind seine Opfer geworden, haben sich darin verirrt, versuchen zu entkommen. Bis jetzt vergeblich. Zu tief sind die Wunden, die »300 Jahre im spanischen Kloster und 50 Jahre in Hollywood« hinterlassen haben. So bezeichnen die Filipinos die schmerzliche und langwierige Geburt ihres jungen Staates, der von all seinen Präsidenten als Privatbesitz zur Maximierung ihrer eigenen Profite betrachtet wurde. 20 Jahre unter dem gründlichsten und schlauesten aller Ausbeuter, Ferdinand Marcos, haben das Land und seine 54 Millionen Einwohner noch tiefer in den Sumpf sozialer Zerrüttung, Zerstörung und Verzweiflung gezogen.

Hat mit »People Power« eine neue Epoche begonnen? Oder handelt es sich um die Erneuerung des alten bankrotten Systems? Führt Cory Aquino zu den Traditionen zurück, die das Land schon so viel gekostet haben? Gibt es für die Philippinen einen Ausweg aus dem Labyrinth?

Wir haben keine fertigen Antworten. Wir wissen nur, daß die philippinische Revolution noch längst nicht abgeschlossen ist, daß sie vielleicht noch nicht einmal richtig begonnen hat.

Dieses Buch ist der Versuch einer Zustandsbeschreibung, wobei wir möglichst Filipinos zu Wort kommen lassen. Denn es ist ihr Land, um das es geht. Zumindest sollten sie endlich die Chance bekommen, es dazu zu machen, nachdem der Unabhängigkeitskampf schon Jahrhunderte gedauert hat.

Wir, die beiden Autoren, haben die Philippinen seit Beginn der achtziger Jahre intensiv bereist, oft gemeinsam und keineswegs nur mit dem Ziel Manila. Im Laufe der Zeit sind uns Bacolod, Cebu City und Davao ebenso vertraut geworden wie die Hauptstadt. Bei diesen Reisen ist dieser Archipel mit seinen über siebentausend Inseln auch ein Stück »ang bayan ko« – unser Land – geworden.

Wir möchten mit diesem Buch deutschen Lesern einen Zugang eröffnen zu diesem angeblich so fernen Land. Es liegt in Wirklichkeit vor unserer Haustür, wie Südafrika, Südkorea, Nicaragua oder Haiti. Es geht nicht darum, im Gefolge einer Krisenkonjunktur ein weiteres Land zu erschließen. Es geht, wie in den anderen Regionen auch, um Menschen, in diesem Fall um 54 Millionen Filipinos.

Lukas Schwarzacher, Tokyo
Hermann Vinke, Washington *August 1987*

Dieses Buch ist

Sybil, Lorenzo,
Virginia, Louis,
Joan, Joel, Marissa,
Serge, Grace, Anton,
Shamaine, George,
Joy, Glenn, Elena,
Kenny...

und all jenen Freunden auf den Philippinen gewidmet,
ohne die dieses Buch nicht entstanden wäre.

Über Namen, Abkürzungen, Ausdrücke und Geld

Zwischen dem Vor- und Zunamen der meisten Filipinos wird der Anfangsbuchstabe des *Mädchennamens* der Mutter geführt. Beispiele: Corazon C. Aquino (Cojuanco); Ferdinand E. Marcos (Edralin) etc. Die Autoren haben sich die Freiheit erlaubt, diese Buchstaben manchmal entfallen zu lassen.

Spitznamen sind auf den Philippinen überaus beliebt und haben eine lange Tradition. Nur jene Spitznamen prominenter Persönlichkeiten werden im Text alleinstehend verwendet, die weltweit durch Medien bekannt wurden. Beim ersten Auftreten im Text erscheinen sie unter Anführungszeichen, bei weiterer Erwähnung jedoch ohne spezielle Kennzeichnung. Beispiele: Benigno »Ninoy« Aquino; Corazon »Cory« Aquino; Jose »Peping« Cojuanco; Eduardo »Dading« Cojuanco etc.

Noch beliebter als Spitznamen sind *Abkürzungen*. Wir wollen den Leser nicht mit der verwirrenden Sturzflut dieser Abkürzungen quälen. Folgende Kürzel verschiedener Organisationen und Parteien lassen sich jedoch nicht immer vermeiden und kommen im Text häufiger vor, ohne jedesmal erklärt zu werden (in alphabetischer Ordnung):

AFP	Armed Forces of the Philippines
BAYAN	Bagong Alyansang Makabayan. Seit 1984 die wichtigste Dachorganisation der sogenannten zielorientierten und nationalistischen Opposition. Geht später zum Großteil in die PNB (siehe unten) über.
BMLO	Bangsa Moro Liberation Organisation
BSP	Bruttosozialprodukt
CHDF	Civil Home Defence Forces; Bürgerwehren, die unter dem Kommando der PC und des Militärs stehen.

	Wegen ihrer nachgewiesenen Menschenrechtsverletzungen und Brutalität sehr umstritten.
COMELEC	Commission on Elections, Wahlkommission
IWF	Internationaler Währungsfonds
Ka	Kasama = Genosse
KBL	Kilusang Bagong Lipunan, Neue-Gesellschaft-Bewegung
KMP	Kilusang Makbubukid ng Pilipinas; linke und radikale Bauernorganisation
KPP	Kommunistische Partei der Philippinen
MNLF	Moro National Liberation Front
NAFP	New Armed Forces of the Philippines. So nennen sich die Streitkräfte seit dem Sturz Marcos'.
NAMFREL	National Citizens' Movement for Free Elections
NDF	National Democratic Front, Nationaldemokratische Front
NPA	New Peoples Army, Neue Volksarmee
PC	Philippine Constabulary; eine paramilitärische Polizeieinheit, die unter dem direkten Kommando der Armee steht.
PCGG	Presidential Commission on Good Government
PDP-Laban	Pilipino Democratic Party - Lakas ng Bayan (Bangsa)
PNB	Partido ng Bayan, Partei des Volkes
RAM	Reformed Armed Forces Movement
TFD	Task Force Detainee, die landesweite, kirchliche Menschenrechtsorganisation
UNIDO	United National Democratic Organisation
UP	University of the Philippines in Manila, die elitäre Spitzenuniversität des Landes
WB	Weltbank

Einige häufig vorkommende Ausdrücke, die schwer direkt zu übersetzen sind:

● **Crony** (Plural: Cronies): Damit werden alle bezeichnet, die sich verwandtschaftliche Beziehungen oder Freundschaften zu einem Mitglied der Regierung, meist zum Präsidenten, zunutze machen, um sich schamlos zu bereichern. War dies schon immer Sitte unter den herrschenden Oligarchen, so hat das System unter Ferdinand Marcos neue Blüten getrieben. Da Marcos die alten Oligarchenfamilien entmachtet hat, wurde die von ihm protegierte und bevorzugte neue Klasse von Günstlingen »Cronies« genannt.

- **Hacienda** und **Haciendero:** Die Hacienda (aus dem Spanischen) ist der Sitz eines feudalen Großgrundbesitzers, der von seinem Land und der Arbeit seiner Plantagenarbeiter lebt. Der Begriff »Hacienda« umfaßt das Herrenhaus und die Ländereien. Der Haciendero ist der Großgrundbesitzer.
- **Malacañang** (Palast): Prunkvoller Sitz des Präsidenten der Philippinen.
- **Metro Manila:** Das ist die seit 1975 gültige Bezeichnung für den Großraum Manila. Zuvor war dies die Provinz Rizal gewesen. Im Text sind die üblichen Bezeichnungen aufgenommen worden: Manila alleine bedeutet meist Metro Manila. Der volle Begriff wird nur dann verwendet, wenn er den Unterschied zu einem Teil der Stadt ausdrücken soll. Die Städte Quezon, Makati etc. gehören zu Metro Manila.
- **City** (nach einem Stadtnamen): Auf den Philippinen haben Provinzen und ihre Hauptstädte oft den gleichen Namen. Um zu differenzieren, hat es sich eingebürgert, die Stadt mit dem Namen und einem angeschlossenen »City« zu benennen. Beispiele: Davao City, Decu City. Dies wurde im Buch zum Teil beibehalten.
- **Barrio:** Dorf – bis zur Marcos-Verfassung von 1973 die kleinste administrative Einheit.
- **Barangay:** Eine weitere Unterteilung der Gemeinden in Gruppen, denen jeweils ein sogenannter »Barangay-Captain« vorsteht. Das System wurde von Marcos eingeführt (siehe »Die neue Gesellschaft«) und erinnert in gewisser Weise an das Blockwart-System in der Nazi-Zeit.
- **Utang na loob:** Die Dankbarkeitsschuld. Diese in den meisten Kulturen Ostasiens ausgeprägte Form gegenseitiger Abhängigkeit spielt auf den Philippinen eine besondere Rolle, da sie von den Mächtigen des Landes erfolgreich zur Erweiterung des eigenen Machtbereichs und zur Vermehrung des eigenen Reichtums eingesetzt wurde und wird. (Siehe »Zwanzig Jahre Marcos«)
- **Compadres:** Freunde, ehemalige Schulkollegen oder Jugendbekanntschaften, denen man sich und die man verpflichtet, um an die Macht zu gelangen. (Siehe »Zwanzig Jahre Marcos« und »Die fünf Säulen des alten Regimes«)
- **Mestizo, Mestiza:** Ursprünglich Kinder von spanisch-philippinischen Eltern. Wurde später als Begriff für die herrschende Oligarchenklasse verwendet. Mit »Mestiza« werden heute vor allem verwöhnte Mädchen aus der Oberschicht bezeichnet.
- **Jeepney:** Jene ursprünglich aufgelassenen und umgebauten amerikanischen Militärjeeps, die später formgetreu nachgebildet wurden und heute Hauptverkehrsmittel auf den Philippinen sind.

Zwischending zwischen Taxi- und Autobus; man kann sie in den meisten Städten jederzeit anhalten und mitfahren. Jeder Jeepney hat seine bestimmte Route, die aber einige Umwege erlaubt.

- **Salvaging:** Die ursprüngliche Bedeutung ist »retten« oder »die Rettung, die Erlösung«. Auf den Philippinen allerdings heißt »salvaging« nichts anderes, als politisch Verdächtige zu foltern, zu ermorden, zu verstümmeln und die Leichen irgendwo zu deponieren, wo sie meist später halb verwest aufgefunden werden.
- **Counterinsurgency:** Der schmutzige Krieg des Staates gegen subversive Elemente und Untergrundorganisationen, der alle Mittel erlaubt. Dieser englische Begriff wurde in dieser Form ins Buch aufgenommen, da er heute zum internationalen Vokabular gehört und auf den Philippinen der unvollendeten Revolution eine wichtige Stellung einnimmt.
- **Low Intensity Conflict:** Ein strategischer Begriff, der die Destabilisierung eines politischen Systems und der dazugehörenden Regierung durch einen schwelenden »Konflikt geringer Intensität« bezeichnet. Wurde von der CIA und amerikanischen Strategen entwickelt. Anwendung: Nicaragua, El Salvador, Philippinen.

Der philippinische **Peso** hat in den Jahren 1981–1986 eine rasante Talfahrt mitgemacht. Er hat über die Hälfte seines Wertes verloren. - Der Einfachheit halber ist eine Deutsche Mark etwa mit elf Peso gleichzusetzen. Dieser Wechselkurs entspricht dem Wert von 1987. Als vereinfachte Regel können Peso-Werte, die im Zusammenhang mit Ereignissen der Jahre vor 1981 erwähnt werden, mit etwa fünf Peso oder etwas weniger zur Mark umgerechnet werden.

Das Land im Übergang

Denkmal des 1983 ermordeten Benigno Aquino in seiner Heimatstadt Tarlac City

Benigno Aquinos Heimkehr: Das freiwillige Opfer

»Das freiwillige Opfer eines Unschuldigen bleibt die mächtigste Antwort auf freche Tyrannei, die Gott und Menschen jemals erdacht haben.« (Zitat Mahatma Gandhis, das Benigno Aquino für seine geplante Ankunftsansprache auf dem Flughafen von Manila verwenden wollte)

Flug 811 der taiwanesischen Luftfahrtgesellschaft China Airlines war an jenem 21. August 1983 planmäßig um 13.05 Uhr gelandet. Gemächlich rollte der Airbus 300 über den heißen Asphalt des internationalen Flughafens von Manila und steuerte nach Anordnung der Bodenstation dem Flugsteig 8 entgegen.

In der Kabine freuten sich Touristen auf tropische Strände. Geschäftsleute ordneten ihre Unterlagen, und in der Nichtraucherabteilung verabschiedete sich ein Filipino mittleren Alters von einer kleinen Schar vor allem amerikanischer Journalisten, die ihn fast während des ganzen, knapp zwei Stunden langen Flugs von Taipei mit Fragen überhäuft hatten.

Der Mann im weißen, legeren Tropenanzug hatte ihnen manchmal lachend und witzig und dann wieder todernst Rede und Antwort gestanden. Jetzt, da die Maschine langsam zur letzten, scharfen Kurve vor dem Flugsteig ausholte, drängten sich noch ein paar Fotografen und ein Videokameramann zu dem Filipino mit den dünngefaßten Augengläsern, um routinemäßig ein paar Bilder und einige Meter Video vom sanft entschlossenen Gesicht zu bekommen. Hinter dem scheinbar unbeschwerten Lächeln verrieten die dunklen Augen des Mannes erwartungsvolle Spannung.

Das Flugzeug war nun endgültig zum Stillstand gekommen. Die Turbinen wurden abgestellt. Passagiere standen ungeduldig auf, packten ihr Handgepäck zusammen und warteten auf die Erlaubnis, aussteigen zu können. Der Mann im Tropenanzug blieb vorerst sitzen und plauderte noch mit ein paar Begleitern. Vorne wurde die Kabinentür geöffnet, Bodenpersonal und Besatzung tauschten ordungsgemäß Flugpapiere und Dokumente aus.

Zwei Männer in Militäruniform, sonst nicht üblich an Landebrücken des Flughafens von Manila, baten die Besatzung der Maschine, die Passagiere so lange in der Kabine warten zu lassen, bis sie ihre Arbeit erledigt hätten. Zielstrebig drängten sie sich durch den engen Gang, offensichtlich auf der Suche nach einem Passagier. Als sie den Mann im Tropenanzug erkannten, kämpften sie sich zu seinem Platz durch und baten ihn höflich, mitzukommen.

Der Mann erwiderte die Aufforderung mit einem freundlichen Lächeln - aber bevor er sich umsehen konnte, hatte ihn der eine Soldat unter den rechten Arm gefaßt und aus seinem Sessel gehoben. Der andere Uniformierte packte das Handgepäck des Mannes und schritt voran in Richtung Ausgang am Bug des Flugzeugs. Journalisten und Begleiter wollten wissen, was vor sich ging.

»He, ich bin sein Schwager, was ist los?« rief einer - und bekam nur die Antwort: »Ja, ja, bleiben Sie einstweilen sitzen.«

Einige Fotografen versuchten, das Trio wenigstens bis zum Ausgang zu begleiten, wurden jedoch durch Gepäck, Passagiere und die Abblockmanöver der zwei Uniformierten daran gehindert. Hinter der Trennwand der vorderen Bordküche war ein dritter Soldat erschienen, der sich seinen beiden Kameraden und dem zwischen ihnen eingeklemmten Mann im Tropenanzug anschloß.

In der Kabine herrschte Chaos. Begleiter des Mannes und Journalisten unternahmen jetzt alles, um an den Ausgang zu gelangen. Uniformierte blockierten inzwischen die Kabinentür. Der Mann verschwand mit den Soldaten in der Fluggastbrücke, plötzlich krachte ein Schuß. Irgendwo unterhalb des Notausgangs wurde gefeuert. Dann fiel ein zweiter, ein dritter Schuß und unmittelbar darauf zerschnitt das Gehämmer automatischer Waffen die schwüle Mittagsluft.

Im Geschrei und Gedränge des Passagierraums stürzten sich ein paar Fotografen zu Fenstersitzen. Schräg durch das dicke Glas konnten sie den Körper des Mannes im weißen Tropenanzug auf Filme bannen, wie er am Fuß der Notausgangsstiege lag, das Gesicht nach unten. Um den Kopf bildete sich eine Blutlache. Schräg links vor ihm lag ein anderer Mann, in der Uniform der Mechaniker, reglos in der Sonne. Ein Lieferwagen der Flughafensicherheitsbehörde AVSECOM stand vor den leblosen Körpern. Soldaten und weißuniformierte AVSECOM-Mitglieder liefen hektisch hin und her, pumpten noch ein paar Kugeln in die Leiche des Mechanikers, zerrten den reglosen Körper im Tropenanzug zum Lieferwagen und hoben ihn in den Laderaum. Die Hecktüren wurden geschlossen, der Wagen raste davon.

Bereits mit dem ersten Schuß war die ganze Arbeit geleistet worden. Der wichtigste Oppositionsführer der Philippinen, Benigno Aquino, war tot. Das Blei hatte sein Hirn vom oberen Hinterkopf bis zum grausigen Ausschuß am Kinn durchbohrt. Wie erst viel später rekonstruiert wurde, galten die übrigen Kugeln jenem angeblichen Mechaniker, der, so das Militär während der Untersuchungen in den folgenden Monaten, plötzlich aus dem Nichts erschienen sei und Aquino erschossen habe.

Rolando Galman hieß der Mann, der von den Soldaten und umstehenden AVSECOM-Wachen förmlich mit Kugeln durchsiebt worden war. Er sei als Berufskiller bekannt und auch wegen ähnlicher Verbrechen schon einmal im Gefängnis gewesen – auf dieser Version beharrte das Militär bis zum Ende des Marcos-Regime.

Das politische Wunderkind

»Ninoy«, wie der damals 50 Jahre alte Benigno Aquino von Verwandten, Freunden und Anhängern immer schon und nach seinem Tod von einer ganzen Nation genannt wurde, war damals freiwillig nach Hause zurückgekehrt. Gewarnt hatten ihn viele. Sogar die Frau seines fürchterlichsten Feindes, die »First Lady« Imelda Marcos, hatte Aquino bei einem kurzen Treffen in New York einige Wochen vor dem fatalen 21. August 1983 von einer Heimkehr aus dem Exil abgeraten. Wenn er auf einer Rückkehr bestehe, würde dies sein Todesurteil bedeuten, prophezeihte Imelda. Er werde im Interesse seiner eigenen Sicherheit wieder eingesperrt werden müssen. »Die Regierung hat Schwierigkeiten, ihre eigenen Leute zu kontrollieren«, meinte die First Lady.

Sie mußte es wissen. Schließlich war es »Meldy«, wie Imelda Marcos gerne genannt wurde, die Aquino am 8. Mai 1980 nach seinem ersten Herzanfall im Krankenhaus besuchte und ihm anbot, noch am Abend des selben Tages nach Amerika zu fliegen. Aquino war damals nach über sieben Jahren Gefängnis der bekannteste politische Häftling der Philippinen. Er wartete auf die Vollstreckung eines bereits drei Jahre zuvor verhängten Todesurteils. Nach seinem ersten Infarkt bat er um die Erlaubnis, zur Behandlung nach Amerika reisen zu dürfen. Und ausgerechnet Imelda arrangierte alles. Noch am Abend des 8. Mai 1980 flogen Aquino, seine Frau Corazon und die Kinder ins Exil in die USA, das über drei Jahre dauerte.

Im Sommer 1983 war Ninoy entschlossen, heimzukehren. Sämtliche Warnungen und Drohungen schlug er in den Wind. Sein politischer Instikt schien ihm zu sagen, daß die Zeit für seine Heimkehr reif geworden war. Im Mai des folgenden Jahres sollte das Parlament neu gewählt werden.

Präsident Ferdinand Edralin Marcos herrschte 1983 als absoluter Monarch. Seine Dekrete, die er in immer engerer Reihenfolge zu unterschreiben pflegte, brachten seinen Freunden und Cronies Millionen ein. Das Land rückten sie jedoch noch näher an den wirtschaftlichen und sozialen Ruin.

Das 1972 ausgerufene Kriegsrecht war zwar Anfang 1981 offiziell aufgehoben, die absolute Macht des Präsidenten jedoch nicht angetastet worden. Und Aquino fürchtete nicht als einziger eine mögliche Machtübernahme durch das Militär. Die Streitkräfte, 1970 nur knappe 60 000 Mann groß, waren inzwischen durch Marcos' Politik auf eine Stärke von über 220 000 angewachsen. Der kommunistische Widerstand, bis 1972 eine schwache Vereinigung einzelner Bauernarmeen unter der Führung der illegalen Kommunistischen Partei der Philippinen, operierte 1983 bereits in weiten Teilen des Landes und verfügte über eine Guerillaarmee von etwa 14 000 Mann. Die Opposition, durch die Verhaftung oder Exilierung ihrer besten Führungspersönlichkeiten geschlagen und aufgesplittert, war nicht imstande, etwas gegen die rücksichtslose Taktik des Präsidenten auszurichten.

Alle hofften auf den Starpolitiker Benigno Aquino, der schon in jungen Jahren für Furore in den herrschenden Oligarchenkreisen seines Landes gesorgt hatte. Der ehemalige Senator aus der Provinz Tarlac, das politische Wunderkind aus den Zeiten vor Marcos und bis zu seiner Verhaftung 1972, hatte es auch vor seinem Exil meisterhaft verstanden, die einzelnen Fraktionen der Oppositionellen zu vereinen, selbst vom Gefängnis aus. Und Benigno Aquiono verfügte als einziger Führer der Marcos-Gegner über das gerade auf den Philippinen so wichtige Charisma.

Nicht umsonst erkannte Marcos in ihm bereits Ende der sechziger Jahre die gefährlichste Herausforderung für seinen absoluten Machtanspruch. So sehr für Aquino die Rückkehr zum politischen Imperativ geworden war, so sehr war Marcos entschlossen, ihn fern der Heimat als Unperson in Vergessenheit geraten zu lassen.

»Wenn ich sterben muß, so soll es sein«

Lupita A. Kashiwara, die jüngere Schwester Aquinos, war bereits Mitte August 1983 nach Manila gereist, um alle nötigen Vorbereitungen zu treffen. Sie brachte auch die Botschaft Aquinos an seine Freunde und Helfer mit, die um sein Leben bangten: »Wenn ich sterben muß, so soll es sein. Aber ich hoffe, daß mein Tod unser Volk aufwecken und von der Notwendigkeit überzeugen wird, aufzustehen und für sich selbst zu kämpfen.«

Aquino wollte schon am 7. August nach Manila reisen. Doch verweigerte ihm die philippinische Botschaft in Washington die nötigen Reisepapiere. Nach weiteren Verhandlungen und geheimen Absprachen mit seinen Helfern wurde endlich der Flug mit China Airlines über Taipei bestellt. Diese Taktik sollte den Geheimdienst in Manila verwirren – mit wenig Erfolg. Trotz der Ungewißheit und trotz der brutalen Erfahrungen mit dem Regime des Ferdinand Marcos konnte sich kaum jemand vorstellen, daß der Diktator und sein System so kurzsichtig und dumm sein würden, aus Benigno Aquino einen Märtyrer zu machen. Am Nachmittag des 21. August 1983 wußten alle, daß sie sich geirrt, daß ihre ärgsten Befürchtungen gestimmt hatten.

Zu Tausenden warteten sie vor der Ankunftshalle des Flughafens. In gelben T-Shirts, mit gelben Blumen und Fahnen wollten sie ihren Ninoy willkommen heißen.

Die begonnene Freudenfiesta, die den Heimkehrer empfangen sollte, mündete direkt in die Vorbereitungen auf ein Begräbnis, das seinesgleichen in der Geschichte der Philippinen sucht. Zwischen den Schüssen am Flughafen, die das Land und die Welt erschütterten, und der Totenmesse zehn Tage später hatte sich die politische Szenerie der Philippinen schlagartig geändert.

Aquinos Wunsch, sein Tod solle das Volk aufrütteln, begann in jenen Tagen in Erfüllung zu gehen. Aber erst zweieinhalb Jahre später sollte Marcos durch »People Power«, durch die Macht des Volkes, stürzen und die Witwe Corazon C. Aquino ein politisches Erbe übernehmen, dem sie nicht gewachsen war.

Ninoy, der Märtyrer: »Laban! Laban!«

»Unser Volk wartet; nicht mehr als scheue und zerstreute Schafe, sondern als Männer und Frauen, die durch tiefe, gemeinsame Trauer ernüchtert und gestärkt sind.«
(Der Kardinal von Manila, Jaime Sin, beim Begräbnis von Benigno Aquino am 31. August 1983)

Anderthalb bis zwei Millionen Menschen nahmen an dem 23 Kilometer langen Begräbnismarsch für Aquino am 31. August 1983 in Manila teil. Von der Santo-Domingo-Kirche in Quezon City begleiteten die Millionen ihren neuen und toten Helden zum Manila Memorial Park in Paranaque. Auf einem Lastwagen war der Sarg in einem Meer gelber Blumen aufgebahrt, Symbol für den politischen Kampf Aquinos und seit seinem Tod die Farbe aller Kräfte gegen Marcos. Lediglich linke Gruppen und Parteien sollten am Rot festhalten, was bei unzähligen Demonstrationen in den Monaten darauf eine scharfe Trennlinie zwischen den »Gelben«, den gemäßigten Kräften, und den radikaleren »Roten« zog.

»Gerechtigkeit für Ninoy! Gerechtigkeit für alle Opfer politischer Repression und militärischen Terrors!« verkündeten Transparente eine der Forderungen, die von jetzt an dem Regime keine Ruhe mehr gönnen sollten.

»Ninoy, hindi ka nagiisa!« (Ninoy, du bist nicht allein!) Die Millionen Demonstranten, die in den folgenden Monaten die Straßen der Großstädte mit gelben Konfettis und sogenannten »Noise-barrages« (Lärmbarrieren) erfüllten, sorgten dafür, daß der nun wie ein Heiliger verehrte Aquino nicht umsonst gestorben war.

Die Regierung und ihr Präsident zeigten sich zwar betroffen, jedoch keineswegs schuldbewußt. Das Regime hatte nicht nur in den Augen der Filipinos jede Existenzberechtigung verloren, es war auch durch die internationale Berichterstattung über den Mord und die darauffolgenden Ereignisse in der Weltöffentlichkeit stark angeschlagen.

Marcos berief am 24. August eine zivile, »unabhängige« Untersuchungskommission ein, die den Mörder Aquinos ausfindig machen sollte. Als Vorsitzenden benannte er den ehemaligen Richter des obersten Gerichtshofs und bekannten Marcos-Loyalisten Enrique Fernando. Zusammen mit den anderen Richtern, die ebenfalls einst dem obersten Gerichtshof angehörten, war die Kommission keineswegs so zusammengesetzt, daß sie in den Augen der Öffentlichkeit jene unparteiliche und objektive Urteilskraft besaß, die für die Lösung dieses entscheidenden Falles nötig gewesen wäre.

Der einflußreiche Kardinal Jaime Sin von Manila, der seine scharfe Kritik an der Regierung nach der Ermordung Aquinos noch verstärkte, lehnte die Bitte des Präsidenten ab, als Kommissionsmitglied an der Untersuchung teilzunehmen.

Die Galman-Story

Am 30. August rückte die vom Militär eingesetzte Untersuchungskommission unter der Leitung von Major General Prospero Olivas mit ihrer Version heraus. Der Chef des paramilitärischen Philippine-Constabulary-Kommandos für Metro Manila stellte die abenteuerliche Behauptung auf, der Einzelgänger und als »Berufsmörder« bekannte Rolando Galman Dawang habe die .375 Smith & Wesson Magnum abgefeuert, um Aquino zu töten. Galman selbst war Sekunden nach dem Mord an Ninoy von den umstehenden Wachen niedergeschossen worden.

In den darauffolgenden Wochen versuchte die Regierung, ihn als einen von den Kommunisten angeheuerten Killer darzustellen. Glauben konnte diese Story niemand.

Die Schußbahn zeigte eindeutig, daß die tödliche Kugel von hinten oben nach unten gefeuert worden war. Die Version von Olivas, wonach Galman von unterhalb der Stiege auf Aquino geschossen habe, war alleine schon aus diesem Grund unhaltbar. Sehr viel später sollte eine andere Kommission rekonstruieren, daß der angebliche Berufskiller nichts anderes als ein schuldloses Opfer der eiskalten Inszenierung durch die Mörder gewesen war.

Die lächerlich anmutenden Versuche der Regierung, mit vorfabrizierten Erklärungen für den brutalen Mord die Situation noch retten zu wollen, führten nur dazu, die landesweite Protestbewegung anzuheizen. Parallel dazu verbreiteten sich Gerüchte über die schlechte Gesundheit Ferdinand Marcos'. Der Diktator hatte sich bereits seit Anfang August nicht mehr in der Öffentlichkeit gezeigt, angeblich, um sich auf seine Luxusjacht zurückzuziehen und ein Buch zu schreiben. In Manila wollte man anderes wissen: Schwer nierenkrank müsse sich Marcos langwierigen Blut- und Plasmatransfusionen unterziehen.

Die Spannung stieg noch, als der bisherige Marcos-Freund Ronald Reagan plötzlich eine seit langem geplante Reise auf die Philippinen und in andere ASEAN-Staaten absagte – erstes Signal Washingtons, daß es sich um die Zukunft der bis dahin unterstützten Regierung Marcos Sorgen machte. Jetzt, da Aquino auf so rätselhafte wie brutale Weise erschossen worden war, verbanden sich die Befürchtungen um die ungewisse Marcos-Nachfolge mit den Gerüchten um seine Gesundheit und um die möglichen Verantwortlichen für den Mord.

Das Duo Imelda Romualdez Marcos und (Generalstabschef) Fabian Ver, langjähriger Vertrauter des Präsidenten, rückte ins Zentrum der Spekulationen. Die allgemeine Unsicherheit veranlaßte all jene, die Millionen zu verlieren hatten, ihren Reichtum ins Ausland zu verfrachten. Allein zwischen der Ermordung Aquinos und Jahresende 1983 sollen 600 Millionen Dollar Kapital das Land auf illegalen Wegen verlassen haben.

Inzwischen drohte die Nation politisch wie wirtschaftlich aus den Fugen zu geraten. Die Opposition, die sich vom ersten Schock des Verlusts ihres hoffnungsvollsten Führers erholt hatte, konnte sich dennoch nicht auf eine gemeinsame Linie gegen den Diktator einigen. Die von Ex-Senator Salvador »Doy« Laurel geführte Dachorganisation UNIDO (United National Democratic Organisation), der zwölf Parteien und Gruppen angehörten, und eine in den Wochen nach dem Aquino-Mord formierte lose Koalition verschiedenster Oppositionsgruppen und Marcos-Gegner mit dem Namen JAJA (Justice for Aquino, Justice for All) sorgten zumindest dafür, daß die Wellen des Protests fast unaufhörlich alle wichtigen Städte des Landes erfaßten.

Benigno Aquino hatte als Märtyrer weit mehr in Bewegung gebracht, als er als Lebender jemals hätte zu hoffen wagen können. Hatte die Regierung Marcos stets versucht, Aquino als einen Politiker der Vergangenheit darzustellen, geschwächt durch über sieben Jahre Gefangenschaft und drei Jahre Exil, so zitterte sie jetzt vor der späten Rache des Toten.

»Marcos resign«

Am 21. September, genau einen Monat nach Aquinos Tod und zugleich am Jahrestag der Ausrufung des Kriegsrechts durch Marcos elf Jahre zuvor, kam es zur ersten emotional geladenen und gewaltsamen Explosion gegen das Regime in Manila. Elf Menschen starben in einer Schlacht mit Molotow-Cocktails und Steinen, als jugendliche Demonstranten versuchten, über die Mendiola-Brücke zum Malacañang-Präsidentenpalast vorzudringen.

Bis dahin hatten beinahe karnevalartige und fast durchwegs friedliche Protestzüge die Oppositionsbewegung gegen die Regierung gekennzeichnet. Am 16. und 20. September 1983 waren Zehntausende im bis dahin von politischen Aufmärschen verschont gebliebenen Geschäfts- und Bankenviertel Makati zusammengekommen, um unter dem Regen zerschnippselter »Yellow Pages« (gelbe Branchenverzeichnisse) gegen Ferdinand Marcos zu marschieren. »Marcos resign!« (Marcos, tritt ab!) schallte es durch Megaphone zwischen den sterilen Hochhausfassaden an der Ayala Avenue, Herz des Geschäftsimperiums des Enrique Zobel, dessen Ayala Corporation Makati geplant und gebaut hat.

Bankdirektoren, Multimillionäre und Vorstandsmitglieder beteiligten sich zum ersten Mal am Protest gegen jene Regierung, der sie nicht zuletzt ihren Aufstieg und unbeschreiblichen Reichtum

Konfetti-Demonstration in den Straßen von Manila (1984)

verdankten. Angestellte verbrachten an den Tagen der Rallies (wie die Aufmärsche genannt wurden) mehr Zeit mit der Herstellung gelber Konfetti als mit ihrer Arbeit – und wurden dafür keineswegs entlassen. Schließlich zählten sich viele Geschäftsleute zu den Reihen der nun erwachenden gemäßigten Opposition unter der Schirmherrschaft der UNIDO, deren Führer Salvador Laurel sein Rechtsanwaltsbüro auch an der Ayala Avenue eingerichtet hatte.

Als stärkste und damals auch am besten organisierte legale Oppositionsvereinigung sah die UNIDO ihre große Chance bei den

Wahlen zur Batasan Pambansa (Parlament) am 14. Mai 1984 kommen. Zunächst hatte der Tod Aquinos die Aussichten auf einen entscheidenden Schlag gegen die korrupte Regierung vermindert, denn es fehlte der Opposition die Leitfigur. Also galt es, einen Ersatzführer zu finden. Laurel selbst kam nicht in Frage, und andere charismatische Persönlichkeiten konnten nicht rechtzeitig aufgebaut werden. Ganz abgesehen davon war »Ninoy« so gegenwärtig wie kaum jemals zu seinen Lebzeiten: Dafür sorgten Demonstrationen, die Millionen T-Shirts und Sticker mit seinem Gesicht, seine tausendfach abgedruckten Parolen und nicht zuletzt seine bescheidene Witwe, die unaufhörlich zu Ansprachen herangezogen wurde, bei denen sie über ihr Leben mit »Ninoy« berichtete und das Publikum zu Tränen rührte. Der tote Aquino wirkte als Bindeglied für die tief zersplitterte Opposition.

Stimmenkauf und Stimmenfang

Der Wahlkampf wurde mit allen nur möglichen Mitteln ausgefochten. Die regierende Kilusang Bagong Lipunan-Partei (KBL, Neue-Gesellschaft-Bewegung) des Ferdinand Marcos schreckte vor nichts zurück, um Wähler zu kaufen, einzuschüchtern oder sonst wie für ihre Sache zu gewinnen. Mit T-Shirts, Anhängern, Gratis-Mahlzeiten und ein paar Peso für die Armen ging es auf Stimmenfang.

Doch zum ersten Mal in der langen Geschichte des Marcos-Regime schienen sich die Leute durch die groben Taktiken kaum beeinflussen zu lassen. Viele nahmen, was ihnen angeboten wurde – und wählten trotzdem so, wie sie wollten. Der oberste Priester der einflußreichen Katholischen Kirche, Kardinal Sin, sorgte mit dafür. Seinen zu 85 Prozent katholischen Landsleuten versicherte er, daß niemand sündige, der das annehme, was ohnehin mit Steuergeldern gekauft worden sei, um dann dennoch frei zu wählen.

Als Imelda Marcos am letzten Abend der Wahlkampfperiode unter schwülem Sternenhimmel an der historischen Piaza Miranda vor der Quiappo-Kirche mit leidenschaftlicher Stimme von der in ihrem Land so wichtigen Dankbarkeitsschuld, von »Utang na loob« sprach, die ihr Mann und sie für jede der KBL geschenkten Stimme empfinden würden, erntete sie nur peinliches Schweigen. Sekunden darauf ertönte aus Lautsprechern eines vorbeifahrenden Lieferwagens der Opposition das »Ang Bayan Ko«, jenes Lied der Freiheit, das während der spanischen Kolonialzeit Symbol der philippinischen Freiheitssehnsucht gewesen und seit der Ermordung Benigno Aquinos zur Hymne der Opposition geworden war.

Imelda erstarrte, hinter ihr fuhren die anwesenden Regierungsmitglieder auf der Tribüne aus der dumpfen Verschlafenheit in ihren Sesseln auf – unendliche Sekunden des Schweigens verwandelten sich in tausendfache Rufe: »Laban! Laban!« (Kampf! Kampf! – zugleich Name der alten Aquino-Partei). Wie Fackeln formten sich unter den Augen der First Lady zahllose Daumen und Zeigefinger zum bekannten »L«, das knapp zwei Jahre später Siegeszeichen der Corazon Aquino werden sollte, genauso wie das »Ang Bayan Ko« unter der Präsidentin beinahe zur neuen Nationalhymne erhoben wurde.

Marcos' Wahlmaschinerie und die Millionen, die seine Partei KBL in die Schlacht warf, machten sich dennoch bezahlt. Trotz der landesweiten Protestwellen, trotz der wirtschaftlichen Krise, die Tausende Arbeitsplätze kostete, konnte sich die Opposition lediglich eines symbolischen Sieges erfreuen: 59 der insgesamt 183 zur Wahl stehenden Mandate gingen an die UNIDO und an die PDP-Laban.

Dieses Ergebnis verdankte das Land auch nur der bereits in den fünfziger Jahren gegründeten freiwilligen NAMFREL-Organisation, die ursprünglich zur Überwachung »fairer und gerechter« Wahlen von der US-amerikanischen CIA aufgebaut worden war. Zum ersten Mal seit Jahrzehnten leistete NAMFREL im Mai 1984 ganze Arbeit. In einem eigenen Hochrechnungszentrum wurden Wahlergebnisse parallel zu den Zählungen der offiziellen und regierungsabhängigen »Commission on Elections« (COMELEC,

Wahlkommission) zusammengestellt und veröffentlicht. NAMFREL sollte auch bei den schicksalhaften Präsidentenwahlen vom Februar 1985 eine ähnlich wichtige Rolle spielen.

Marcos' Stärke blieben die Barangays und Barangay-Captain: Von der Großstadt bis hin zum kleinsten Dorf war das Land unter den Gesetzen der »Neuen Gesellschaft« in diese Blocks mit ihren von der Regierung bestellten und bestochenen Führern eingeteilt.

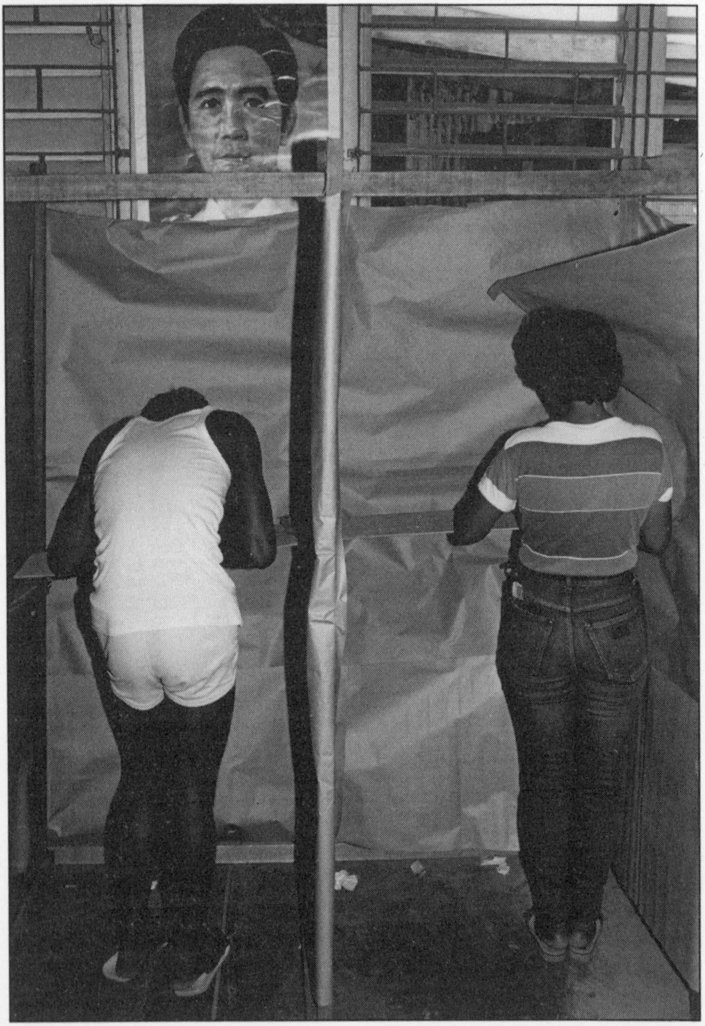

Ein jugendhaftes Marcos-Porträt wacht über Wähler 1984

Ein Barangay-Captain wußte, wie er seine Dankbarkeitsschuld für Geldspenden und Geschenke gerade bei Wahlen wieder abtragen konnte. Er sorgte dafür, daß sein Barangay für Marcos und die KBL wählte.

Wende nach der Wahl

Die Parlamentswahlen führten zum Wendepunkt innerhalb der Opposition. Die radikaleren und nationalistisch ausgerichteten Gruppen – zunächst unter dem Schirm der JAJA, später dann unter anderen Dachorganisationen wie BAYAN – hatten sich von vornherein für einen Boykott der Parlamentswahlen entschieden. Als sogenannte »Cause Oriented Groups« (zielorientierte Gruppen) unterschieden sie sich von UNIDO und PDP-Laban vor allem durch ihre antiamerikanische und nationalistische Politik – was sie politisch näher an die illegale Kommunistiche Partei der Philippinen (KPP), deren Guerillaarmee New Peoples Army (NPA, Neue Volksarmee) und an die kommunistisch dominierte Einheitsorganisation National Democratic Front (NDF) rückte.

Marcos nützte dies schon damals und auch später bei seinen Attacken gegen seine Feinde weidlich aus: »Cause Oriented Groups« blieben für ihn nichts anderes als »Frontorganisationen« der Kommunisten. Die KPP hielt sich seit der Ermordung Aquinos bedeckt. Niemand glaubte ernsthaft, daß die KPP oder die NPA hinter der Ermordung Aquinos stand. Zugleich hatten Militär und Regierung alle Hände voll zu tun, um die konstante, jedoch schwach organisierte Gegenbewegung aus dem legalen Lager in Schach zu halten. Die NPA nützte dies aus, um ihre Stellungen zu konsolidieren. Genaue und bestätigte Zahlen gab es niemals. Doch beliefen sich Schätzungen der NPA-Stärke 1983 auf etwa 12 000 bis 15 000 aktive Kämpfer, 1985 waren es bereits 17 000, 1986 sprach man von über 20 000.

Als Abgeordnete der Opposition in der Nationalversammlung kämpften die 59 Tapferen auf verlorenem Posten. Die erdrückende Mehrheit der KBL genügte, jeden Oppositionsantrag abzublocken. Nicht genug damit, Ferdinand Marcos konnte durch seine Dekretmacht über alles und jedes verfügen, ohne vorher die Zustimmung der Batasan einholen zu müssen. Die »Cause Oriented Groups« – und indirekt auch die KPP – sahen sich in ihrer Boykott-Politik bestätigt. Obwohl die Mehrzahl der Wahlberechtigten im Mai ihre Stimmen abgegeben hatte und somit der Beweis für die »philippinische Vorliebe für demokratische Prozesse« erbracht zu sein schien, führte das Ergebnis zu keiner entscheidenden Schwächung des Regime. Alles blieb beim alten, lediglich die Proteste hielten an.

Bis Sommer 1984 sollte die zweite, am 14. Oktober des Vorjahres von Marcos eingesetzte Untersuchungskommission mit einer endgültigen Erklärung zur Aquino-Ermordung an die Öffentlichkeit treten. Unter der Führung von Richterin Corazon Agrava hörten sich die fünf Mitglieder, die zum Unterschied zur ersten Kommission das Vertrauen der Öffentlichkeit genossen, die Aussagen von 193 Zeugen an. Selbst Regierungsmitglieder wurden in den Zeugenstand gebeten, unter ihnen Generalstabschef Fabian Ver. Die Regierung hatte gehofft, die Agrava-Kommission würde noch vor dem ersten Jahrestag der Ermordung Aquinos ihre Arbeit beenden. Doch am 21. August 1984 lag noch kein offizielles Ergebnis der Untersuchung über den feigen Mord vor. Statt dessen erschütterten neue Massendemonstrationen die Städte des Landes.

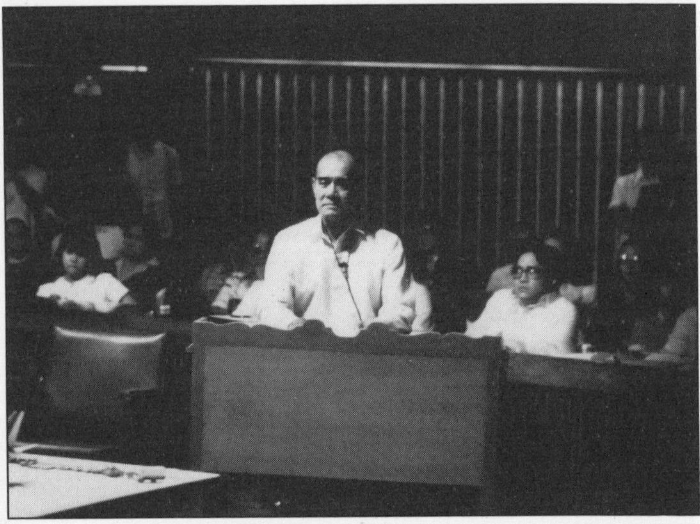

Generalstabschef Fabian Ver bei seiner Aussage vor der Untersuchungskommission

Am 23. Oktober war es dann soweit. Corazon Agrava veröffentlichte ihren eigenen Schlußbericht, die vier anderen Kommissionsmitglieder unterbreiteten einen abweichenden Report am darauffolgenden Tag. Agrava kam zu dem Schluß, das Militär habe eine »begrenzte« Rolle bei der Planung und Durchführung des Mordes gespielt. Ganz anders jedoch lautete das Urteil der vier übrigen Mitglieder: Fabian Ver und Polizeichef Prospero Olivas seien Mitglieder einer vorwiegend in Militärkreisen angesiedelten Verschwörung zur Ermordung Aquinos gewesen. Beide Schlußberichte waren sich einig, daß einer der uniformierten Begleiter Ninoy von hinten erschossen hatte und der angebliche Killer Galman lediglich als »Attrappe« organisiert worden war. Marcos blieb nichts anderes übrig, als beide Berichte anzunehmen und Ver sowie Olivas zu beurlauben.

Erst drei Monate später, am 23. Januar 1985, wurde gegen 26 Verdächtige offiziell Anklage erhoben. Ein Sonderstaatsanwalt der philippinischen Regierung war dafür zuständig. Die Posse eines Verfahrens vor dem Tanod Bayan, das normalerweise für Korruptionsfälle zuständig war, begann. Sie dauerte fast ein Jahr lang. Zu den Angeklagten gehörte auch der verhaßte und gefürchtete Fabian Ver, der sich unter der Schirmherrschaft Marcos' und vor allem Imeldas vom Privatchauffeur des Präsidenten zur wohl zweitmächtigsten Figur im Land emporgearbeitet hatte.

Ein kurzes politisches Erwachen: Es wird ja wieder gut

In den trostlosen Gassen von Tondo fiel das gewagt geschnittene, schneeweiße Sommerkleid der jungen Filipina auf. Beinahe wie ein Wesen von einem anderen Stern schritt Marissa mit ihrer großen, modischen Sonnenbrille in der flimmernden Mittagshitze durch die Müll- und Schrotthaufen zwischen den Wellblechhütten des großen Slums von Manila.

Kinder in durchlöcherten und verschmierten Shorts und T-Shirts eilten herbei. »Peso, please!« (Einen Peso bitte!) bettelten sie die junge Frau an.

Für Marissa war Tondo an jenem Wahltag im Mai 1984 ein erschreckendes Erlebnis, genauso wie für den ausländischen Journalisten. »Ich war schon mal hier. Doch ich habe eigentlich nicht gewußt, daß es solche Armut hier in der Hauptstadt geben kann«, bekannte die damals 24jährige Angestellte einer mittleren Handelsfirma.

Marissa L. Rivero ging es 1984 noch recht gut. Zusammen mit ihrer älteren Schwester Grace lebte sie in einer angenehmen, kleinen Wohnung in Makati. Die Gagen, die Grace von ihren Abenden als Musikerin und Sängerin in Luxushotels nach Hause brachte, erlaubten zusammen mit dem Gehalt Marissas einen komfortablen Lebensstandard. Zugleich wurden die Studien zweier jüngerer Brüder finanziert, die ihren Schwestern aus dem heimatlichen Städtchen Cabatuan in der nördlichen Luzon-Provinz Isabella in die Hauptstadt gefolgt waren.

Die Riveros konnten sich zur dünnen Mittelschicht zählen. Ihre kleine Welt war noch ganz heil, auch wenn draußen auf den Straßen demonstriert wurde, die Wirtschaft ihre rasanteste Talfahrt seit dem Zweiten Weltkrieg erlebte und die Zukunft des Landes so ungewiß war wie noch nie. An manchen Abenden kamen Freunde vorbei.

Bei Adobo (in Essig und Soja-Sauce gesottenes Schwein oder Huhn) und anderen Köstlichkeiten, die allesamt von einem bei den Riveros angestellten Hausmädchen bereitet waren, wurde bescheiden gefeiert.

»Noch können wir uns das leisten. Aber wenn es so weitergeht wie jetzt, wer weiß?« pflegte Grace plötzlich mit melancholischer Stimme zu sagen. Die anderen schlugen die Befürchtungen in den Wind. »Lang pare, hey!« Freund, sei nicht so düster!

Das war im Frühjahr 1984, und Grace sollte mit ihrem Pessimismus recht behalten. Die anhaltende Krise, die bereits zu Beginn des Jahres 1983 begonnen hatte und durch die politische Unsicherheit im Gefolge der Ermordung Benigno Aquinos neue Höhepunkte erreichte, machte der erst in den wenigen Jahren zuvor zu bescheidenem Wohlstand gelangten Mittelschicht schwer zu schaffen.

Die Reichen hatten alle Möglichkeiten, ihre Millionen in ausländische Sicherheit zu bringen. Schweizer Bankkonten, Villen in Kalifornien oder Penthouses in New York boten gute Anlagemöglichkeiten.

Für die Heerschar der Armen wurde das Leben durch Hunger und noch niedrigere Löhne nur noch schlimmer, als es schon war.

Die Mittelklasse in den Städten, zu der die Riveros gehörten, die ohnehin keinen großen Prozentsatz der Gesamtbevölkerung ausmachte, sollte bis 1986 zu einer verschwindend kleinen Minorität schrumpfen. Tausende von Sekretärinnen, Angestellten und sonstigen Beschäftigten in Manila, Cebu, Davao und anderen Städten landeten als Arbeitslose auf der Straße. Wenn jemand überhaupt einen Job fand, dann handelte es sich höchstens um Teilzeitarbeit. Wie in einer Kettenreaktion mußten Klein- und Mittelbetriebe schließen.

Zehntausende einst hoffnungsvoller junger Menschen, deren Familien viel geopfert hatten, um ihren Kindern eine gute schulische Bildung zu ermöglichen, strömten aus den städtischen und industriellen Zentren in die Provinz zurück. Von nun an sollte das »Sozialnetz« Großfamilie für sie sorgen. Doch die Möglichkeiten waren auch da überaus beschränkt.

Bis Juni 1984 hatte die Inflationsrate 50 Prozent erreicht. Es bestand keinerlei Aussicht auf eine Verringerung der 25 Milliarden US-Dollar Auslandsschulden. Ein Umschuldungsabkommen, das im November 1983 zwischen der Regierung und den Gläubigerbanken ausgehandelt worden war, richtete nicht viel aus. Der Internationale Währungsfonds verfügte zudem strenge Bedingungen für weitere Notkredite, die die Inflation nur noch mehr anheizten und zu weiteren Konkursen in der schwer angeschlagenen Wirtschaft führten. Die Vertrauenskrise, mit der die Regierung zu kämpfen hatte, zusammen mit den unaufhörlichen Protesten, schreckten sowohl ausländische Investoren als auch Kreditgeber ab.

Nur ein paar Wochen nach den Wahlen verlor Marissa ihre Stelle. Die Firma wollte sich »gesundschrumpfen« – und entließ den Großteil der Belegschaft. Ein Bruder mußte die Ausbildung unterbrechen: Der Verlust von Marissas Einkommen machte die regelmäßige Bezahlung des Schulgelds unmöglich.

Nach zweimonatiger Suche fand sie eine neue Anstellung bei einem kleinen Unternehmen in einem Vorort von Manila, das Plastikteile herstellte. »Wir hatten die größten Schwierigkeiten. Es war einfach nicht genug Geld da, dringend nötige Rohstoffe aus dem Ausland zu beziehen. Wir sammelten Plastikschrott, den wir verwerteten. Die Qualität litt enorm darunter und demnach auch der Verkauf«, erinnert sich Marissa.

Nach drei Monaten Arbeit machte auch dieses Unternehmen zu. Marissa stand abermals auf der Straße. Zum Glück war Schwester Grace zur gleichen Zeit ein lukratives Engagement als Hauptsängerin in einem Luxushotel auf Okinawa in Südjapan eingegangen. Der gute Verdienst konnte die Daheimgebliebenen erhalten.

Ab Herbst 1984 arbeitete Marissa als teilzeitbeschäftigte Sekretärin in einem pharmazeutischen Betrieb. In nur einem halben Jahr war sie den Armen von Tondo ein gutes Stück näher gerückt. Die Abendessen mit Freunden in der niedlichen Wohnung wurden seltener, eine Hausgehilfin war zu teuer (obwohl diese abgesehen von Kost und Quartier nur 300 Peso im Monat verdiente).

Geheimtreffen in Makati

Die Schocktherapie des abrupten und meist hoffnungslosen Abrutschens in untere Einkommensklassen wirkte als politischer Katalysator. Im Frühjahr 1985, als Marcos einige politische Gefangene auf Drängen kirchlicher Organisationen und der Opposition freiließ, waren es nicht nur Arbeiterkinder, junge Gewerkschafter und linke Studenten, die die erschöpften Helden des Kampfes gegen den Diktator in Pressekonferenzen und Versammlungen empfingen und sich ihre Leidensgeschichten von Folter, Brutalität und Entsagung anhörten.

»Komm, schnell, in einer Stunde beginnt ein Geheimtreffen in Makati«, flüsterte Marissa ihren Freunden zu.

In einem der eleganten Gebäude im Banken- und Geschäftsviertel waren die Möbel in einem Büroraum kurzfristig umgestellt worden. Fidel Agcaoili, damals nach elf Jahren Haft ohne Prozeß freigelassen, stand hager und erschöpft an einer Wand und begann mit schwacher Stimme von seinen Jahren im Kerker des Diktators zu erzählen. Die, die ihn dabei anstarrten, waren hübsche Mestizas in modischen Kleidern und junge Männer, die unten in der Garage ihre Wagen stehen hatten, um danach auf den Tennisplatz zu fahren oder ein paar hundert Peso in einem Nachtlokal auszugeben.

Sie alle hatten sich einige Monate vorher zusammengetan, um eine lose Vereinigung zur Hilfe und Förderung politischer Häftlinge zu gründen. Marissa wurde aktives Mitglied.

»Unsere Leute haben viel zu lange passiv zugesehen, während Unrecht über Unrecht in unserem Land geschehen ist«, erklärte ein junger Manager nach der Rede Agcaoilis dem ausländischen Journalisten. »Und jetzt geht es ja auch uns an den Kragen, zumindest ökonomisch«, fügte er hinzu.

Rückzug der Mittelschicht

Das politische Erwachen, das die plötzlich vor enorme materielle Schwierigkeiten stehende Mittel- und obere Mittelschicht in den Jahren 1984 bis 1986 einholte, sollte nur von kurzer Dauer sein. Als Corazon Aquino, selbst Leitbild einer frommen und duldsamen Mestiza, Präsidentin wurde, verlor der politische Aktivismus der Freunde Marissas seinen Sinn: Es sollte ja alles wieder gut werden.

Und die Menschen in Tondo? Die Millionen in den unzähligen anderen Elendsgürteln? Die waren schnell vergessen. Fast niemand aus der Mittelschicht konnte sich zum radikalen Schritt des aktiven Kampfes gegen bestehende und tief verwurzelte politische und wirtschaftliche Strukturen entscheiden.

Für Marissa endete das politische Intermezzo, das mit dem Tod Benigno Aquinos begonnen hatte, 1985 in den USA. Heute lebt sie in Virginia, nahe Washington, wo sie bei einer Familie als Hausgehilfin und Babysitterin arbeitet. Sie verdient gut, wird anständig behandelt und kann sogar die Studien ihrer Brüder weiter finanzieren (sie fragt sich nur, ob die beiden je Arbeit finden werden, wenn sie einmal fertig sind). Sie selbst ist das, was Ferdinand Marcos aus seinen Landsleuten gemacht hat: Kinder- und Hausmädchen (wenn sie keine Huren sind), Sklavenarbeiter in Saudi-Arabien, wenn sie nicht zu Hause arbeitslos zusehen wollen, wie ihre Familien zerfallen und verhungern.

Marcos' Fehlkalkulation: Alles oder nichts

Am 21. August 1985, dem zweiten Jahrestag der Ermordung von Benigno Aquino, standen die Zeichen wieder auf Sturm. Die Protestbewegung hatte zwar nicht mehr das Ausmaß wie unmittelbar nach dem Attentat. Aber die Demonstrationen und marcosfeindlichen Aktionen zeigten, daß die Bewegung selbst ungebrochen war, daß sie von der Mehrheit der Bevölkerung getragen wurde.

In den Tagen und Wochen danach baute sich beinahe systematisch eine explosive innenpolitische Spannung auf. Den Millionen von Marcos-Gegnern genügte jeder Anlaß, ihren Widerstand auf die eine oder andere Weise auszudrücken.

Am 11. September 1985 feierte der Präsident seinen 68. Geburtstag noch so, als sei alles beim alten. Sein Anhang organisierte mit einem Aufwand von vielen Millionen Dollar eine Party für den Diktator. Dazu gehörte im Zentrum von Manila ein pompöser Gottesdienst.

Bei der Meßfeier gab es eine erstaunliche Geste: Der Erzbischof von Manila, Jaime Kardinal Sin, bedachte den Staatschef mit ungewöhnlicher Herzlichkeit und ließ sich beinahe zu einer Umarmung hinreißen. Da die Dinge offenkundig auf eine Entscheidung zwischen dem Marcos-Regime und einem revolutionären Umschwung hinausliefen – einen friedlichen Machtwechsel hielt zu diesem Zeitpunkt kaum jemand mehr für möglich –, neigte der mächtige Kardinal eher dem Bestehenden zu.

Eine von der Katholischen Kirche unterstützte Menschenrechtsorganisation, die »Task Force Detainees« (TFD), bekam den neuen Kurs der Amtskirche in diesen Wochen ebenfalls zu spüren. Den Mitarbeitern dieser Task Force, die für die vielen politisch Verfolgten und die Angehörigen von ermordeten und spurlos verschwundenen Regimegegnern oft die letzte Hoffnung darstellte, wurde die Basis ihrer Arbeit allmählich entzogen.

Für Ferdinand Marcos sollte es der letzte Geburtstag sein, den er auf den Philippinen feierte. Während sein Clan Macht und Reichtum noch einmal in vollen Zügen genoß, starb im Slum von Davao City, dem Zentrum der südlichen Hauptinsel Mindanao, die Tochter eines Fischers an Unterernährung. Ihr kleiner Körper, der in den zwei Jahren, in denen er gelebt hatte, wahrscheinlich nicht ein einziges Mal satt geworden war, wurde in einer Bretterhütte am Strand aufgebahrt und mit den Insignien der Trauer versehen. Wir, die beiden Reporter, die zufällig vorbeikamen, wurden in die Hütte gebeten. Marcos und dieses kleine tote Mädchen, welches an Hunger starb - das war die Realität der Philippinen. Die Gesichter der Umstehenden drückten vieles aus: Trauer, Entbehrung und den stummen Gedanken, daß es für das Kind vielleicht besser so war.

Am 21. September 1985 - zehn Tage nach dem Geburtstag des Präsidenten - gab es noch einen weiteren Anlaß zum »Feiern«. Es war der 13. Jahrestag der Verhängung des Kriegsrechts durch Präsident Marcos, der damit - wie er nicht müde wurde zu behaupten - das Land vor dem Kommunismus bewahrt haben wollte. Deswegen hatte er diesen 21. September zum Feiertag erklärt. Die Truppen des Diktators hielten die Lage nur mit Mühe unter Kontrolle.

Auf der Insel Negros, etwa 500 Kilometer südlich der Hauptstadt Manila, kamen bei Demonstrationen 29 Menschen ums Leben. Soldaten und Angehörige einer Privatmiliz warfen Handgranaten in die Menge und eröffneten das Feuer. Der friedliche Hungermarsch von Zuckerrohrarbeitern endete mit einem Blutbad.

Auf der benachbarten Insel Cebu brachen ebenfalls blutige Unruhen aus. Dort versuchten Regimegegner, die zum Flughafen führende Straße zu blockieren. Sie wurden mit Gewalt von der Fahrbahn entfernt. Auch auf Mindanao spitzte sich die Lage weiter zu. In Manila selbst veranstalteten Marcos-Gegner ein Volkstribunal. Auf Flugblättern erklärten sie, was es am 21. September tatsächlich zu feiern gebe: Mordserien und Wehrdörfer, eine bankrotte Wirtschaft mit einer gewaltigen Auslandsverschuldung, unterdrückte Arbeiter und hungernde Bauern, außerdem Aufruhr im ganzen Land.

Die letzte Trumpfkarte

Der Druck auf das Regime nahm immer mehr zu; er kam von innen, aus dem Lande selbst, und von außen. Im Oktober schickte US-Präsident Ronald Reagan einen seiner engsten Freunde, den republikanischen Senator Paul Laxalt, nach Manila, der Marcos zu

Die aufgebahrte Leiche eines Kleinkindes in einer Bretterhütte in Davao City auf Mindanao

Reformen drängen sollte, damit der Flächenbrand der Revolution nicht noch weiter um sich griff.

Das Weiße Haus in Washington befürchtete offenbar das Schlimmste für seine Militärbasen, die aus der Sicht der USA für die Verteidigung des Pazifiks und des Indischen Ozeans unerläßlich sind. Der wichtigste Stützpunkt, Subic Bay, ist Heimathafen der 7. US-Flotte.

Nach dem Besuch von Senator Laxalt entschloß sich Marcos plötzlich zur Flucht nach vorn. Im Verlauf eines Fernsehinterviews kündigte er ohne »Vorwarnung« vorgezogene Präsidentschaftswahlen für Anfang 1986 an – ohne vorherige Konsultation seines Kabinetts und ohne Rücksicht auf Gesetz und Verfassung.

Unmittelbar nach der selbstherrlichen Proklamation ging er in die Offensive. Marcos zog wieder einmal alle Medienregister, ließ sich zum Beispiel vom staatlichen Fernsehen beim morgendlichen Joggen und Golfspielen filmen und gab zahlreiche Interviews.

In einem dieser Gespräche verstieg er sich zu der Behauptung, seine Streitkräfte könnten binnen Jahresfrist die kommunistische Aufstandsbewegung zerschlagen, wenn die USA die nötigen Geldmittel zur Verfügung stellten. Der Taktiker Marcos spielte damit seinen letzten Trumpf aus. Er nahm die bewaffnete Rebellion als Druckmittel, um die USA zu nötigen, sein korruptes und bankrottes Regime mit zusätzlicher Militärhilfe am Leben zu halten.

Das Vorpreschen von Marcos in Sachen Neuwahlen brachte die parlamentarische Opposition in eine schwierige Situation. Das Lager der gemäßigten Marcos-Gegner war wie immer zersplittert. Einige hatten mit dem Diktator lange zusammengearbeitet, bis dieser sie ausmanövrierte. Als es um die mögliche Neuverteilung von Ämtern und Macht ging, spielte es keine Rolle mehr, daß die Nation am Abgrund stand. Das alte Hauen und Stechen begann wieder.

Corazon Aquino, die Witwe des ermordeten Senators Benigno Aquino, entschloß sich nach langem Zögern zu einer Kandidatur. Zunächst hatte sie Salvador Laurel, den ehrgeizigen Ex-Senator und Anführer der UNIDO, eines Oppositionsblocks aus zwölf kleinen konservativen Parteien, unterstützt. Doch sie merkte bald, daß dies nur ein halber und zudem inkonsequenter Schritt war.

Nachdem über eine Million Unterschriften zu ihren Gunsten gesammelt worden waren und sie von vielen Seiten Zuspruch erhalten hatte, verkündete die bisherige Hausfrau und Mutter, sie werde Marcos direkt herausfordern. Es war ein historischer Entschluß in der jüngsten Geschichte der Philippinen und zugleich ein problematischer.

Corazon Aquino

Die meisten Schwierigkeiten machte Salvador Laurel, der sich zunächst widerwillig und nur unter Zureden von Kardinal Sin, der nun wieder auf seiten der Opposition stand, für die Kandidatur zum Amt des Vizepräsidenten hatte breitschlagen lassen. Unter fadenscheinigen Gründen löste der frühere Senator das Bündnis wieder auf und meldete seine eigene Präsidentschaftskandidatur an. Es bedurfte abermals der ganzen Überredungskunst von Kardinal Sin und anderen, Laurel schließlich doch noch zum Verzicht zu bewegen.

Wie Corazon Aquino entstammt Laurel einer Großgrundbesitzerfamilie und gehört somit der alten Oligarchie an, die seit der spanischen Kolonialzeit dafür sorgt, daß sich die philippinische Gesellschaft in eine dünne Schicht von Besitzenden und eine Masse von Habenichtsen teilt. Sein Vater, José Laurel, hatte während der japanischen Besatzungszeit das Präsidentenamt ausgeübt und sich damit das Stigma der Kollaboration eingehandelt. Der Senator selber rief noch 1978 zur Unterstützung der Partei von Ferdinand Marcos auf. Und im Gegensatz zu Benigno Aquino, der in einem Schauprozeß zum Tode verurteilt worden war und über sieben Jahre hinter Gitter verbracht hatte, blieb Laurel während der Marcos-Diktatur von Haft und anderweitiger Verfolgung verschont.

Freisprüche im Aquino-Prozeß

Noch bevor der eigentliche Wahlkampf begann, goß das Marcos-Regime mit den Freisprüchen im Aquino-Prozeß am 2. Dezember 1985 erneut Öl auf das Feuer der Opposition. Der Diktator ließ die Urteilsverkündung live im Fernsehen übertragen. Überraschungen hatte er nicht zu befürchten, denn alles war genau eingefädelt. Auch die Mienen der 26 Angeklagten drückten aus, daß sie nichts anderes erwarteten, als vom Vorwurf der Ermordung des Oppositionspolitikers Benigno Aquino und dessen angeblichen Attentäters Rolando Galman entlastet zu werden.

Das von Marcos eingesetzte Richterkollegium hatte alles inkriminierende Material beiseite geschoben. In der Urteilsbegründung heißt es: »Senator Aquino erhielt den tödlichen Schuß nicht beim Abstieg von der Gangway. Rolando Galman wurde von einer Reihe von neutralen Zeugen als der Mörder des Senators identifiziert. Es ist nicht unbegründet, daraus zu schließen, daß er den Mord begangen hat.« Das Motiv Galmans wurde erst gar nicht weiter untersucht. Danach zu forschen, so die Richter, sei Verschwendung juristischer Energie.

Um zu einer solchen Aussage zu kommen, mußte das von der Agrava-Untersuchungskommission vorher zusammengetragene Beweismaterial ausgeklammert, mußten Zeugen eingeschüchtert, umgedreht oder auch gekauft werden. Der Prozeß zur Aufklärung des folgenreichsten politischen Attentats seit Kriegsende, das die Philippinen in die bislang schwerste Krise stürzte, endete mit einer grimmigen Justizposse.

Ein Anwalt verbrannte nach der Urteilsverkündung öffentlich in Manila Gesetzbücher und juristische Kommentare – ein ohnmächtiger Protest gegen ein noch allmächtiges Regime.

Seit dem 21. August 1983, dem Tag, an dem Benigno Aquino auf dem Flughafen von Manila hinterrücks und kaltblütig erschossen wurde, bis zu den Freisprüchen am 2. Dezember 1985 hatten Präsident Marcos und seine Helfershelfer in Regierung und Militär nicht gezögert, in das Prozedere zur Aufklärung der Mordtat immer wieder einzugreifen. Diese Interventionen stempelten Marcos, wie Corazon Aquino es ausdrückte, zum Hauptverdächtigen.

Dem Diktator ging es vor allem darum, seinen engsten Vertrauten seit 20 Jahren, Generalstabschef Fabian Ver, freizubekommen. Das gelang ihm auch, aber der Kraftakt schwächte ihn vor allem in Hinblick auf den Wahlkampf.

Ein müder Wahlkämpfer

Der Wahlkämpfer Marcos wirkte müde und krank. Er war nicht mehr der Demagoge, der die Massen anlockte und dann in tosende Begeisterung versetzte. Diese Zeiten waren längst vorbei. Das Publikum wurde auf Regierungskosten herangekarrt. Die wenigen, die freiwillig kamen, wollten – wie es einer von ihnen ausdrückte – einen sterbenden Mann sehen.

Bei der Kundgebung in Tondo, in der Nähe des größten Slumbezirks von Manila, stockte die Rede von Marcos häufig, als er zunächst in Tagalog, dann in Englisch seine Herausforderin Corazon Aquino attackierte. Doch die Angriffe kamen beim Publikum nicht an. Die Einpeitscher gaben sich redlich Mühe. »Marcos parin, Marcos parin!« (Nochmals Marcos!) hämmerten sie ins Mikrofon. Aber die Resonanz war schwach. Schließlich stieg Imelda Marcos aufs Podium, um das Wählervolk zu mobilisieren. Sie erklärte: »Die politischen Gegner von Ferdinand Marcos behaupten, sie würden etwas für die Armen und Unterdrückten tun. Aber das ist nur Gerede. In Wirklichkeit besitzen sie selber große Ländereien. Ich bin nicht gegen Veränderungen. Aber Veränderungen wozu, das ist doch die Frage!«

Imelda Marcos

Bei der Kundgebung in Tondo lief einiges schief. Ein überdimensionales Transparent, auf dem Ferdinand Marcos noch entschlossen in die Zukunft blickte, löste sich vom Gerüst und faltete sich selbst zusammen. Als der Monsunwind aufkam, rebellierten die Mikrofone. Aus den überdimensionalen Lautsprechern dröhnte und kreischte es nur noch, vor allem, als Imelda Marcos zum Singen anhob.

Nach den Reden und den mißglückten Gesangseinlagen unterzeichnete Marcos Dekrete und Anordnungen, welche die Situation der Einwohner dieses Bezirks verbessern sollten. Aber das erwartete dankbare Echo auf die Wahlgeschenke blieb aus. Der Präsident hatte schon zu oft günstige Kredite, menschenwürdige Wohnungen, bessere Gesundheitsfürsorge, höhere Wasserqualität versprochen, als daß ihm noch jemand hätte Glauben schenken können. Hatte er nicht zwanzig Jahre Zeit, dieses alles zu verwirklichen?

Daß Marcos von einer Frau herausgefordert wurde, machte ihm offenbar besonders zu schaffen. Er, der sich gern mit dem Nimbus eines Kriegshelden und unerschrockenen Widerstandskämpfers schmückte, bezeichnete Corazon Aquino als naive und heimliche Komplizin der Kommunisten und versuchte bei jeder sich bietenden Gelegenheit, sie mit sexistischen und chauvinistischen Äußerungen lächerlich zu machen. So erklärte er, ein Mann dürfe von einer Frau nur im Schlafzimmer Belehrungen entgegennehmen. Bei einer anderen Gelegenheit wünschte er sich das weibliche Geschlecht »barfuß, schwanger und in der Küche«. In einem Interview sagte Marcos: »Ich schäme mich, gegen eine Dame zu kandidieren. Es ist erniedrigend, sehr entwürdigend. Ich habe mich immer geweigert, mit einer Frau zu streiten.«

Die Weigerung half ihm wenig. Die Hausfrau Aquino ging zum Gegenangriff über. Sie attackierte die Allmacht des Diktators, sie nannte Marcos einen Feigling, weil er sich nicht mehr traute, auf Mindanao im Süden, wo es heiß herging, Wahlkampf zu machen.

Die Ausfälle des Diktators konnten nicht verhindern, daß die Stimmung auf den Philippinen eindeutig zugunsten von Aquino stand. Wo immer sie auftrat – ob tief im Süden in einem abgelegenen Dorf auf Mindanao oder beim Rotary Club in Manila –, überall brandete ihr eine Welle von Sympathie und Begeisterung entgegen.

»Cory«, wie ihre Anhänger sie nennen, eilte von Erfolg zu Erfolg und wuchs zusehends in die Rolle, für die sie eigentlich keinerlei Voraussetzungen mitbrachte. Sie hatte weder politische Erfahrungen, noch besaß sie kurz vor Bekanntgabe ihrer Kandidatur politische Ambitionen. Ihre Schwächen waren jedoch zugleich ihre Stärken. Die Menschen verstanden ihre einfache Sprache und reagierten spontan, wenn »Cory« plötzlich auftauchte. Bei der Durchfahrt ihrer Autokolonne rollten zum Beispiel Verkäuferinnen schnell ein gelbes Laken aus. Eine ältere Frau winkte mit einem Kleidungsstück, das nach Unterwäsche aussah. Menschen, die selber kaum das Nötigste zum Leben hatten, spendeten ihr letztes Geld.

In der Begeisterung für Corazon Aquino drückte sich vieles aus: Die Bewunderung für ihren Mut, auch die Not und Verzweiflung eines wirtschaftlich und moralisch zugrundegerichteten Landes, schließlich die tief wurzelnde Sehnsucht nach Helden und Heiligen.

Rollkommandos an der Wahlurne

Unter den Palmen und Hibiskusbäumen am Roxas Boulevard längs der Bucht von Manila wachten am Morgen des 7. Februar 1986 die Bettler und Obdachlosen wie an jedem Morgen auf. Sie schoben das Plastikzeug, das ihnen etwas Schutz vor der nächtlichen Kühle bot, zur Seite und suchten die Umgebung nach Eßbarem ab. Auf den Philippinen sollte an diesem Tag ein neuer Präsident gewählt werden. Aber für die Ärmsten der Armen hatte das Ereignis keine unmittelbare Bedeutung. Sie müssen überleben, das war alles.

In einem anderen Stadtteil von Manila, in Tejeron, übernahm fast zur gleichen Zeit in einem Wahlzentrum der Barangay-Captain, also der Distriktchef, Manulito de Guzmann das Kommando. Kurz nach sieben Uhr hatten sich in den verschiedenen Zählstellen, die in dem Schulkomplex von Tejeron untergebracht waren, einige Reporter umgesehen. Danach fühlte sich de Guzmann - wie fast alle Barangay-Captain Anhänger von Marcos, dem er den Auftrag für die örtliche Müllabfuhr verdankte - sicher.

Über Sprechfunk dirigierte der etwa 40jährige, der ständig von einer Korona von Schlägertypen umgeben war, seine Leute zu den einzelnen Zählstellen. Unmißverständlich wurden die durch behördlichen Ausweis als Wahlbeobachter zugelassenen Mitglieder der NAMFREL, der »Nationalen Bewegung für freie Wahlen«, aufgefordert zu verschwinden. Die NAMFREL-Beauftragten, darunter katholische Priester und Nonnen, begriffen zunächst gar nicht, was vor sich ging. Einige weigerten sich, ihre Posten zu räumen, und schon setzte es Hiebe und Schläge.

Innerhalb kurzer Zeit hatte das Rollkommando von de Guzmann den Wahlvorgang unter Kontrolle. Durch den Haupteingang strömten die sogenannten fliegenden Wähler in das Wahlzentrum, die gegen Geld und nach einem genau abgestimmten Plan dem philippinischen Präsidenten ihre Stimme gaben. Einige berichteten später, als sie außer Reichweite des Barangay-Captain waren, sie hätten bis zu zehnmal abgestimmt und dafür von de Guzmann beziehungsweise von dessen Leuten bis zu 50 Peso bekommen.

Was in Tejeron passierte, wiederholte sich anderswo auf die gleiche oder noch schlimmere Weise. In den Städten in der Provinz sorgten Armeetrupps sowie Privatmilizen der regionalen Machthaber für marcosfreundliche Voten. Die Einschüchterung der Wähler durch das Militär gehörte auf den Philippinen zu den traditionellen Methoden, ein regimetreues Wahlverhalten zu garantieren.

Am 7. Februar verließ sich Marcos jedoch nicht nur auf die herkömmlichen Mittel des Wahlbetrugs. Sein Regime war eine feste Liaison mit dem organisierten Gangstertum eingegangen, das einen Teil der Dreckarbeit erledigte. Der ehemalige Gouverneur und führende Oppositionspolitiker Evelio Javier, 43 Jahre alt, der das Treiben dieser Banditen unterbinden wollte, wurde erschossen.

Der in den USA ausgebildete Anwalt Javier beobachtete das Auszählen der Stimmen, als der Kugelhagel einsetzte. »Goons, guns and gold«, Banditen, Kanonen und Gold habe der Marcos-Anhang mobilisiert, um den Diktator an der Macht zu halten, erklärte die Präsidentschaftskandidatin Corazon Aquino, und das war keine Übertreibung.

Die Stimmenauszählung entwickelte sich in den Tagen nach der Wahl zu einem hochexplosiven Drama. Als immer deutlicher wurde, daß Corazon Aquino trotz des massiven Wahlbetrugs durch den Regierungs- und Militärapparat den Sieg davongetragen hatte, verstärkte das Regime seinen Terror. Was vorher halbwegs planmäßig abgelaufen war, ging jetzt in ungeordnete Bahnen über. Die Schlägerkommandos kassierten Wahlurnen und füllten sie einfach um.

Unsicherheit und Verwirrung erreichten bald ein absurdes Ausmaß. Insgesamt vier Institute beteiligten sich an der Feststellung des Wahlausgangs: ein Rechenzentrum der regierungstreuen Medien, die staatliche Wahlkommission COMELEC, das Rechenzentrum der privaten Bürgerrechtsorganisation NAMFREL und schließlich das Parlament. Die staatliche COMELEC, laut Gesetz zur Unparteilichkeit verpflichtet, wirkte kräftig am Marcos-Sieg mit. Als die Ergebnisse einen Erdrutschsieg für Aquino auswiesen, stoppte COMELEC unter einer fadenscheinigen Begründung das Auszählverfahren. Die Operation »slow down« konnte beginnen, das Umpolen der Computer, die plötzlich nur noch Resultate auswiesen, die für Marcos günstig waren.

Weil sie das schändliche Spiel der Manipulation nicht mitmachen wollten, legten 30 Mitarbeiter der COMELEC die Arbeit nieder. Ihnen war aufgetragen worden, nur noch Pro-Marcos-Ergebnisse in die Rechner einzugeben. Dafür bekamen sie Briefumschläge mit 100-Peso-Noten zugesteckt, brandneue Scheine, die frisch aus der Druckerpresse stammten.

Auch das Finale ging daneben

Das Wahldesaster erreichte am 13. Februar 1986 seinen Höhepunkt, als die Nationalversammlung aufgrund der eingegangenen Wählerlisten das amtliche Endergebnis der Abstimmung bekanntgeben sollte. Das Parlamentsgebäude liegt weit außerhalb der Hauptstadt, gewissermaßen auf der grünen Wiese, wo die Abgeordneten in ausreichender Distanz zur Bevölkerung ihre Beratungen abhalten. Da die Wahl und die unmittelbare Nachwahlphase einen für Marcos katastrophalen Verlauf genommen hatten, sollte wenigstens das Schlußstück gelingen. In der Nationalversammlung baute das von Marcos kontrollierte Fernsehen Kameras auf, damit jede Box mit den Zähllisten, jede Unterschrift in Augenschein genommen werden konnte.

Doch auch das Finale ging gründlich daneben. Von den ersten acht Umschlägen, die in einer umständlichen Prozedur geöffnet wurden, waren sieben beschädigt. Defekte Siegel, fehlende Unterschriften und falsche Kontrollnummern ergaben sich vor allem bei Zähllisten aus den Regionen, in denen der amtierende Präsident angeblich haushoch gewonnen hatte. Seine Fälscherbande hatte schlechte Arbeit geleistet.

Ferdinand Marcos wurde von der Nationalversammlung, nachdem die Opposition aus Protest ausgezogen war, zum Sieger erklärt. Aber in Wirklichkeit hatte der Diktator die Wahl verloren. Marcos wußte es. Die Filipinos wußten es. Und der Rest der Welt wußte es auch. Denn über tausend Journalisten hatten über die schmutzigste Wahl in der Geschichte des Landes berichtet und die Philippinen in den Blickpunkt der Weltöffentlichkeit gerückt.

Die Revolution der Rosenkränze: Ein unblutiger Aufstand

In der Linienmaschine der Philippine Airlines von Tokyo nach Manila reisten am Sonntag, dem 23. Februar 1986, auffallend viele Kameraleute und Reporter mit. Die Meldungen vom Vorabend hatten die Journalisten mobilisiert. Die Nachrichten verhießen, was seit langem erhofft und herbeigesehnt worden war: nach 20 Jahren das Ende des Marcos-Regime.

Verteidigungsminister Juan Ponce Enrile und der stellvertretende Generalstabschef der Streitkräfte, Fidel Ramos, hatten dem amtierenden Präsidenten die Gefolgschaft aufgekündigt und hielten sich mit einigen hundert Soldaten auf dem Gelände der Kasernen Camp Crame und Camp Aguinaldo in Quezon City verschanzt. Das waren die sensationellen Meldungen aus Manila, die zugleich den Beginn der »Revolution der Rosenkränze« ankündigten.

Über den Bordlautsprecher der Linienmaschine nach Manila wurden Lieder von Freddy Aguilar gespielt, der wie kein anderer Filipino dem Protest gegen den Diktator musikalischen Ausdruck gab. Die Besatzung der von Marcos kontrollierten Philippine Airlines gab sich wenig Mühe, ihre Sympathie für Corazon Aquino zu verbergen. Die Stewardessen wollten von den Reportern wissen, was zu dieser Stunde beim Flug über den Pazifik niemand genau wissen konnte: Ob Marcos bereits aufgegeben habe? Ob schon gekämpft werde? Für alle war es ein Flug ins Ungewisse.

Bei der Landung in Manila kehrte unwillkürlich die Erinnerung an das Aquino-Attentat zurück. Schließlich war der Flughafen der Schauplatz des schauerlichen Attentats gewesen. Ich dachte an die Fernsehbilder, wie Aquino von Soldaten aus dem Flugzeug geholt worden war, an die Schüsse, die ein japanischer Kollege auf Tonband festgehalten hatte.

In der Hauptstadt, die ich erst wenige Tage zuvor verlassen hatte, herrschte eine fast unheimliche Ruhe. Corazon Aquino befand sich seit Sonnabend (22. Februar) in Cebu. Wenige Tage zuvor war sie der Mittelpunkt einer Massenkundgebung im Rizal Park in Manila gewesen, bei der vermutlich über zwei Millionen Menschen versammelt gewesen waren. Jetzt wollte sie das Land für sich und ihre Kampagne des Ungehorsams gewinnen.

Am Sonntagnachmittag (23. Februar) war in Manila noch kein Schuß gefallen. Auf den Straßen herrschte erstaunlich wenig Verkehr. Die Bürgersteige waren fast menschenleer. Viele warteten offenbar vor dem Radio oder Fernseher auf neue Nachrichten von der Rebellion nordöstlich der Hauptstadt, in Quezon City.

Euphorie und Müdigkeit

Die erste Fahrt zum Zentrum der Aufständischen gestaltete sich schwierig. Der Taxifahrer mochte seinen Wagen nicht riskieren. Es war problematisch, mit einem Pkw überhaupt an das Kasernengelände heranzukommen. Die Epifanio de los Santos Avenue Edsa, die Camp Aguinaldo mit dem Sitz des Verteidigungsministeriums von Camp Crame, dem Hauptquartier der unter Armeeaufsicht stehenden Constabulary (Polizei), trennt, war durch Menschenmassen blockiert. Der Taxifahrer setzte mich in der Nähe der Edsa ab. Den Rest der Strecke legte ich zu Fuß zurück.

Der Einlaß in Camp Aguinaldo machte keinerlei Schwierigkeiten. Ausländische Journalisten waren sehr willkommen. Schließlich bedeutete die Aufmerksamkeit der Weltöffentlichkeit einen gewissen Schutz für die Rebellen, die anfangs nur wenige Tausend zählten.

Armeelastwagen sicherten auf dem Kasernengelände die Ein- und Ausfahrten. In der Luft kreisten Hubschrauber, die zum Glück auf Distanz blieben und keine Angriffsabsichten erkennen ließen.

Verteidigungsminister Enrile unternahm am Nachmittag einen Inspektionsgang. Sein Aufzug demonstrierte äußerste Entschlossenheit: kugelsichere Weste, darüber ein Kampfanzug, Kampfschuhe, das M-16-Gewehr umgehängt. Ein Kordon schwerbewaffneter RAM-Soldaten, Angehörige der Reformgruppe innerhalb der Streitkräfte, wich keinen Zentimeter von ihm.

In der Nacht zuvor hatte Enrile Marcos, dem er über eineinhalb Jahrzehnte lang loyal ergeben war, wissen lassen, daß seine Stunde gekommen sei. »Mister President«, sagte Enrile über »Radio Veritas«, »ich hoffe, Sie hören zu. Genug ist genug. Mister President, Ihre Zeit ist vorbei.«

Beim Rundgang mischten sich Reporter, Nonnen und Priester unter die Soldaten, die Enrile begleiteten, bevor er ins Hauptgebäude zurückkehrte. Kein Zweifel: Auf diesem Gelände fand philippinische Geschichte statt, und entsprechend war die Stimmung. Sie schwankte zwischen Euphorie und Müdigkeit. Ein Soldat, der das Sitzungszimmer von Enrile und Ramos bewachte, erzählte, er habe in der Nacht zuvor eine Stunde geschlafen und sei ansonsten immer auf seinem Posten gewesen.

An den Wänden hingen noch die Dienstpläne aus den Tagen, in denen im Ministerium der übliche Betrieb herrschte. Aber jetzt hatten sie keine Gültigkeit mehr. Denn alle taten Dienst; das heißt, einige hatten sich auf dem harten Fußboden zum Schlafen gelegt, in voller Ausrüstung, mit ihren Gewehren und Patronentaschen.

Die Rebellen empfingen im Laufe des Tages eine Reihe von prominenten Besuchern. Sie sprachen mit Salvador Laurel, dem designierten Vizepräsidenten. Am frühen Abend traf Butz Aquino, der Bruder des ermordeten Benigno Aquino, ein sowie Lorenzo Tañada.

Tañada war die beeindruckendste Figur der philippinischen Opposition. Wegen seines hohen Alters hatte er Schwierigkeiten mit dem Gehen und fehlte dennoch auf keiner Demonstration. Er gehörte zur alten Garde der Marcos-Gegner und zählte zum engeren Beraterkreis von Corazon Aquino. Nach dem Treffen mit Enrile und Ramos sprach er vor den Reportern von der Notwendigkeit, den gewaltfreien Widerstand gegen das Marcos-Regime landesweit zu organisieren.

Der Präsident selber griff an diesem Sonntag noch einmal zu seiner alten Taktik. Er drohte den Rebellen militärische Vergeltung an und beschwichtigte im gleichen Atemzug, indem er Verhandlungen anbot. Er räsonierte und wich aus. Was er wirklich meinte und dachte, war schwer zu erkennen. Nur so viel wurde klar: Marcos spielte auf Zeit, um aus dieser fatalen Situation herauszukommen.

Montag, 24. Februar 1986

Am Montag, dem 24. Februar, überschlugen sich die Ereignisse. Am Morgen wurde der Internationale Flughafen geschlossen. In der Nähe gab es vereinzelt Kämpfe zwischen aufständischen Einheiten und marcosloyalen Verbänden, die vergebens danach trachteten, die Kontrolle über den Flughafen zurückzugewinnen.

Ich versuchte, mir an den einzelnen Krisenpunkten der Stadt einen Überblick zu verschaffen. Die Gerüchteküche brodelte.

Immer wieder tauchten Meldungen auf, wonach Marcos bereits geflohen sei, aber am Ende stellten sie sich als falsch heraus.

Für die Fahrt durch Manila gewann ich einen Motorradfahrer, der aus seiner Sympathie für Corazon Aquino kein Hehl machte. Die Maschine war mit gelben Emblemen übersät, was zu diesem Zeitpunkt nicht unbedingt einen Schutz bedeutete. Denn oft stießen wir auf regierungstreue Armee-Einheiten und auf schwerbewaffnete »Goons«.

Unterwegs gab es Szenen und Augenblicke, die im Gedächtnis haften bleiben. Zum Beispiel die Bilder von den menschlichen Barrikaden: Die Menge umkreiste einzelne Armeefahrzeuge, trennte sie von ihrer Einheit und begann zu singen und zu beten. Drohten die Panzerketten sie zu überrollen, wurden die Stimmen lauter und eindringlicher. Manchmal drehten die Soldaten mit ihren Panzern erst in letzter Sekunde ab. Unter den vielen Journalisten, die in diesen Tagen in Manila waren, gab es wenige, die von solchen Szenen nicht zutiefst beeindruckt waren.

Der größte Erfolg und zugleich der entscheidende Durchbruch im Drama der Revolution war die Eroberung der Fernsehstation »Kanal vier«. Noch kurz vorher hatte Ferdinand Marcos über diesen Sender verbreitet, er habe alles unter Kontrolle und werde keinen Zentimeter weichen, als plötzlich eine Technikerin mit einem kurzen »Hallo« den Präsidenten unterbrach und ihm die Leitung abknipste.

Dem Diktator blieb nur noch der »Kanal neun«, auf dem er bis Montagabend seine Durchhalteparolen verbreitete. Während einer Livesendung kam es zu einem dramatischen Wortwechsel zwischen Marcos und dem Generalstabschef der Streitkräfte, Fabian Ver. Der Staatschef beantwortete die Frage eines Reporters, ob er den Tod von Zivilisten mit in Kauf nehmen würde, um Herr der Lage zu werden.

Marcos: Worum ich die Bürger ersuche, ist nur, daß sie zu Hause bleiben, weil ...

Ver: Die Air Force steht bereit zum Luftangriff. Wir fordern die Zivilisten auf, das Gebiet um Camp Crame unverzüglich zu räumen, Herr Präsident. Ich bin hierher gekommen, um ihre Befehle entgegenzunehmen, damit wir losschlagen können.

Marcos: Ah ...

Ver (unterbricht): ... wir müssen die Helikopter ausschalten, die sie haben. Wir haben zwei Kampfflugzeuge in der Luft, die jederzeit angreifen können, Sir.

Marcos: Ja, aber ...

Ver (unterbricht erneut, wird ungeduldig und nervös): ... unsere Verhandlungen und unsere vorausgegangenen Gespräche sind ergebnislos geblieben.

Marcos: Ich weiß, daß General Ramos Befehle erteilt, als sei er der Generalstabschef. Alles, was ich sagen kann, ist: Vielleicht erreichen wir den Punkt, an dem wir schweres Geschütz auffahren müssen. Aber vorerst bleibt es dabei, daß Sie kleine Waffen einsetzen, Hand- oder Schulterwaffen.

Ver: Aber, Sir, können wir den Kommandeuren die Option geben, selber zu entscheiden, was in ihrer Situation das Beste ist.

Marcos: Wenn sie überrannt werden, wenn es den Versuch gibt ...

Ver (unterbricht wieder): ... unsere Angriffstruppen sind schon verzögert worden. Wie ich erfahre, gaben Sie den Befehl aus zu warten.

Marcos: Ich sagte, sie sollten warten, weil ...

Ver: Die konzentrieren Zivilisten in der Nähe unserer Truppen, und wir können uns nicht weiter zurückziehen. Gestern verlangten Sie von uns, daß wir uns zurückziehen ...

Marcos: Mein Befehl lautete, die Menge aufzulösen, ohne zu schießen.

Ver: Wir können uns nicht jedesmal zurückziehen!

Marcos: Nein, nein, nein. Hören Sie, Sie lösen die Menge auf, ohne zu schießen. Sie können andere Waffen einsetzen.

Ver: Wir werden Ihren Befehl ausführen, Sir.

Der Generalstabschef, der seine Erregung kaum beherrschen konnte, verließ das Studio. Die Kamera folgte ihm, dann ward er nicht mehr gesehen. Die Sendung wurde fortgesetzt. Marcos erklärte: »Wir sind hier. Wir werden die Präsidentschaft nicht aufgeben. Wir haben nicht die Absicht, ins Ausland zu gehen, nicht die Absicht, zurückzutreten. Wir sind da und wir werden die Republik bis zum letzten Atemzug verteidigen, bis zum letzten Blutstropfen.«

Im letzten Interview, das Marcos per Telefon über »Kanal neun« gab, hatte sich seine Tonlage geändert: »Meine Familie versteckt sich vor Angst in Malacañang.« Er, Marcos, kämpfe jetzt um das Überleben seines Landes, um sein Leben. Kurze Zeit später verstummte die Verbindung zum Präsidentenpalast. Malacañang war der einsamste Platz auf den Philippinen geworden.

Das Programm von »Kanal vier« wurde vom Maharlika Broadcasting System an der Bohol Avenue in Quezon City ausgestrahlt. Bei der Eroberung dieses Senders hatte es zwei Tote und sieben Verletzte gegeben. Ein TV-Techniker erlag einem Herzschlag und ein marcostreuer Soldat wurde durch einen Schuß getötet, den er selber aus Versehen beim Rückzug ausgelöst hatte.

Wegen seiner penetranten Marcos-Propaganda war der vierte Kanal bei der Bevölkerung besonders verhaßt gewesen. Schon wenige Stunden nach der Übernahme durch die Aquino-Anhänger strahlte dieser Sender ein professionell gemachtes Informations- und Unterhaltungsprogramm aus. Viele Journalisten und Künstler, die wegen ihrer Opposition zum Regime zum Teil schon seit Jahren nicht mehr aufgetreten waren, fanden sich an der Bohol Avenue ein und wirkten am Programm mit. Einer von ihnen erklärte, beim Betreten des Senders habe er den Fußboden geküßt. Für ihn sei die Rückkehr zum »Kanal vier« die schönste Stunde seines Lebens.

Die Fernsehstation wurde durch aufständische Truppen gesichert. Aber es war fraglich, ob die Einheiten einem massiven Angriff standhalten würden. Überhaupt, die gesamte militärische Situation bleib am Montag noch völlig unübersichtlich. Aus verschiedenen Landesteilen wurden Zusammenstöße gemeldet. Nachrichten über Gefechte mit Hunderten von Toten erwiesen sich später als falsch.

Die philippinische Revolution entwickelte sich vor allem zu einer Radio- und Fernsehrevolution. Die wichtigste Funktion hatte dabei zunächst »Radio Veritas«, der katholische Sender, der mit Mitteln der Erzdiözese Köln und der Konrad-Adenauer-Stiftung in Bonn aufgebaut worden war. Über »Radio Veritas« wurde seit Monaten schon der gewaltfreie Widerstand organisiert, wurden die Massen mobilisiert. Als der Aufstand begann, versuchten marcosloyale Truppen, diese wichtige Stimme zum Schweigen zu bringen. Das gelang nur vorübergehend. Andere Stationen übernahmen zeitweise die Funktion von »Radio Veritas«, als dessen Sendeanlagen demoliert worden waren.

Mit der Übernahme von »Kanal vier« bekam die »elektronische Opposition« noch größeres Gewicht. Allerdings blieb das Radio weiterhin unersetzlich. Denn die Fernsehmacher besaßen am Anfang nichts außer einem Studio und einer Sendemöglichkeit. Die Vereidigung von Corazon Aquino zur Präsidentin konnte zum Beispiel deswegen nicht übertragen werden, weil der Schlüssel für den Ü-Wagen unauffindbar war.

Die Revolution war zugleich eine Familienangelegenheit. Immer wieder richteten Filipinos über Radio Appelle an Angehörige in den Streitkräften, die Waffen niederzulegen und sich dem Aufstand anzuschließen. »Pepito, hier ist dein Onkel«, so begann ein älterer Herr die Ansprache an seinen Neffen, der als Marineoffizier diente. »Ich hoffe, du hörst mich. Denk an deine Familie, an deine Nächsten, die dich lieben! Hör auf, dem Diktator zu dienen, dessen Tage gezählt sind, und schließe dich den Friedenstruppen an.« Einige Stunden später wurde gemeldet, der Aufruf sei erfolgreich gewesen.

Dienstag, 25. Februar 1986

Über die Radiostationen wurde auch der menschliche Schutzwall organisiert, der Camp Aguinaldo und Camp Crame umgab.

Für die Fahrt zum Zentrum der Rebellion gewann ich am Dienstagmorgen (25. Februar) einen jungen Motorradfahrer. Er hatte sich gegen ein Entgelt zum Transport bereit erklärt, wurde aber immer nervöser, je mehr wir uns den beiden Kasernen näherten. Schließlich stoppte er und erklärte, er könne einfach nicht weiterfahren. Ich verstand seine Reaktion nicht. Aber wir verabredeten uns zu einem späteren Zeitpunkt für die Rückfahrt nach Manila.

Wohl oder übel schloß ich mich dem Treck der Marcos-Gegner an, die in langen Kolonnen zur Edsa marschierten. Die Zufahrtsstraßen waren für Autos nicht mehr passierbar. Quergestellte Busse, Lastwagen und brennende Reifen versperrten die Fahrbahn. Wo es an Reifen fehlte, war der Inhalt der städtischen Müllabfuhr einfach auf die Straße gekippt und in Brand gesteckt worden.

In der Umgebung von Camp Crame und Camp Aguinaldo hatten sich an diesem Morgen vermutlich über zwei Millionen Menschen eingefunden, die den ständigen Aufrufen, den menschlichen Schutzwall zu verstärken, gefolgt waren. Die Atmosphäre in dieser riesigen Menschenansammlung schwankte zwischen Festival und ernster Entschlossenheit zum Widerstand. Die Masse war ständig in Bewegung. Es wurde diskutiert, gegessen, geschlafen. Viele hatten Zigaretten und Lebensmittel für die Soldaten mitgebracht. Fliegende Händler sorgten für Nachschub und erlebten einen ungeahnten Boom. Die Versorgung der beiden Kasernen klappte ausgezeichnet. In den Kasernen selbst war die Stimmung allerdings eher gedrückt. Am dritten Tag der Revolution lastete über dem Zentrum der Rebellion eine lähmende Ungewißheit. Die Anzeichen für einen Gegenschlag des Diktators häuften sich. Seine Soldaten umgingen die Straßenblockaden und bewegten sich in einzelnen Trupps auf die beiden Kasernen zu.

Ich hielt mich etwa eine Stunde in Camp Crame auf. Beim Verlassen der Kaserne wurden gerade Einheiten der Aufständischen in die Außenbereiche verlegt, wo sie die Angreifer zurückschlagen sollten. Am Ausgang der Kaserne bekamen die Soldaten Rosenkränze in die Hand gedrückt. Auch ich erhielt eine weiße Perlenkette aus Plastik. »Seid vorsichtig«, sagte jemand zu den Soldaten.

Kurze Zeit später traf ich den jungen Motorradfahrer an der verabredeten Stelle wieder. Er strahlte über das ganze Gesicht und sagte: »Alles okay. Jetzt können wir überall hinfahren.« Ich verstand ihn nicht und schüttelte den Kopf. Er zeigte auf Tank und Kotflügel, wo er Marcos-Aufkleber mit den Fingern abgekratzt hatte. Ich hatte die Sticker in der Hektik ganz übersehen. Sie waren natürlich kein besonders gutes Aushängeschild in einer Masse von Aquino-Fans.

Wir setzten unsere Fahrt fort und passierten die Sendeanlagen von »Kanal vier«, wo kurz zuvor eine brenzlige Situation entstanden war. Marcosloyale Soldaten hatten einen Fernsehmast besetzt und feuerten von einer Plattform aus Salven aus ihren Gewehren auf die Umgebung ab. In der Nähe lag nicht nur die von Aufständischen eroberte TV-Station, sondern auch das Wohnhaus von Corazon Aquino.

Während ein etwa 50 Jahre alter Filipino mir gerade fachmännisch die Reichweite von M-16-Gewehren erklärte und versicherte, die Schußrichtung sei leicht an der Tonlage der abgefeuerten Kugeln zu erkennen, gab es plötzlich ein Pfeifgeräusch. Der Mann riß mich hinter einen Kleinbus. Die Umstehenden suchten ebenfalls panikartig Deckung vor den Kugeln.

Für etwa zwei Stunden stand an diesem Morgen wieder alles auf der Kippe. Die Soldaten auf der Plattform zogen über einen Strick neue Munition nach oben, bis ihr Vorrat aufgebraucht war. Als sie ihre Magazine leergeschossen hatten, ergaben sie sich. Die Folgen einer Rückeroberung von »Kanal vier« wären katastrophal gewesen.

An diesem Dienstag erreichte die Revolution der Rosenkränze ihren Höhepunkt. Die Ereignisse überschlugen sich fast und waren an Dramatik kaum noch zu überbieten. Mit Verspätung, aber dennoch unversehrt und rechtzeitig konnte Corazon Aquino ihre Wohnung in Quezon verlassen, um anschließend in einem privaten Club am Stadtrand von Manila zur Präsidentin der Philippinen vereidigt zu werden.

Was ihrem Mann nicht vergönnt gewesen war, erreiche sie unter äußerst denkwürdigen Umständen. Zu den ersten Amtshandlungen der ersten Präsidentin der Philippinen gehörte die Ernennung von Juan Ponce Enrile zum Verteidigungsminister. Es war eine

Ironie der Geschichte, denn Enrile gilt als der Architekt des 1972 von Marcos verhängten Kriegsrechts, unter dem Benigno Aquino verhaftet und schließlich zum Tode verurteilt worden war. Und es war ein schwerer Fehler, wie sich später herausstellen sollte, aber unter den Umständen im Februar 1986 wohl kaum vermeidbar.

Fidel Ramos, der zweite Held der Revolution, wurde zum Generalstabschef der Streitkräfte ernannt. Mit der Bildung einer provisorischen Regierung unternahm die Präsidentin den ersten Schritt zur Sicherung ihrer Macht, die an diesem Dienstagvormittag noch äußerst gefährdet war.

Kurze Zeit später fand im Malacañang-Palast eine Zeremonie statt, die ebenfalls »Vereidigung« genannt wurde. Dort versammelten sich Marcos und seine Familie sowie seine letzten Getreuen. Arturo Tolentino, der Vizepräsident werden wollte, fehlte bei diesem Akt, ebenfalls das diplomatische Corps, das geladen war und nicht kam.

Die Nachrichtenagenturen berichteten kurze Zeit später, die Philippinen hätten jetzt zwei Präsidenten. Aber die Meldung stimmte nicht. Das Land hatte zu dieser Stunde eine Präsidentin, die sich auf das Votum und die Zustimmung des Volkes berufen konnten, sowie einen früheren Staatschef, den die Filipinos so schnell wie möglich loswerden wollten.

Rund neun Stunden lang hielt sich Marcos noch in seinem Palast. Gegen 18 Uhr unternahm ich eine Fahrt zum Sitz des Präsidenten. Die Dunkelheit war bereits hereingebrochen. An den Zufahrtsstraßen herrschte eine gespenstische, bleierne Ruhe. Überall waren Truppen zusammengezogen. Die Soldaten standen mit dem Gewehr im Anschlag vor den Panzern und Armeelastwagen. Noch gab es keine Anzeichen, die auf eine Kapitulation des Diktators hindeuteten.

Ich kehrte zum Hotel zurück und berichtete den Rundfunkanstalten in der Bundesrepublik per Telefon, das weiterhin funktionierte, der philippinische Präsident befinde sich nach wie vor in seinem Palast. Malacañang sei von loyalen Truppen umstellt. Die Gefahr eines blutigen Bürgerkrieges sei noch nicht gebannt. Aber dieser Bericht war drei Stunden später überholt. Die Meldungen verdichteten sich, daß Marcos das Land verlassen hatte. Die provisorische Regierung der Präsidentin Aquino zögerte die Bekanntgabe der Nachricht hinaus, um den Freudentaumel zu dämpfen und die Reaktionen der Bevölkerung einigermaßen unter Kontrolle zu halten.

Doch schließlich gab es keinen Zweifel mehr: Ferdinand Marcos befand sich nicht mehr in Malacañang, von wo aus er 20 Jahre lang die Philippinen beherrscht hatte. Neun Stunden nach der selbstinszenierten Vereidigung machte der Diktator sich im Schutze der Dunkelheit auf und davon - von den US-Amerikanern, wie sich bald herausstellte, gedrängt und abgeführt.

Als der Hubschrauber der US Air Force in der Nähe des Palastes landete, war Marcos noch nicht auf die Abreise eingestellt. Reporter fanden später eine auf Silbertabletts zubereitete Mahlzeit, die nur zur Hälfte verzehrt war - ein Indiz für einen überhasteten Aufbruch.

Als Marcos beim Besteigen des Hubschraubers den Piloten fragte, wohin die Reise gehe, antwortete dieser in barschem Ton: »Weiß ich nicht. Ich mache nur meinen Flugjob. Das ist alles.«

Der frühere Präsident wurde zunächst nach Clark Air Base, dem US-Luftwaffenstützpunkt nördlich von Manila, gebracht und flog dann über Guam nach Hawaii, sein vorläufiges Exil.

Noch während der Nacht wurde ein Teil der Reichtümer per Lastwagen fortgeschafft: Millionen von Peso und Dollar in bar, Goldbarren, Schmuck, Waffen, Aktien und Besitzurkunden von Grundstücken, die überall im Ausland auf Marcos' Namen eingetragen waren. Der Zoll auf Hawaii brauchte einige Tage, um die Vermögenswerte zu erfassen.

In Manila selbst stürmten die Filipinos, die seit vielen Stunden in der Nähe des Präsidentenpalastes ausgeharrt hatten, bei Bekanntgabe der Meldungen, Marcos sei nicht mehr in Malacañang, auf das Gebäude zu. Fast wäre das Symbol der Marcos-Diktatur im Handstreich genommen worden. Doch selbst im Siegesrausch bewahrten viele den Überblick. Die Zauberformel von »People Power«, daß das Volk stark und mächtig ist, bewährte sich auch nach der Abreise von Marcos. Im Präsidentenpalast wurden zwar Bilder von den Wänden gerissen und Tische umgeworfen. Aber die Übergriffe hielten sich in Grenzen.

Den größten Schaden richteten ohnehin die »Goons« an, die Banditen und Gangster, die zur sogenannten Vereidigung angeheuert worden waren als Claqueure und Fahnenschwenker. Die Marcos-Gegner bewahrten jedoch Vernunft, trotz der überwältigenden Freude über das Ende der Diktatur.

Der offene Malacañang-Palast

Zwei Stunden nach Mitternacht bin ich noch einmal zum Präsidentenpalast gefahren. Die Fiesta des Glücks dauerte noch an. Menschen tanzten auf den Straßen. Feuerwerkskörper wurden gezündet. Ein Alptraum war vorüber.

Auf dem Gelände von Malacañang vergriffen sich die Filipinos nicht am Mauerwerk des verhaßten Palastes, sondern rissen sich Drahtstücke aus den Sperranlagen, formten daraus Dornenkronen und durchflochten diese mit gelben Schleifen, den Schleifen der Revolution. Da es keine Zangen gab, mußte der Draht mit Steinen durchtrennt werden.

Die Nacht der Befreiung war eine friedliche Nacht, eine Nacht der Versöhnung. Auf den Panzern, die zuvor noch Menschen

Dornenkronen aus Barrikaden

bedroht hatten, hockten Marcos-Gegner neben Soldaten. Bis in die Morgenstunden hinein diskutierten, sangen, tanzten, hämmerten die Menschen auf dem Gelände von Malacañang. Einige schliefen auf dem Boden, den 20 Jahre lang ein gewöhnlicher Filipino nicht betreten durfte. Andere montierten an den ausgebrannten Fahrzeugen die noch verwertbaren Ersatzteile ab. Revolution hin, Revolution her – der philippinische Alltag würde bald zurückkehren und damit der tägliche Überlebenskampf.

Rückfahrt von Malacañang zur City von Manila: An vielen Kreuzungen kohlten noch die Autoreifen. Die umgekippten Lastwagen warfen dunkle Schatten gegen das Morgengrauen. Je stärker das Licht des neuen Tages wurde, desto friedlicher wirkte die Hauptstadt. Die fremden Schiffe, die in der Bucht von Manila auf Reede lagen, sahen wie unbeteiligte Inseln aus. Die Philippinen ohne Ferdinand Marcos – ein schwer vorstellbarer Gedanke und doch Wirklichkeit.

Zwanzig Jahre Marcos

»Für jede Träne ein Sieg«: Der Held

»Die philippinische Wählerschaft sehnt sich nach einer effizienten und ehrlichen Regierung und fühlt sich in dieser Hoffnung zunehmend enttäuscht. Es herrscht ein allgemeiner Zustand der Unzufriedenheit und Gesetzlosigkeit auf den Philippinen, der durch verschiedene Grundfaktoren bestimmt wird: weitverbreitete ländliche Armut; eine enorme soziale wie ökonomische Kluft zwischen Ober- und Unterschicht; Arbeitslosigkeit und Unterbeschäftigung in großem Ausmaß; weitverbreitete Korruption und Vetternwirtschaft in Regierung und Wirtschaft . . .«
(Aus einem Memorandum des US-Geheimdienstes CIA während des Präsidentschaftswahlkampfes auf den Philippinen 1965)

30. Dezember 1965, Rizal Park, Manila. Ferdinand Edralin Marcos, langjähriger Abgeordneter im Kongreß des philippinischen Zweikammer-Parlaments, ab 1959 Senator und seit 1963 Senatspräsident, legte vor Tausenden von Schaulustigen, Militärs, Kirchenfürsten, Politikern und seiner schönen Frau Imelda den Amtsschwur als 6. Präsident der Dritten Republik der Philippinen ab. »Die nächsten Jahre werden die Basis für eine Reformation bilden – eine revolutionäre Reformation unserer internationalen und nationalen Politik, unseres politischen, sozialen, legalen und ökonomischen Systems«, donnerte der gewandte Redner und ehemalige Anwalt seinen begeisterten Zuhörern bei seiner Antrittsrede entgegen. »Ich bitte euch alle, Helden unserer Nation zu sein!«

Er selbst war bereits ein Held, so zumindest sahen ihn seine Landsleute. Der 48jährige Marcos versprach genau das, wonach sich die Filipinos in jener Zeit sehnten: ein Ende der Korruption, ein Ende der Oligarchenherrschaft und eine neue energische Regierung, die das Land aus der Stagnation herausführen sollte.

Ferdinand Marcos schien der Mann der Stunde zu sein. Schließlich hatte kein anderer eine so glorreiche Laufbahn an die Macht durcheilt. Kein anderer Filipino war mit so vielen Orden für Tapferkeit und Edelmut während des brutalen Krieges gegen die Japaner ausgezeichnet worden wie der neue Präsident. Alle wußten es. Alle liebten ihn. In einer eigens für den Wahlkampf veröffentlichten Biographie »Für jede Träne ein Sieg« wurden seine Bravourstücke im Kampf gegen die Eroberer in so überzeugenden Tönen geschildert, daß selbst der größte Skeptiker zumindest einen Teil davon glauben mußte.

Der Skandaljunge

War der am 11. September 1917 geborene Sohn eines Lokalpolitikers der Stadt Sarrat in der Provinz Ilocos Norte in Nord-Luzon tatsächlich ein politisches Genie? Oder war er schlicht und einfach ein gerissener Gauner, der die Schwächen seiner Gegner auszunutzen verstand? Die vielen ungeklärten Perioden seines Lebens, die dank einer Vielzahl offizieller Biographien unter dem üppigen Schleier von Lügen noch mehr vernebelt wurden, sagen dennoch einiges über Marcos' Charakter aus.

Im Jahr 1935, als sich sein Vater Mariano Marcos zur Wahl als Kongreßabgeordneter für den zweiten Wahlkreis in Ilocos Norte stellte und verlor, begann Ferdinand Marcos seine Studien an der University of the Philippines (UP) in Manila. Der siegreiche Gegner Marianos, Julio Nalundasan, machte sich über den Verlierer lustig. Am 20. September abends putzte sich Nalundasan gerade die Zähne, als ihn ein Schuß durchs offene Fenster niederstreckte.

Vier Jahre später, kurz vor dem Ende seines erfolgreichen Jurastudiums, wurde Ferdinand Marcos als Verdächtiger verhaftet und nach einem Prozeß verurteilt. Dies, aber auch der Umstand, daß er die Rechtsanwaltsprüfungen mit Auszeichnungen bestand, brachten den Ehrgeizling als »Skandaljunge« des Jahres 1939 in die Schlagzeilen. 1940 allerdings wurde Marcos aufgrund einer Entscheidung des Höchsten Gerichts freigesprochen. Der unterzeichnende Richer: José Laurel, späterer Präsident der von den Japanern besetzten Marionetten-Republik und nach dem Krieg als Kollaborateur vor Gericht gestellt.

Im November 1941 begann die militärische Laufbahn des jungen Rechtsanwalts. Bis 1946 war Leutnant Marcos im Dienst. Doch erst 18 Jahre später gab er sich als höchstdekorierter Soldat der Philippinen aus: 32 bis 34 Auszeichnungen, Orden und Medaillen, darunter zwei der Vereinigten Staaten, sollen ihm für Tapferkeit, Mut, Heldentum und Edelsinn während der schwierigsten Periode in der jüngeren Geschichte seines Landes verliehen worden sein.

Orden werden normalerweise schon bald nach der tapferen Tat ausgeteilt. Im Fall von Marcos wurden die Auszeichnungen auf rätselhafte Weise alle erst nach dem Krieg verliehen – wenn überhaupt. Noch erstaunlicher: Jene Medaillen, die historisch belegbar sind, wurden ausnahmslos aufgrund zum Teil dubioser Beglaubigungsschreiben angeblicher Augenzeugen oder Offiziere an die Brust des zukünftigen Präsidenten geheftet, auch die beiden US-amerikanischen Orden.

Schauplatz Bataan

Die Schlacht um Bataan in den Monaten Januar bis Mai des Jahres 1942, die in der bedingungslosen Kapitulation der ausgehungerten und erschöpften philippinisch-amerikanischen Gemeinschaftsarmee und im berüchtigten 140 Kilometer langen Todesmarsch endete, soll einer der Schauplätze der Heldentaten des jungen Leutnants gewesen sein. Einige Male habe er sich hinter die Frontlinie der anstürmenden Japaner gewagt. Ein anderes Mal sei er an einem Tag gleich zweimal verwundet worden, so hieß es. Kameraden wurden von ihm gerettet, gleich reihenweise.

Die offiziellen und während seiner späteren Regierungszeit in immer schillernderen Farben veröffentlichten Berichte haben aus Marcos einen »Rambo« gemacht, der mit fast übernatürlichen Kräften gegen die Übermacht des Feindes anstürmte. Es war also nur recht und billig, einen so hervorragenden Kämpfer mit Orden und Ehren zu überhäufen, darunter die »Medal for Valor«, die höchste Anerkennung der Philippinen.

Doch die peniblen und kalten Militärchronisten der USA haben Dokumente hinterlassen, in denen ein gewisser Ferdinand Marcos während der Schlacht um Bataan gar nicht vorkommt. Er taucht auch später nicht auf, als er angeblich mit der von ihm gegründeten Partisanengruppe »Ang Manga Maharlika« (Die Edlen, die sich für große Ziele einsetzen) den Japanern Schrecken eingeflößt und den Widerstand der Filipinos in Schwung gehalten haben will.

Beinahe zynisch wirkt die offizielle Biographie des »Helden«, wenn sie berichtet, daß Marcos nach dem Todesmarsch von Bataan, bei dem innerhalb von zehn Tagen an die 10 000 Menschen starben, am 4. August 1942 aus dem berüchtigten Camp O'Donnell freigelassen wurde, »da er an Malaria, Beri-Beri und Magengeschwüren litt«. So steht es im »Dokument« für die Verleihung des »Distinguished Conduct Star« aus dem Jahre 1963 (!). Den japanischen Schergen, die über Camp O'Donnell herrschten, waren die Malaria und sonstige Seuchen unter den Häftlingen mehr als gleichgültig: Zwischen Mai 1942 und März 1943, als das Lager gesperrt wurde, sind dort über 29 000 philippinische und US-amerikanische Kriegsgefangene elend zugrunde gegangen.

Doch der »Heldenmut« Ferdinands kannte keine Grenzen. Vom 5. bis 12. August 1942 soll er im Sicherheitsgefängnis Fort Santiago bei Manila von der gefürchteten japanischen Kempeitai (Geheimpolizei) verhört und gefoltert worden sein. In einer wagemutigen Aktion sei ihm die Flucht gelungen. Tatsache ist, daß nicht viele die Behandlung im Fort Santiago jener Monate überlebt haben. Raul Manglapus, späterer Politiker, war einer derjenigen, die nach Folter und Verurteilung zu zehn Jahren Gefängnis mit 88 anderen Häftlingen am 25. August 1942 aus Fort Santiago fliehen konnten. Weder er noch andere Überlebende, die später eine Vereinigung mit genauer historischer Buchführung gegründet haben, erinnern sich an Ferdinand Marcos als Häftling in den Mauern des Grauens.

Siege über Siege

Biographien lassen den Leser darüber im Dunklen, was mit dem gloriosen Kämpfer zwischen seiner angeblichen Flucht aus Fort Santiago und dem Sommer des folgenden Jahres geschehen ist. In einem Beglaubigungsschreiben aus dem Jahre 1946 heißt es lediglich, er sei zwischen Juni und August 1943 in Manila im Krankenhaus gewesen und habe seine Malaria und seine Magengeschwüre kurieren lassen. Später soll er seine »Maharlika«-Partisanengruppe von einem Sieg zum anderen geführt haben. Anfang 1945 hat er sich jedoch allein der 14. Infanteriedivision in Nord-Luzon angeschlossen.

Die wichtigste Periode für den Kampf um Medaillen kam erst nach der Kapitulation Japans. Im chaotischen Manila des September 1945 rangen Tausende angeblicher Widerstandskämpfer um Anerkennung und die von den US-Amerikanern versprochenen finanziellen Entschädigungen. Obwohl die US-Armee die Zahl aktiver Guerilleros gegen die Japaner auf höchstens 250 000 schätzte, hatte sie es plötzlich mit einem Vielfachen an Untergrundkämpfern zu tun. Ferdinand Marcos war einer der Hauptakteure im Streit um Anerkennung – und überzeugte, wie viele andere einflußreichere Ex-Soldaten, alle möglichen Freunde und Bekannten, sich als Mitglieder der »Maharlika«-Einheiten auszugeben.

Zwischen August 1945 und März 1948 versuchte Marcos mit allen möglichen Tricks, die »Ang Manga Maharlika« als wichtige und grandiose Partisanengruppe beglaubigen zu lassen, um dementsprechend Entschädigungen einzukassieren. Er hatte jedoch kein Glück: Die US-amerikanische wie die philippinische Armee befanden im März 1948 endgültig, daß zu wenige Beweise vorlägen, um die angeblich aus vier Einheiten zusammengesetzte und am 1. Dezember 1942 gegründeten »Ang Manga Maharlika« als historische Partisanengruppe einzutragen.

Doch Marcos kam von der Idee seines Heldentums nicht mehr los. Seine angeblich selbst verfaßte Biographie »Für jede Träne ein Sieg« sollte Drehbuch werden für einen Film, den er 1970 produzieren ließ und »Maharlika« nannte. Die Posse endete mit einem Skandal: Die für das Zelluloidprojekt eigens eingeflogene zweitrangige amerikanische Schauspielerin ging ein Verhältnis mit dem Präsidenten ein, der sie danach schnell wieder loswerden wollte. Die junge Dame rächte sich auf ihre Weise, bevor sie nach Hongkong und von dort zurück in die USA reiste: Bei einer Pressekonferenz spielte sie ein Tonband ab, auf dem das Liebesstöhnen des Präsidenten zu hören war.

Nach dem Krieg stürzte sich der »Held« sogleich auf die politische Bühne seiner ruinierten Nation. Im März 1946 trat er in die bekannte Rechtsanwaltskanzlei des Vicente Francisco ein, nachdem er zuvor den aktiven Dienst bei der Armee als Major quittiert hatte. Francisco hatte Marcos 1939 und 1940 im Mordprozeß um Nalundasan verteidigt. Nach dem Krieg war er José Laurels Anwalt im Kollaborationsprozeß.

1948 siedelte Marcos abermals in seine Heimatprovinz über, wo er 1949 sein erstes Mandat als Kongreßabgeordneter für Ilocos Norte gewann. In den nächsten zehn Jahren wurde Marcos als geschickter Politiker berühmt – und zugleich kam er zu Vermögen. Mit guten Beziehungen zum Rat für Importkontrolle kassierte er schamlos Prozente für illegale Transaktionen, die durch kleine Schmiergelder möglich wurden.

Am 1. Mai 1954 schlug die große Stunde für ein Mädchen aus einer verarmten Familie aus Tacloban auf der Insel Leyte auf den Visayas. Die ehemalige Schönheitskönigin Imelda Romualdez heiratete den forschen und als Frauenheld bekannten Kongreßabgeordneten Ferdinand E. Marcos nach einer kurzen und stürmischen Romanze. Für die schöne »Meldy« verließ Marcos Carmen Ortega, mit der er seit dem Beginn der fünfziger Jahre zusammengelebt hatte. Das Paar, das knapp 32 Jahre später in Schmach und Schande, jedoch als die reichsten und schamlosesten Ausbeuter der Geschichte das Land über Nacht verlassen sollte, feierte den strahlenden Beginn eines gemeinsamen Aufstiegs. Dieser Aufstieg kostete die Philippinen – ökonomisch zumindest – fast noch mehr als der Krieg gegen Japan.

Die Eroberung Manilas: Meister des »Utang na loob«

Die politischen Zustände auf den Philippinen machten es Marcos leicht, seinen Landsleuten eine ehrliche Regierung zu versprechen. Seine feurigen Parolen für »Reform« und »Erneuerung« kamen an. Daß er dann mit überwältigender Mehrheit siegte, verdankte er nicht nur seinen Parolen und den auf den Philippinen schon damals üblichen Praktiken des Wahlschwindels, sondern auch seinen vier Vorgängern, die seine bisherige politische Karriere begleitet und bestimmt hatten: Elpidio Quirino (April 1948 bis Dezember 1953), Ramon Magsaysay (Dezember 1953 bis März 1957), Carlos Garcia (März 1957 bis Dezember 1961) und Diosdado Macapagal (Dezember 1961 bis Dezember 1965).

Quirinos Regierung zeichnete sich durch einen derartigen Sumpf der Korruption aus, daß es sogar den Unterstützern in Washington zuviel wurde. Die Philippinen konnten zunächst dank amerikanischer Wirtschaftshilfe und großzügigen Entschädigungszahlungen in jenen Jahren noch eine durchaus positive Wirtschaftsbilanz präsentieren. Doch das Land wurde zusehends von der reichen Oberschicht der Oligarchen und Großgrundbesitzer ausgeblutet. Offizielle Zahlungen der USA verschwanden in den Taschen korrupter Beamter.

Eine der Reaktionen auf diese Zustände war der Bauernaufstand der sogenannten Hukbalahap in Zentral-Luzon. Zunächst rein defensiv orientiert und schlecht bewaffnet, wurden die Huks, wie sie kurz genannt wurden, durch die rücksichtslose und ausbeuterische Oberschicht dazu gezwungen, sich aggressiver gegen die Herren des Landes zur Wehr zu setzen. Quirino versuchte vergeblich, einen Friedensvertrag mit den Huks auszuhandeln – eine Initiative, die übrigens vor allem am aktiven Widerstand der Großgrundbesitzer scheiterte.

Unterdessen bauten die US-Amerikaner mit Hilfe der CIA den jungen Ramon Magsaysay zunächst als strategischen Spezialisten gegen die Huks und danach als Verteidigungsminister auf. Für Washington, das zu jener Zeit unter antikommunistischer Paranoia litt (die Volksrepublik China war 1949 ausgerufen worden; der Korea-Krieg begann ein Jahr danach), stellten die Huks eine »kommunistische Gefahr« dar.

Magsaysay gelang es bis 1953, die relativ schlecht organisierte Huk-Rebellion durch eine Kombination aus psychologischer Propaganda, militärischen Operationen und Unterstützung des CIA-Büros in Manila zu zerschlagen. Die Folgerung: Bei einer der schmutzigsten Präsidentschaftswahlen besiegte »America's Boy« Magsaysay seinen Gegner Quirino, der mit allen Mitteln versucht hatte, an der Macht zu bleiben.

Knapp 33 Jahre später erinnerte das US-Engagement nach einer Präsidentschaftswahl, die jene von 1953 an brutalem Schwindel sogar noch übertraf, beim Sturz Marcos' und dem Beginn der Aquino-Ära in manchen Aspekten an die Einsetzung Magsaysays.

Ramon Magsaysay und seinen beiden Nachfolgern Carlos Garcia und Diosdado Macapagal gelang es jedoch nicht, ihr Land aus dem Würgegriff der Korruption und der Intrigen unter den Großfamilien zu befreien.

Ferdinand Marcos versuchte bereits 1961, sich als Präsidentschaftskandidat für Wahlen im selben Jahr aufstellen zu lassen. Am Ende überließ er Macapagal den Vortritt. Doch bald profilierte sich Marcos als gewandter Redner und charismatischer Politiker.

Auf den Philippinen gehört zum Erfolg eines Politikers der Aufbau eines Netzwerks von »Compadres«, Freunden und ehemaligen Studienkollegen, Verwandten, Geschäftspartnern und unter der Hand Bevorzugten. Es galt, sie alle durch das berühmt-berüchtigte »Utang na loob« abhängig zu machen, so daß sie später zu Diensten sein konnten. Marcos und seine Frau Imelda waren Meister im Hantieren mit »Utang na loob«, der Dankbarkeitsschuld.

Die gefälschte Quittung

Ein Jahr bevor Marcos 1963 zum Senatspräsidenten gewählt wurde, ereilte ihn der erste politische Skandal. Harry S. Stonehill, ehemaliger US-Soldat und zu jener Zeit der wohl reichste und mächtigste Amerikaner auf den Philippinen, wurde wegen undurchsichtiger Geschäftspraktiken angeklagt. Als seine Büros 1962 gestürmt und Dokumente beschlagnahmt wurden, tauchte das sogenannte »Blue

Book« auf, in dem Stonehill alle Empfänger von Bestechungsgeldern notiert hatte, einschließlich der ausgezahlten Summen. Auch Marcos erschien in der Liste. Der Senator wehrte sich mit einer Quittung über 2 000 US-Dollar, die er Stonehill zurückgezahlt haben wollte. In den Senatsdebatten stellte sich jedoch heraus, daß diese Quittung gefälscht war. Doch das Netzwerk der Freunde funktionierte. Sie halfen ihm aus der Patsche. Die Angelegenheit versandete, und Stonehill wurde auf Befehl Macapagals deportiert.

Marcos griff im Wahlkampf des Jahres 1965 als Herausforderer seinen Gegner Macapagal mit genau den gleichen Parolen an, die Macapagal gegen Garcia verwendet hatte: Wohlstand, Reform und eine funktionierende und saubere Regierung wurden versprochen. Marcos wurde geglaubt, zumal sich seine charmante Frau unaufhörlich bemühte, wichtige Unterstützer zu becircen. Sie hielt die Bevölkerung als ehemalige skandalumwitterte Schönheitskönigin, die es zum Rang einer First Lady bringen sollte, in Atem. Das Ehepaar Marcos verhieß einen neuen Stil – und genau den wollten die Filipinos haben. Ihr Wunsch wurde in den 20 Jahren, die folgten, gründlich erfüllt, allerdings anders, als die meisten es sich vorgestellt hatten.

Oberflächlich betrachtet, schien Marcos während seiner ersten vier Regierungsjahre seine Versprechen mehr oder weniger zu erfüllen. Zusammen mit Vizepräsident Fernando Lopez gelang eine bedeutende Steigerung der Reis- und Maisproduktion. Die Kriminalität sank um über zehn Prozent. Bis dahin fast ungehindert operierende Schmugglerbanden wurden ausgehoben. Das Landreformprogramm Macapagals wurde erweitert.

Es blieben jedoch nur Ansätze, und bald schon ließen die Politiker die chronischen Probleme an der Basis außer acht: Arbeitslosigkeit und Unterbeschäftigung, ländliche Verarmung und die Ausbeutung der Bauern nahmen tatsächlich zu.

1968 wurde die neue und maoistisch orientierte Kommunistische Partei der Philippinen gegründet (angeblich von José Maria Sison). Ein Jahr darauf formierte Bernabe Buscayno, der Bauernsohn aus Tarlac, als »Kumander Dante« die Reste der Hukbalahap zur NPA um, die als bewaffneter Arm der Kommunisten gegen die Ausbeutung durch Großgrundbesitzer in den Kampf zog. Die alte, moskautreue Kommunistische Partei, die die Huks aufgebaut hatte, existierte nicht mehr. Sie war zusammen mit den ländlichen Rebellen aufgerieben worden.

1969 wurde das Marcos-Lopez-Team mit einer überwältigenden Mehrheit wiedergewählt. Der Urnengang hielt sich ganz an philippinische Traditionen: Schwindel, Erpressung, Bestechung und

Stimmenfälschungen verhalfen Marcos zum Erfolg. Was die Wähler damals nicht wissen konnten: Ihr Präsident hatte im März 1968 vier Konten bei der Schweizerischen Kreditanstalt eröffnet, zwei in seinem Namen und zwei weitere im Namen seiner Freunde. Insgesamt rund 950 000 US-Dollar wurden damals schon angelegt. Dabei hatte Marcos sein Privatvermögen 1965 mit 30 000 Dollar angegeben und jährlich ein Gehalt von umgerechnet 5 600 Dollar bezogen. – Die wohl gründlichste und schamloseste Ausplünderung einer Nation durch ihren Präsidenten und dessen Frau begann.

Die Belagerung des Malacañang-Palastes

Kaum hatte Marcos' zweite Amtsperiode angefangen, braute sich Ende Januar 1970 ein politisches Gewitter zusammen. Im sogenannten »First Quarter Storm« taten sich Studentenführer, Universitätsprofessoren und progressive Gewerkschafts- und Bauernorganisationen zusammen, um in radikalen Protestaktionen gegen die korrupte Regierung zu marschieren. Am 26. Januar stürmten die Demonstranten das Kongreßgebäude, in dem Marcos soeben seine Ansprache vor der Nation gehalten hatte.

Vier Tage danach kam es zur »Belagerung des Malacañang-Palastes«, Marcos' Residenz, und zum »Kampf auf der Mendiola-Brücke«. Als die Demonstranten nach einer Schlacht mit der Polizei die schweren Gittertore des Palastes sprengten und in den Park stürmten, zielten die Sicherheitswachen mit ihren automatischen Waffen direkt in die Menge. Vier Tote, unzählige Verletzte und über 300 Verhaftete waren das Resultat.

Inzwischen zerfiel die Zentralgewalt. Auf dem Land beherrschten an die 80 Lokaltyrannen (Warlords) mit ihren eigenen Privatarmeen riesige Ländereien und ganze Regionen. Über die Hälfte von ihnen waren entweder Senatoren oder Mitglieder des Kongresses, wo sie die entscheidenden Hebel der Macht in Händen hielten, um ihre regionalen Interessen zu schützen. Außerdem konnten diese Privatarmeen in Zeiten politischer Kämpfe wie Wahlen und ähnlichem bestens als Druckmittel verwendet werden.

Anstatt sich den wachsenden Problemen seines Landes zu widmen, startete Präsident Marcos im Jahre 1970 Initiativen, um den Grundstein für eine lange und absolute Macht zu legen. Eine Verfassungskommission wurde einberufen, um ein neues Grundgesetz zu entwerfen. Das Ehepaar Marcos versuchte alles, um die Verhandlungen dieses Gremiums zu beeinflussen. Imelda teilte unverhohlen Umschläge mit Bargeld an jene Delegierte aus, die zugunsten einer »Marcos-Verfassung« arbeiteten.

Vorspiel für den Ausnahmezustand

Am 21. August 1971 explodierten auf der Piazza Miranda vor der Quiapo-Kirche in Manila zwei Granaten während einer Massenkundgebung oppositioneller Parteien. Neun Politiker starben, viele wurden verletzt, darunter auch Senator Jovito Salonga. Ramon Mitra, damals kurz vor seiner Senatslaufbahn, war ebenfalls unter den Verwundeten wie auch die Senatorin Estrada Kalaw.

Sieben Kandidaten der Liberalen Partei, die sich auf bevorstehende Senats- und Kongreßwahlen vorbereitet hatten, waren unter den Toten. Benigno Aquino Jr., damals Senator und der jüngste potentielle Präsidentschaftskandidat für die Wahlen 1973, war zur Veranstaltung zu spät gekommen und überlebte – obwohl später vieles darauf hindeutete, daß die Granaten vor allem ihm gegolten hatten.

Wer für den Anschlag verantwortlich war, ist bis heute nicht klar. Die Regierung behauptete, die Kommunisten seien schuldig. Doch Ereignisse in den Monaten danach verweisen auf einen ganz anderen Hintergrund: Das öffentliche Vertrauen in das bestehende politische System mit seinen Machtinteressen, Clans, Oligarchen und Bestechungsaffären sollte untergraben werden, um die Deklaration des Ausnahmezustands und des Kriegsrechts plausibel und annehmbar zu machen.

Die »Neue Gesellschaft«: Die Verewigung der Macht

»Die Neue Gesellschaft hat nur für konstruktive und nicht für destruktive Ideen Platz.«
(Ferdinand Marcos in einer Rede vor der Philippinischen Handelskammer am 20. November 1973)

»Es ist mir bewußt, daß autoritäre Regime in der Geschichte ihren Nutzen überlebt haben. Ich habe nicht vor, dem philippinischen Volk ein autoritäres Erbe zu hinterlassen. Es ist dem Volk klar, daß das Kriegsrecht nur das Zwischenspiel zu einer neuen Gesellschaft ist. Dieses Unterfangen ist sicherlich ein paar kleine Opfer wert.«
(Ferdinand Marcos in seinem Werk »Die demokratische Revolution der Philippinen«)

Die Gesellschaft, die Ferdinand E. Marcos in seinen glühenden Ansprachen, in meist von anderen Autoren verfaßten »Werken« und gegenüber dem Freund und Helfer USA in leuchtenden Farben beschrieb, begann mit Tagen allgemeinen Terrors. Am 21. September 1972 wurde das Kriegsrecht über die gesamten Philippinen verhängt. Einen Tag später begann die Jagd auf Tausende Marcos-Gegner. Am 23. September erfuhr die Öffentlichkeit von ihrem »Glück«: Dank der Maßnahmen sollte aus den Philippinen ein Land mit einer »Neuen Gesellschaft« werden, *Bagong Lipunun* genannt.

»Verfassungsmäßiger Obrigkeitsstaat« (constitutional authoritarianism) nannte der Präsident die Regierungsform euphemistisch, die von jenem verhängnisvollen Tag an gültig war. In der »Neuen Gesellschaft« sollte es keine Gewaltverbrechen, keine Oligarchen mehr geben, statt dessen endlich Gerechtigkeit. Alles edle Vorhaben. Doch das wichtigste Ziel dieser Gesellschaft war die Verewigung Marcos'scher Macht. Schließlich näherte sich der Präsident dem Ende seiner zweiten Amtsperiode; eine dritte war nach damals gültigen Verfassungsregeln nicht erlaubt.

Generalbefehle Nr. 1 und Nr. 2, die am 22. September 1972 von Marcos unterzeichnet wurden, verliehen dem Präsidenten das gesamte Verfügungsrecht über die Legislative, Exekutive und Gerichte. Zugleich ermöglichte Generalbefehl Nr. 2 die Verhaftung aller, die »aktive Teilnehmer am Hochverrat zur Ergreifung der Macht« waren, also der Personen, die es in den Monaten zuvor gewagt hatten, sich gegen Marcos' katastrophales und chaotisches Regime zu äußern. Das Militär unter dem Kommando des Verteidigungsministers erhielt Polizei- und Justizbefugnisse.

An erster Stelle auf der Liste der Geächteten: Senator Benigno Aquino Jr., seit der Präsidentschaftswahl von 1969 der schärfste Kritiker von Marcos. Viele, die später, nach der Ermordung Aquinos im Sommer 1983, in der Opposition aktiv waren, trafen sich in diesen späten Septembertagen des Jahres 1972 zwischen Kerkermauern. Senator José Diokno war einer von ihnen: Er hatte in einer berühmten Ansprache vor dem Senat im Juli desselben Jahres vor dem Kriegsrecht gewarnt.

An diesem »schwarzen Freitag« der jüngeren Geschichte der Philippinen wurden alle Zeitungen, Radiostationen und Fernsehsender verboten, unzählige Mitarbeiter, Redakteure und Intendanten festgenommen.

Fingierter Überfall

Erst sehr viel später wurde die Dimension der Katastrophe bekannt. In den Reaktionen des Auslandes wurden die Sondermaßnahmen zwar kritisiert, zugleich jedoch die Erwartung geäußert, daß endlich die Zeiten des Chaos auf den Philippinen ein Ende nehmen würden. Schließlich waren dem 21. September schlimme Ereignisse vorangegangen: Im Frühjahr und Sommer 1972 explodierten Bomben in Manila. Die Kommunisten bekamen die Schuld zugeschoben. Im September wurde der Wagen von Verteidigungsminister Juan Ponce Enrile überfallen und beschossen. Enrile überlebte – und gestand erst Jahre danach, daß Marcos selbst den »Angriff« hatte organisieren lassen, um einen Vorwand für seine drastischen Schritte zu haben. »Johnny«, wie Enrile heute noch genannt wird, war der kaltblütige Architekt der militärischen Logistik für die Durchsetzung der Kriegsrechtparagraphen. Erst als es ihm Anfang

1986 selbst an den Kragen ging, wechselte er rechtzeitig das Lager – und genoß neun Monate lang den Ruf eines Nationalhelden.

Marcos' nächster Schritt war zwangsläufig: Änderung der Verfassung. Die 1970 einberufene Verfassungskommission war trotz aller Bestechungsversuche und Erpressungen nicht in der Lage gewesen, ein neues Grundgesetz zu entwerfen. Marcos ließ einige der Delegierten, die ihm nicht genehm waren, verhaften. Der Präsident wollte rasch Ergebnisse sehen. Am 29. November 1972 lag der erste Verfassungsentwurf vor. Der Text reklamierte als Ziel ein parlamentarisches System. Doch »vorübergehende Maßnahmen« sorgten dafür, daß Marcos seine Macht sogar noch erweitern konnte. So verfügte ein Paragraph, daß Dekrete, Befehle und Proklamationen des »amtierenden Präsidenten« nur durch entsprechende Dekrete des »jeweils amtierenden Präsidenten« aufgehoben werden konnten. Selbst nach Ende des Kriegsrechts sollten solche Erlasse des Staatsoberhaupts als Gesetze Gültigkeit behalten.

Die neue Verfassung mußte vom Volk in einem Plebiszit gebilligt werden. Marcos konnte sich allerdings ausrechnen, daß eine faire Abstimmung für ihn negativ ausfallen würde. Senatoren und Mitglieder des Repräsentantenhauses versuchten um die Jahreswende, eine Verhinderung der für den 15. Januar 1973 geplanten Volksabstimmung zu organisieren.

Der Diktator war auf alles vorbereitet: Er gründete die sogenannten »Barangays« und verfügte, daß im Zeitraum zwischen dem 1. und 15. Januar abgestimmt werden müsse. Stadtbezirke und Dorfgemeinden teilten sich in Gruppen, die alle von sogenannten »Barangay-Captain« geleitet wurden. Diese »Barangay-Captain« setzten den politischen Willen der Obrigkeit an der Basis durch. Das Ergebnis: 95 Prozent der Bevölkerung in den landesweiten Barangays billigten die neue Verfassung durch Handaufheben – unter den wachsamen Augen der Captain, versteht sich.

Die neue Verfassung machte Ferdinand Marcos zum Präsidenten auf Ewigkeit und verfügte die Auflösung des bisherigen Zweikammer-Systems. Statt dessen wurde eine – ohnmächtige – Nationalversammlung einberufen.

In einem letzten Versuch, seine Eigenständigkeit zu behaupten, wollte der Höchste Gerichtshof die »Barangay-Abstimmung« für ungültig erklären. Doch die aufrichtigen Richter verloren knapp gegen jene Kollegen, die von Marcos gekauft waren. Von diesem Zeitpunkt bis zum skandalösen Freispruch der Mörder Aquinos Ende 1985 blieb das Gerichtswesen auf den Philippinen eine Marionette in Händen des Diktators.

Seit dem 31. März 1973 war das neue Grundgesetz gültig. Der »Neuen Gesellschaft« stand nichts mehr im Wege. Jener Präsident, den die Filipinos 1965 als Helden und als Symbol der Hoffnung auf einen funktionierenden und demokratischen Staat gewählt hatten, entpuppte sich nur sieben Jahre später als größter Betrüger der eigenen Nation. Schlimmer noch: Die folgenden dreizehn Jahre sollten die ruhmreichen Deklarationen über die »Neue Gesellschaft« als wohl eine der zynischsten Floskeln in der jüngsten Weltgeschichte demaskieren.

In dieser relativ kurzen Zeitspanne gelang Marcos, seiner Frau und ihren Cronies die Anhäufung unbeschreiblicher Reichtümer auf Kosten des eigenen Landes. Als sie am 25. Februar 1986 den ausgebluteten Archipel verließen, wurde alleine das Marcos-Vermögen auf über zehn Milliarden US-Dollar geschätzt. Das entsprach beinahe der Hälfte der gesamten Auslandsschulden der Philippinen.

Marcos-Anhänger

Der Clan: Die Politik der Bereicherung

»Veranlaßt durch den innigen Wunsch und durch den reinen Willen, dem Volk als Beispiel für Selbstverleugnung und Selbstaufopferung voranzugehen, habe ich heute beschlossen, meine gesamten Besitzungen abzugeben, auf daß sie den wichtigeren Bedürfnissen einer größeren Zahl von Menschen dienen mögen.«
(Ferdinand Marcos am 31. Dezember 1969 bei der Gründung der sogenannten Ferdinand-E.-Marcos-Stiftung)

Die Ärmsten der Armen marschierten im Frühjahr und Sommer 1986 protestierend durch den großen Rizal-Park in Manila. Sie nahmen wochenlang Aufstellung vor der US-amerikanischen Botschaft. Ihr wichtigster Slogan: »Marcos parin!« (Wieder Marcos!) Der war allerdings zu jener Zeit schon längst ein unwillkommener Flüchtling in Honolulu auf Hawaii.

Kopfschüttelnd machten die meisten Einwohner der Hauptstadt Witze über die »Verrückten«, die den Urheber ihres eigenen Unglücks lauthals herbeisehnten. Zugleich wußten alle, daß der ausgebootete Diktator genug Geld hatte, um solche Aktionen noch jahrzehntelang zu finanzieren. Ein Teilnehmer bekam 50 Peso am Tag, mehr als viele von ihnen in 24 Stunden verdienen konnten – wenn sie Arbeit hatten. Für einen Mann, der Wolkenkratzer in New York und fette Bankkonten in der Schweiz besaß, spielten derartige Beträge keine Rolle.

Geld- und Machtspiele

Die entscheidendste Phase dieser wohl eigenartigsten und schamlosesten Vermögensanhäufung begann mit der »Neuen Gesellschaft«. Ferdinand Marcos hatte seit dem Beginn seiner politischen Karriere ein enormes Netz an Compadres aufgebaut. Familienangehörige, Bekanntschaften, alte Kumpels, solche, die für spezielle Dienste eingekauft wurden und die ihm politische und sonstige Wege zur Macht ebneten: All jene wurden in das große Netz des »Utang na loob« eingewoben. Mit der Heirat Imeldas kam noch eine ganze Familie hinzu (ziemlich umfangreich auf den Philippinen, wo grundsätzlich die Großfamilie zählt), die man über die Jahre verpflichtete und der man sich verpflichtet fühlte.

Als die Verwandlung der Filipinos in die »Neue Gesellschaft« à la Marcos begann, wurden auch die klassischen Regeln der Geld- und Machtspiele geändert. Seit der spanischen Zeit kontrollierte eine Handvoll Familien das wirtschaftliche und politische Geschehen. Ganze Provinzen wurden von ihnen beherrscht, als wären sie ihr privates Eigentum.

Als die USA die Kolonie Anfang des Jahrhunderts übernahmen, waren es diese Oligarchenfamilien, die langsam als Machtausübende in das quasi-demokratische System hineinwuchsen, das die Vereinigten Staaten mit der Gründung des Philippine Commonwealth 1935 und später mit der Entlassung in die Unabhängigkeit 1946 dem Land hinterließen. Denn nur Mitglieder dieser Familien konnten sich eine gute Erziehung leisten und schienen den Amerikanern geeignet, eine US-freundliche und moderate Gesellschaftsstruktur zu garantieren.

Ferdinand Marcos versprach schon Ende der sechziger Jahre, er werde dieser Clanherrschaft ein Ende setzen. Mit der »Neuen Gesellschaft« solle dieses Ziel endgültig verwirklicht werden. Was der Diktator verschwieg, seine politischen Gegner aber wußten: Anstelle der alten Familien würden neue treten. Ein Marcos- und (Imelda) Romualdez-Clan sollte die Herrschaft über die Reichtümer des Landes übernehmen. Mit allen politischen Machtbefugnissen in Händen des Präsidenten stand diesem Unterfangen nichts mehr im Weg. Wenn sonst auch kaum etwas funktionierte: Die Ausbeutung des Landes gelang gründlich.

Die schillerndste Figur im Kesseltreiben um staatliche Betrügerei und Diebstahl gigantomanischen Ausmaßes bleibt Imelda, die »Rose von Tacloban« – später der »eiserne Schmetterling«. Selbst heute noch ist die Auffassung weit verbreitet, Ferdinand sei »nicht so schlimm« gewesen. Meldy habe ihm den Kopf verdreht und sei der eigentliche Blutsauger der Nation gewesen. Wie dem auch sei, der Präsident ließ bis zuletzt die sinnlosen Großprojekte, Schildbürgerstreiche und Scharlatanerien seiner Frau zu. Ja, er förderte sie. Wieviel der Wahnsinn Imeldas ihr Land gekostet hat, wird nie mehr ganz rekonstruierbar sein. Doch dürfte der rein finanzielle Schaden in die Milliarden Dollar gehen.

Der »eiserne Schmetterling«

Imelda wurde am 2. Juli 1929 in Manila als Tochter eines verarmten Geschäftsmannes geboren. Mit neun Jahren verlor sie ihre Mutter. Ihre Jugend, die sie zum Teil in der Heimatprovinz Leyte, meist jedoch in Manila verlebte, zeichnete sich durch konstante materielle Not aus. Als sie 1965 zur First Lady ihres Landes avanciert war, sollte sie sich für die Armut ihrer Kindheit rächen. Und Meldy in ihrer unersättlichen Gier rechtfertigte den Reichtum, den sie anhäufte, mit naiven bis frechen Erklärungen. Ihr Aberglaube (vor dem ihr Mann auch nicht gefeit war) half ihr dabei*.

Erstaunlich auch, daß es der vormaligen Schönheitskönigin immer wieder gelang, selbst Menschen zu becircen, denen man durchaus Vernunft zutrauen konnte. Bei ihren überschwenglichen Parties und Galaabenden zeigte sich: Die absurde Marcos-Revue wollte niemand verpassen.

Noch vor der Verhängung des Kriegsrechts zeigte der »eiserne Schmetterling«, wohin seine Neigungen strebten. Imelda verbreitete 1968 ein – offensichtlich ernstgemeintes – Statement, das ihre zukünftige Ausbeuterei noch widerlicher erscheinen läßt: »Ich mache mir Sorgen um die armen und leidenden Menschen des Landes, die kaum genug zu essen haben, während die Reichen in soviel Luxus schwelgen.«**

Ihr Bruder Kokoy Romualdez verhalf ihr schon während der ersten Amtsperiode ihres Mannes zu Reichtum, indem er die Machtstellung seiner Schwester dazu verwendete, Besitzungen der alten Oligarchen zu enteignen und den Pfründen des Präsidenten und seiner Frau zuzuschieben – ohne dabei sich selbst zu vergessen. Bis 1972 konnte sie nur im Windschatten Ferdinands agieren. Mit dem Beginn der »Neuen Gesellschaft« jedoch schlug auch Imel-

* So glaubte Imelda Marcos allen Ernstes daran, daß der Himmel über den Philippinen ein Loch habe, durch das der Liebe Gott gnädig auf ihr Land blicke.

** Charles C. McDougald: The Marcos File, p. 136

das große Stunde. 1974 leitete sie den Miss-Universe-Schönheitswettbewerb in Manila – und unterschlug gleich 400 Millionen Peso des Budgets und der Profite (dies wurde erst sehr viel später bekannt).

Berüchtigt waren auch ihre außenpolitischen Missionen. Meistens ging sie mit zwei Jumbo-Jets auf Reisen. Ihre Garderobe benötigte schließlich Platz, ebenso die Entourage, die sich aus 60 bis 80 Gehilfinnen, Sekretären und sonstigen Mitarbeitern zusammensetzte.

1975 begann Imeldas politische Karriere. Marcos machte sie zur Gouverneurin von Metro Manila, wie die Hauptstadt selbst und die

Meldy als Wahlkämpferin

Region rundum von da an zu nennen war. 1978 wurde sie Ministerin für »humane Siedlungen« (Minister of Human Settlements), ein eigens für sie erfundener Posten. Damit hatte Meldy schon zwei gesunde Staatsbudgets zu ihrer Verfügung.

Im selben Jahr wurde sie in die Nationalversammlung gewählt. Benigno Aquino, der seit 1972 im Gefängnis schmachtete und offiziell zum Tode verurteilt war, durfte gegen Imelda kandidieren. Daß er verlor, wen überraschte das noch!

Weil die »sozialen Regungen« der First Lady scheinbar keine Grenzen kannten und sie so »erfolgreich« für die Armen eintrat – deren Lage verschlimmerte sich zusehends –, wurde sie 1979 als Vorsitzende eines Kabinettkomitees eingesetzt, das das Bagong Lipunan Site and Services Programme, kurz BLISS genannt, organisieren sollte. Ziel war die Zentralisierung aller ökonomischen und sozialen Entwicklungen des Landes. Imeldas Ministerium sollte sich um die Basiseinrichtungen der Bevölkerung kümmern. Zu diesem Zweck wurde ein grandioser Plan ausgearbeitet, der allen Filipinos bis zum Jahr 2000 ein komfortables und modernes Leben garantierte.

Ein paar Monate später (im Juli 1979) begann das sogenannte Kilusang-Kabuhayan-at-Kaunlaran-Programm, als KKK bekannt, das ebenfalls von der First Lady geleitet wurde. KKK galt dem Kampf gegen die Armut.

Weder BLISS noch KKK, noch das Ministerium für humane Siedlungen erfüllten jemals ihre Versprechungen, nicht einmal in Ansätzen. Doch Milliarden Peso wurden für beide Programme bereitgestellt. Ein Großteil davon stammte aus internationalen Krediten.

Imelda flog nach New York und in andere Großstädte der Welt und verjubelte bei einzelnen Reisen bis zu 1,5 Millionen US-Dollar. 4,5 Millionen Dollar wanderten im Laufe der Zeit allein in New York in die Kassen verschiedener Kunst- und Antiquitätenhändler, bei denen Meldy einkaufte*.

Die Porno-Millionen

Im August 1982 erreichte Imelda ihren politischen Zenit. Marcos gründete ein Exekutivkomitee, das im Falle seines Ablebens oder sonstiger Ursachen, die sein Weiterregieren unmöglich machten, die Regierung übernehmen sollte. Es bestand aus zehn Mitglie-

* Charles C. McDougald: The Marcos File, p. 141

dern, eines davon war Imelda. Für die Filipinos war damals klar: Nach Ferdinand würde mit Sicherheit Imelda die Zügel der Macht und des Geldes in die Hand nehmen. Wenn es auch nie dazu kam: Die Symptome der Gier wurden immer deutlicher.

Zu Beginn des Jahres 1983 konnte Meldy endlich ihr langersehntes Lieblingsprojekt verwirklichen. Nachdem sie bereits in den Jahren zuvor völlig sinnlose Luxushotels in Manila hatte errichten lassen (gleich 14 Stück) und 1981 für zehn Millionen Dollar die Geburtsstadt ihres Mannes, Sarrat, zur Hochzeit ihrer Tochter umgebaut wurde, war nun ein 21 Millionen Dollar teures Kulturzentrum an der Bucht von Manila an der Reihe. Mit dem ersten internationalen Filmfestival auf den Philippinen sollte der Monsterbau eingeweiht werden. Als die Weltbank wegen der enormen Kosten Bedenken anmeldete, entschloß sich Marcos, seiner Frau keine staatliche Unterstützung mehr zukommen zu lassen. Schließlich waren bereits vier Millionen Dollar aus dem Fiskus in das Kulturzentrum geflossen. Die Auslandsschulden des Landes beliefen sich zu jener Zeit schon auf 23,5 Milliarden Dollar.

Imeldas Reaktion: In aller Eile ließ sie ein gutes Dutzend Porno-Filme drehen, die sie als »Kunst« ausgab und die gegen den Protest der Kirche und gesellschaftlicher Organisationen landesweit und mit enormem Profit vor vollen Häusern spielten. Die Aufführungen widersprachen der bis dahin strengen Zensur, die ja für die »Reinheit« der »Neuen Gesellschaft« sorgen sollte. Der »eiserne Schmetterling« hatte jedoch seine Millionen – und feierte in gewohntem Stil: Tausende eilten aus aller Welt zur Galafeier für die Festspiele, darunter 300 internationale Filmdivas und -helden (Flugtickets wurden bezahlt). Sie ergötzten sich an Champagner, während ein paar hundert Meter weiter obdachlose und hungernde Kinder um einen Peso bettelten.

Geschichten über Imeldas Irrsinn gibt es unzählige, und viele dürften noch unbekannt sein. Wenn sie nur die einzige gewesen wäre, hätte es Land und Leute schon genug gekostet. Doch Meldy war nur die sichtbarste Akteurin dieses grenzenlosen Wahnsinns, der all jene befiel, die ihre Nähe oder die familiäre Bindung zu Marcos ausnutzen konnten, um sich zu bereichern. Das »Utang na loob« degenerierte zur Perversion. Während die Reichen reicher wurden, litten die Ärmsten der Armen immer mehr unter der Brutalität dieses chaotischen Systems.

Die Milliarden: Die »Kommission für gutes Regieren«

Die Marcos-Familie pflegte ihre wilden, ausschweifenden Parties per Video aufzuzeichnen – vermutlich, um sich später noch einmal daran zu ergötzen. Im Nachhinein wirken diese Kurzfilme alles andere als vergnüglich, sondern eher wie abstoßende Belege einer durch und durch kaputten Clique. Auf einem der Videos grölt eine offensichtlich angetrunkene Runde »We are the World« und andere gängige Schlager.

Auf den Philippinen gehören diese Streifen inzwischen zu jenen Dokumenten, die der Bevölkerung zeigen, wie der Clan seinen Reichtum verjubelte. Andere Unterlagen geben Aufschluß darüber, wie das Vermögen zustande kam.

Als Anwalt wußte Marcos, daß die Ausplünderung einer Feinsteuerung bedurfte, die er allein nicht leisten konnte. Ein kleiner Kreis von ausgewählten Leuten half ihm, das dafür erforderliche strategische Netzwerk aufzubauen. Fabian Ver zählte dazu, Roberto Benedicto, Bienvendino Tantoco und Herminio Disini.

Seit Frühjahr 1986 versucht ein Sonderausschuß der Aquino-Regierung, die »Kommission für gutes Regieren«, das Geld- und Vermögensimperium des Ferdinand Marcos und seiner Cronies zu rekonstruieren, um möglichst viel davon in die philippinische Staatskasse zurückzuführen. Das ist ein schwieriges und manchmal frustrierendes Unterfangen, wie sich immer wieder zeigt.

Anfang Mai 1987 zum Beispiel wollten die philippinischen Beamten und Anwälte von Präsidentin Aquino mit Genehmigung der französischen Regierung die Villa des saudischen Waffenhändlers Adnan M. Kashoggi an der Riviera nach Gemälden durchsuchen. Die Bilder – Werke von Impressionisten und aus der Renaissance – hatten zu diesem Zeitpunkt bereits eine Odyssee hinter sich. Die »Kommission für gutes Regieren« verfolgte sie seit etwa einem Jahr

– über Monaco, Athen bis an die Riviera. Kashoggi, ein Freund von Imelda und Ferdinand Marcos, wollte die Kunstwerke vermutlich im Auftrag der beiden verkaufen.

Doch auch in Südfrankreich kamen die philippinischen Fahnder zu spät. Die französischen Behörden, die die Durchsuchung zunächst selber vornehmen wollten, hatten wertvolle Zeit verstreichen lassen, so daß Kashoggi die Bilder und Zeichnungen von Monet, Picasso, van Gogh und einigen anderen berühmten Malern rechtzeitig auslagern konnte.

Ein anderes Beispiel: In der Villa des ehemaligen philippinischen Botschafters beim Vatikan, Bienvendino Tantoco, stellte die italienische Polizei am 22. August 1986 außer einem Waffenlager umfangreiches Aktenmaterial über Geldtransfers des Marcos-Clans sicher. Die mit der Jagd nach dem Geld beauftragte Kommission glaubte bereits, den Schlüssel zum Marcos-Schatz gefunden zu haben. Doch bevor die Anwälte in Rom die Unterlagen in Empfang nehmen konnten, verschwand das brisante Material unter mysteriösen Umständen.

Was die Mitarbeiter der Kommission leisten müssen, übersteigt manchmal die abenteuerliche Detektivarbeit, die James Bond in seinen Filmen abverlangt wird. Tauchen irgendwo Spuren des gigantischen Raubzuges von Marcos und seinen Cronies auf, dann kommt es entscheidend darauf an, wer als erster vor Ort ist, um diese Spuren zu sichern beziehungsweise zu vernichten. Die Fahndung nach den Marcos-Milliarden wird noch Jahre, wenn nicht gar Jahrzehnte dauern. Und endgültig kommt das Geheimnis des großen Geldes vielleicht nie ans Tageslicht.

Aber soviel steht bereits fest: Den Titel »Größter Gauner der Geschichte« dürfte Ferdinand Marcos so bald niemand nehmen. Die philippinische Autorin und Professorin Belinda Aquino ist der Auffassung, Marcos sollte in das Guinness-Buch der Rekorde aufgenommen werden: »Das Vermögen, das die Marcos-Familie aufgehäuft hat, übertrifft in seinem Ausmaß die Diebstähle der südamerikanischen Diktatoren Trujillo, Peron, Batista und Aleman. Ihm gebührt somit ein Platz im Guinness-Buch der Rekorde als der größte Dieb der Welt.«

Das Recycling der Millionen

Die detektivische Suche nach den Millionen erstreckt sich über drei Kontinente: Asien, Europa und Amerika. Sie hat bereits einen Berg von Unterlagen erbracht. Insgesamt rund zwei Millionen einzelne Dokumente stellte die Kommission sicher. Der Sonderausschuß unterstand zunächst Senator Jovito Salonga. Sein Nachfolger wurde Ramon Diaz. Die Kommission verfügt über ein Jahresbudget von 2,5 Millionen Dollar - ein kleiner Betrag angesichts der Sisyphusarbeit, die sie leisten muß. Jurastudenten helfen mit, die Aktenberge zu sichten und zu ordnen.

Im Juli 1987 holte die Kommission zum ersten größeren Schlag aus. In Manila wurden gegen Angehörige der Familie Marcos insgesamt 35 Zivilklagen erhoben und gegen Cronies des Ex-Diktators über 300 Verfahren eingeleitet. Die Summe, um die es bei diesen Prozessen geht, beläuft sich auf 100 Milliarden Dollar.

Niemand macht sich in Manila die Illusion, einen solchen Betrag jemals »recyclen« zu können. Dennoch, der Versuch, wenigstens einige Milliarden zurückzuholen, lohnt sich - materiell wie politisch.

Das Raster der auf den Philippinen angestrengten Klagen ergänzt die Prozesse, die zuvor bereits im Ausland angestrengt wurden, vor allem in der Schweiz und in den Vereinigten Staaten. Ähnlich wie nach dem Zweiten Weltkrieg bei den Nürnberger Prozessen verspricht die weltweite juristische Bewältigung der Marcos-Diktatur ebenfalls eine Fortschreibung des internationalen Rechts. In den USA etwa sind Gerichte dazu übergegangen, einem ausländischen Volk, das von einem Despoten ausgeplündert wurde, bestimmte Rechte zuzugestehen.

Selbst die Schweiz entschloß sich, die Einzigartigkeit des Falles Marcos anzuerkennen. Am 1. Juli 1987 entschied das Bundesgericht in Lausanne, die Schweizer Justizbehörden seien befugt, den Philippinen Rechtshilfe zu gewähren und zu diesem Zweck sogar das Bankgeheimnis zu lüften. Diese Entscheidung hatten Anwälte von Marcos mit einer Batterie von Einsprüchen zu verhindern versucht. Ihnen bleibt jetzt wiederum die Kanton-Ebene, auf der die Verfahren weiter behandelt werden und wo - trotz der höchstrichterlichen Entscheidung - zahlreiche Interventionsmöglichkeiten bestehen.

Schweizer Konten

Die juristische Erschließung eines über die ganze Welt verstreuten Milliardenvermögens bedeutet eine einmalige Herausforderung, zumal Marcos alles daran gesetzt hat, seine eigene Rolle so verdeckt wie möglich zu halten. Von Schweizer Bankfachleuten ließ er sich in die Geheimnisse globaler Geldanlage einweihen.

Nachdem er im Jahre 1968 mit Hilfe des Direktors der Schweizerischen Kreditanstalt, Walter Fessler, die ersten 950 000 Dollar sicher deponiert hatte, nahm die Geldvermehrung ihren Lauf. Die Schweizer Nummernkonten füllten sich, speisten Stiftungen in Liechtenstein sowie Sonderdepots in Panama, Nassau auf den Bahamas, den Niederländischen Antillen und in New York. Damit keine Verwechslungen passierten, erhielten die Schweizer Konten jeweils Codebezeichnungen wie »Zucker«, »Kopra«, »Sperrholz« und »Kupfer«. Auch für die jeweiligen Auszüge wählte Marcos in Abstimmung mit seinen Schweizer Ratgebern Tarnnamen.

Fehlte in Manila einmal dringend Bargeld, dann tickerte ein harmloses Telex mit dem Hinweis »Happy Birthday« die Botschaft in die Schweiz. Schon kurze Zeit später setzte sich in Hongkong ein Mister Ralph Klein in Bewegung, um einen Koffer voll Bargeld persönlich in Malacañang abzuliefern.

Das im Ausland angelegte Geld sollte nicht nur sicher gelagert werden. Es sollte sich auch vermehren, was dank der fachmännischen Beratung selbstverständlich glänzend gelang. In einer gutrecherchierten Serie über »Das Geheimnis der Marcos-Milliarden« schrieb das Nachrichtenmagazin »Der Spiegel« im Juli 1987*: »Das Geld wurde quer über den Globus angelegt. Mit dem deutschen Geld kauften die Schweizer für Marcos zum Beispiel australische DM-Anleihen. Schweizer Franken verwandelten sich an der Zürcher Börse in Aktien von Ciba-Geigy oder Philips. In New Yorks Wall Street mutierten die Dollar in Ölaktien von Atlantic Richfield oder Anteile von America Natural Gas. Die Käufe von Rohstoffaktien in Sydney oder Chemie- und Brauerei-Werten in Tokyo rechneten die Schweizer in Franken ab.«

Die Anlagespezialisten vermieden es tunlichst, mit großen Summen zu hantieren. Das hätte Aufsehen erregt. »Der Spiegel«: »Auffällig ist, daß die Schweizer Strategen selten mehr als 100 000 Mark in ein Papier steckten. Der Sinn der sanften Methode leuchtet unmittelbar ein: Hätten die Bankiers die geballte Marcos-Finanzmacht auch nur einen Tag zum Ankauf eines einzelnen Papiers verwendet, wäre der Kurs womöglich unnötig gestiegen. Dumme Fragen hätten folgen können. Es galt also, eine Gießkanne mit möglichst vielen feinen Löchern zu verwenden.«

Um die Gießkanne in Fluß zu halten, wurden die Philippinen mit einem Absaugsystem überzogen. Wo immer sich die Chance auftat, Geld abzuziehen, setzte die Dränage ein. Sieht man einmal einen Augenblick von den direkten Menschenrechtsverletzungen

---

* Aus: Der Spiegel, Nr. 24/1987, Seite 164

ab, so liegt hier das eigentliche Verbrechen des Marcos-Regime. Es zerstörte die Lebensgrundlagen eines 54-Millionen-Volkes.

Habgier und Skrupellosigkeit bestimmten von Anfang an die politische Laufbahn von Ferdinand Marcos. Mit ihrer neurotischen Verschwendungssucht verstärkte seine Frau Imelda diese Charakterzüge. Sie war nicht der Motor seines Beutezuges, sondern eher eine Art von Ventil. Schließlich mußte zumindest ein Teil des vielen Geldes umgesetzt werden.

»Mister 15 Prozent«

Ferdinand Marcos, seine Frau und seine Cronies - sie alle kassierten brutal ab. Von den Duty Free Shops am Flughafen von Manila bis zu den Megaprojekten - es gab kaum einen Bereich, wo »Mister 15 Prozent«, so wurde Marcos genannt, oder dessen Frau nicht absahnte. In der Steuererklärung von 1966 gab Marcos sein Nettoeinkommen mit 66 000 Dollar an. Sein Präsidialgehalt betrug nicht mehr als 15 000 Dollar. Die übrigen Einnahmen bezog er aus seiner Anwaltstätigkeit und aus Vermögenswerten, die er mit 30 000 Dollar bezifferte.

In Wirklichkeit war Marcos schon Mitte der sechziger Jahre mehrfacher Millionär. Für Schwarzmarktgeschäfte und Geldtausch war der junge Senator immer schon eine gute Adresse gewesen. In den ersten Präsidentenjahren zählten die japanischen Reparationen zu seinen ergiebigsten Einnahmequellen. Tokyo zahlte nicht in bar, sondern gab projektgebundene Mittel. Zwei Jahrzehnte lang arbeiteten Marcos und die jeweilige japanische Regierung in Verbindung mit den Großunternehmen wie Marubeni Hand in Hand.

Während Japan seinen wirtschaftlichen Vorposten in Südostasien immer weiter ausbauen konnte, leitete Marcos einen Teil des kostbaren Yen-Stroms in seine eigenen Taschen. Dieser schamlose Betrug empörte den Kommissionsvorsitzenden Jovito Salonga ganz besonders. »Das ist das Blutgeld der Philippinen«, so kommentierte der ehemalige Soldat Salonga das Abkassieren der Yen-Beträge durch den angeblichen früheren Kriegshelden Marcos.

Die »Kommission für gutes Regieren« hat einen Teil des Marcos-Imperiums identifiziert, zurückgeholt, eingefroren beziehungsweise beschlagnahmt. Der geschätzte Wert all dieser Objekte, Immobilien und Konten beläuft sich auf rund fünf Milliarden Dollar.

Wenn Ferdinand Marcos in Interviews auf seine Milliarden angesprochen wird, spielt er den Ahnungslosen. So erklärte er im Juli

Das Marcos-Imperium*

Besitz	Status	geschätzter Wert (in Mio. Dollar)
Schweiz		
mindestens 15 Bankkonten	eingefroren	1.250
Philippinen		
Immobilien	zurückgeholt	175
Bargeld	zurückgeholt	100
13 Schiffe	beschlagnahmt	37
Juwelen	zurückgeholt	12
29 Flugzeuge	beschlagnahmt	3
232 Unternehmen	beschlagnahmt	2.350
10 Kokosnußölmühlen	beschlagnahmt	Wert unbekannt
5.000 Morgen Land	beschlagnahmt	Wert unbekannt
23 Plantagen	beschlagnahmt	Wert unbekannt
18 Fernsehstationen	beschlagnahmt	Wert unbekannt
36 Radiostationen	beschlagnahmt	Wert unbekannt
81 Fahrzeuge	beschlagnahmt	Wert unbekannt
USA		
Crown Gebäude sowie drei Hochhäuser in Manhattan	eingefroren	350
Bargeld, Juwelen	eingefroren	7
Villa Beverly Hills	eingefroren	3
Anwesen Long Island	zurückgeholt	3
Apartments New York	zurückgeholt	3
Wohnhaus Honolulu	zurückgeholt	2
Haus Princeton	zurückgeholt	1
Redwood Bancorp. San Francisco	eingefroren	Wert unbekannt

* soweit es die "Kommission für gutes Regieren" bislang feststellen konnte

Quelle: Business Week, August 17, 1987, p. 53

1987 dem Korrespondenten von »U.S. News & World Report«: »Wir haben kaum genug, unsere Rechnungen zu bezahlen. Ich muß mir eine Menge Geld leihen, um meine Familie über die Runden zu bringen. Wenn dort in der Schweiz zehn Milliarden Dollar sind, dann möchte ich eine Milliarde davon behalten und den Rest demjenigen überlassen, der das Geld auftreiben kann.«*

* U.S. News & World Report, August 3, 1987, p. 33

Einem amerikanischen Fernsehteam, das ihn ebenfalls in seinem Exilwohnsitz am Heights Drive in Honolulu auf Hawaii aufsuchte, versicherte der Ex-Diktator treuherzig: »Ich bestreite, je Geld oder sonstigen Besitz vom Staat genommen oder je Kommissionen auf Verträge kassiert zu haben. Da es hier um Marcos den Diktator, den Dieb geht, soll ich offenbar zum Bösewicht gestempelt werden. Dennoch möchte ich einmal Gelegenheit bekommen, die Herkunft all dieser Gelder zu erklären. Nicht nur vor dem Gericht, sondern vor dem philippinischen Volk, vor der Welt.«*

Gelegenheit, sich zu erklären, hat Ferdinand Marcos ständig. Aber sobald die Gerichte auch nur einen Ansatz dazu unternehmen, stürzt eine Meute von Marcos-Anwälten los, um den Versuch sofort zu verhindern. Alles, was Marcos seit seiner Entmachtung unternahm, steht in direktem Gegensatz zu seiner Behauptung, er besitze überhaupt kein Geld in der Schweiz. Einen Monat nach dem Putsch in Manila tauchte bei der Credit Suisse in Zürich ein Michael de Guzmann mit zwei von Marcos unterschriebenen Briefen auf, um mit diesen Vollmachten 213 Millionen Dollar abzuheben. Der Schweizer Bundesrat, der daraufhin eingeschaltet und tätig wurde, ließ die Konten einfrieren. Von Hawaii aus tönte Marcos daraufhin, ein »Mike« de Guzmann sei ihm gänzlich unbekannt. Der Rufname »Mike« verriet den Wahrheitsgehalt seiner Behauptung.

Der Goldschatz

Als Marcos sich am 21. Mai 1987 auf Hawaii mit amerikanischen Unterhändlern traf, um über eine umfangreiche Waffenlieferung für einen Putsch gegen die Präsidentin Aquino zu verhandeln, prahlte er mit seinen Milliarden. Über einen saudischen Zwischenkredit sollte der Ankauf von Panzern, Panzerabwehrwaffen, Flugabwehrraketen, Gewehren und Granatwerfern finanziert werden. Den saudi-arabischen Kredit wollte Marcos mit einem Goldschatz zurückzahlen, der an geheimer Stelle auf den Philippinen vergraben sei. Seine Frau wisse nichts davon, weil sie leicht hysterisch

* Das Zitat entstammt der Fernseh-Dokumentation »Auf der Suche nach den Marcos-Millionen«, Gemeinschaftsproduktion des Schweizer Fernsehens DRS, der BBC London und des Public Television Service in den USA; Ende Mai/Anfang Juni 1987 in den USA, Großbritannien und der Schweiz ausgestrahlt, am 13. Juni 1987 in der Bundesrepublik Deutschland.

werde, sagte Marcos. Die Sache liege in den Händen von »Bongbong«, seines Sohnes Ferdinand.

Von diesem Goldschatz, der angeblich 14 Milliarden Dollar wert ist, gibt es seit vielen Jahren immer wieder neue Geschichten und Versionen. Die Japaner sollen ihn gegen Ende des Pazifischen Krieges auf den Philippinen vergraben haben, als sie von General Douglas MacArthur verjagt wurden. Die Frage ist jedoch, weshalb ihn der geldgierige Marcos jahrzehntelang unangetastet ließ.

Abgesehen davon, ob dieser Goldschatz existiert oder nicht, der Putschversuch zeigte an, wie weit Marcos sich bereits von der Realität entfernt hat. Er weiß, daß er noch Anhänger auf den Philippinen hat. Was ihm jedoch entgangen ist, ist die Tatsache, daß die USA keinerlei Interesse an seiner Rückkehr nach Manila haben und daß auf Hawaii jeder seiner Schritte überwacht wird. Bei der Unterredung im Mai 1987 mit dem mutmaßlichen Waffenhändler lief ein Tonband im Brieftaschenformat mit, und noch bevor Marcos weitere Gedanken auf seinen Umsturzplan verwenden konnte, lagen bereits Kopien des Gesprächs in Manila und in Washington vor.

Einem Reporter der »New York Times« vertraute Marcos im Frühjahr 1987 an, wie es um ihn steht. Ärzte und Anwälte würden jetzt eine wesentliche Rolle in seinem Leben spielen, »nach einer Periode der Depression und der Passivität, in der er dachte, er werde bald sterben«*.

Die Ärzte haben die Aufgabe, den Siebzigjährigen am Leben zu halten. Die Anwälte sollen seinen Reichtum sichern – die Marcos-Millionen, die in der Weltgeschichte herumgeistern. Viele davon dürften für die Aquino-Regierung unerreichbar bleiben. Aber auch Marcos, der Dieb, wird kaum noch Freude an seinem vielen Geld haben.

---

* The New York Time Magazine, April 19, 1987, p. 35

Krieg gegen das eigene Volk: Das Register der Repression

»Alle Menschen sind frei und gleich an Würde und Rechten geboren. Sie sind mit Vernunft und Gewissen begabt und sollen einander im Geiste der Brüderlichkeit begegnen.«
(Artikel 1 der Allgemeinen Erklärung der Menschenrechte der Vereinten Nationen)

Straßenszene in Manila: Eine Bande von Halbwüchsigen umringt an einer Kreuzung einen mit Gemüse und anderen Lebensmitteln beladenen Lieferwagen. Noch ehe der Fahrer begriffen hat, wie ihm geschieht, haben die Jugendlichen Packungen und Kisten von der Ladefläche gezerrt und sich damit aus dem Staub gemacht.

Oder: Eine Gruppe von Acht- bis Zehnjährigen kreist plötzlich ein haltendes Taxi ein, droht Fahrer und Fahrgast, die Reifen zu zerstechen, falls sie kein Geld herausrücken. Der Chauffeur reagiert blitzschnell und kann seinen verdutzten Verfolgern entkommen.

Das war und ist noch immer der Alltag in Manila, wo die Not viele Gesichter hat und wo, ebenso wie in anderen Teilen des Landes, ein täglicher Krieg ums Überleben ausgetragen wird. Jeder führt ihn mit seinen eigenen Mitteln. Eltern richten ihre Kinder zum Betteln ab oder verkaufen neugeborene Babies an Händlerringe. Jugendliche Gangs dressieren streunende Kinder zu stehlen und geben ihnen dafür tagsüber eine warme Mahlzeit und nachts ein Dach über den Kopf.

Alltag in Manila: Die wenigen, die etwas besitzen, müssen diesen Besitz hartnäckig gegen die vielen verteidigen, denen nichts gehört. Kaum ein Parkplatz, der nicht von einem bewaffneten Wächter kontrolliert wird. Kaum ein Büroeingang, vor dem kein Mann mit einem schweren Colt an der Hüfte steht.

»Salvaging« nennen die Filipinos das Töten von Menschen. »Salvaging« heißt eigentlich »retten« oder »erlösen«. Die makabre Ironie der Sprache benennt den Wert eines Menschenlebens: Er sinkt ständig. In dem Land mit einer der höchsten Mordraten der Welt wird immer mehr getötet, gemordet, gekillt – auch unter der Präsidentschaft von Corazon Aquino.

Einer derjenigen, die viel zu verlieren und damit auch viel zu verteidigen hatten, war Ferdinand Marcos. Der Diktator führte Krieg gegen das eigene Volk. Von Zeit zu Zeit ließ er seine »Street Marshals« antreten – Polizisten in Zivil mit dem Auftrag, auf jeden zu schießen, den sie für kriminell oder subversiv hielten. In den öffentlichen Verkehrsmitteln, auf belebten Straßen und in Wohngegenden versahen diese Scharfrichter ihren Dienst. Wenn sie genügend Angst und Schrecken verbreitet und katholische Würdenträger ihren Protest vorgebracht hatten, zog der kleine Diktator seine Killerkommandos wieder eine Zeitlang zurück.

Marcos beherrschte das ganze Register der Repression. Er war kein Pol Pot der Ausrottung, sondern ein Alleinherrscher, der seine Privilegien skrupellos verteidigte. Im Jahre 1972 holte er zum ersten großen Schlag gegen die Filipinos aus, indem er das Kriegsrecht verhängte. Bis 1975 wurden, wie Marcos selber einräumte, etwa 50 000 Menschen verhaftet und interniert. Wer in die Fänge der von Marcos kontrollierten Justiz, des Militär- oder Polizeiapparates geriet, mußte das Schlimmste befürchten. Viele der politischen Gefangenen wurden gefoltert, in Einzelhaft gehalten, verschwanden auf Nimmerwiedersehen. Marcos ließ keine Schicht der Bevölkerung aus: Intellektuelle, die ihm im Weg standen, wurden beseitigt. Sein Clan verfolgte Bauern, auf deren Land er es abgesehen hatte. Arbeiter, die sich mit Streiks und Demonstrationen wehrten, wurden zusammengeschossen. Angehörige ethnischer Minderheiten verloren ihre Existenzgrundlage.

Amnesty International, die Hilfsorganisation für politische Gefangene, kam in ihrem Jahresbericht 1975 zu folgender Feststellung: »Innerhalb von drei Jahren nach Ausrufung des Kriegsrechts hat sich die Philippinische Republik von einem Land mit bemerkenswerter konstitutioneller Tradition in ein System verwandelt, das Willkürmethoden in großem Umfang und Folterungen zur Erpressung von Beweismaterial anwendet.«

Als Anfang 1981 der Besuch von Papst Johannes Paul II. anstand, hob der Präsident das Kriegsrecht formell auf. In Wirklichkeit blieb alles beim alten. Und kaum hatte das Oberhaupt der Katholischen Kirche das Land wieder verlassen, wurde der Ausnahmezustand noch verschärft. Besonders brutal wurde der Kampf gegen kommunistische und moslemische Rebellen geführt. Nach verläßlichen Zeugenaussagen setzte die Luftwaffe gelegentlich sogar Napalmbomben ein.

Auf der südlichen Hauptinsel Mindanao fanden die erbittertsten Auseinandersetzungen statt, denn dort ging es um mächtige Wirtschaftsinteressen, vor allem um Rohstoffe, an deren Ausbeutung sich auch die Generäle des Präsidenten beteiligten. Auf Mindanao wurden bis Anfang der achtziger Jahre Zwangsumsiedlungen vorgenommen und Wehrdörfer angelegt, »Hamlets«, wie die Filipinos sagen.

Die Vertreibung geschah meistens nach dem gleichen System: Zunächst wurden Unruhen provoziert und einzelne Militäraktionen vorgenommen. Wenn die Lage eskalierte, erklärten die Streitkräfte das Dorf zur Kriegszone und quartierten die Bewohner aus. In 22 Provinzen von Mindanao gab es Wehrdörfer.

Hamletting

Man sagt, daß Mindanao gesegnet sei.
Daß es ein Paradies sei, denn nie
Werde es von Taifunen heimgesucht.

Aber dieses Haus in Mindanao
Wurde vernichtet von einem Sturm –
Gewaltiger als die Natur ihn schickt.

Er riß das Dach hinweg.
Er zerstörte die Wände.
Er zersplitterte das Gerüst aus Bambus.
Er entwurzelte schwere Stämme.

Er vertrieb die Leute aus den Häusern.

Hamlets sind von Menschen gemacht.

Nicht von der Natur.

Aus: The Expanding Strategic Hamlet of Mindanao, Produced by The Mindanao Documentation Comittee for Refugees, 1983

Kugel ohne Namen

Nicht nur die Einwohner litten unter der Hamlet-Taktik der Streitkräfte, sondern auch die Soldaten selbst. Einer von ihnen hat seinen Einsatz in der Kleinstadt Laac nördlich von Davao beschrieben:

»Weihnachtsabend 1981 kamen wir in Laac an. Die Jeeps gaben einfach ihren Geist auf. Wir mußten auf andere überwechseln. Diese streikten plötzlich. Schließlich, nach zehnstündiger Fahrt, hatten die meisten Wagen keinen Sprit mehr. Wir erreichten Laac am Ende zu Fuß.

Durchnäßt, kaputt und hungrig. Wütend auf uns selbst, die Natur und natürlich den Feind.

Wir hatten nicht genügend Rationen mitgebracht. Man hatte uns gesagt, wir würden das alles an der Straße, unterwegs an verschiedenen Stationen bekommen. Also reisten wir mit leichtem Gepäck.

An diesem Weihnachtsabend weinte ich, bis ich einschlief. Ich schlief den Hunger weg, den Regen, das schlechte Wetter.

Den ersten Weihnachtstag werde ich nie vergessen. Was tun Soldaten an Feiertagen – sie laufen herum. Wir auch. Wir beschlossen, keine Waffen oder Munition am Gürtel zu tragen. Wir wollten Leute sehen. Wir wollten uns anfreunden. Aber das sollte nicht sein.

Es gab ein böses Erwachen. Die Leute lehnten uns ab. Einige ignorierten uns einfach. Andere klagten über gewalttätige Soldaten, die sie betrogen hätten, die Lebensmittel und andere Dinge geborgt hätten und dann verschwunden seien. Was am schlimmsten war – einige hätten ›Dinge‹ einfach mitgenommen, ›beschlagnahmt‹, sagten sie. Es handelte sich um alles mögliche; Lebensmittel, Haustiere, Werkzeug, sogar Batterien.

In der darauffolgenden Woche wurde es zuviel für mich. Unser Sold und die Extravergütungen waren seit nunmehr zwei Monaten nicht mehr ausbezahlt worden. Der Transfer des Geldes von einem Sektor zum nächsten verursachte immer diese Verzögerungen. Einige sagten, es sei die Bürokratie – ich denke, Faulheit und Ineffizienz waren der Grund. Es blieb uns nichts anderes übrig, als von Kameraden Geld zu leihen. Aber sie hatten selber nicht genug.

In der Situation wurde mir klar, weshalb die Leute uns, die Soldaten, ablehnten. Wir baten um Kredit, aber hielten nicht unser Wort, was die Rückzahlung angeht. Wenn die Leute anfingen, Geld zu verweigern, begannen die ärgerlich und wütend gewordenen Soldaten, sie zu bedrohen. Sie behielten die Oberhand. Sie haben die Waffen. Und immer mehr Soldaten machten Tauschhandel oder kauften und verkauften.

Am Anfang tauschten sie Kleidungsstücke, Schuhe, Gürtel oder andere persönliche Gegenstände gegen Reis, Eier, Fleisch und Früchte, die teuer waren und selten. Später, als diese Dinge nicht mehr vorhanden waren, fingen sie an, Kugeln, Gewehre oder Munition an skrupellose Individuen zu verscherbeln. Sie hatten keine Wahl. Sie mußten überleben. Das ist Krieg.

Untereinander sprachen wir oft über das Problem, Munition und Gewehre zu verkaufen. Das ist natürlich gegen die militärischen Regeln. Du kannst dafür vors Kriegsgericht kommen. Schlimmer, du kannst für Verrat oder Unterstützung des Feindes standrechtlich erschossen werden. Aber was am tragischsten ist und ironischsten, das ist der Gedanke, von derselben Kugel getötet zu werden, die man dem Feind verkauft hat. Im Armeejargon war dies das schlimmste Szenario. Wir nannten es: Kugel ohne Namen.

Die nächsten Monate waren wirklich schwierig. Zusammenstöße, Gefechte, Patrouillen. Ziviltraining-Programme. Pioniertrupps. Organisation. Personalprobleme. Stabsbesprechungen. Rationen. Sold, Vergütungen. Briefe. Erholung und Entspannung – Recreation and Rest – R & R.

Das war gut. Das R & R in Zamboanga und dann Davao. Und umgekehrt.

Und dann der Moment, den ich nie vergessen werde in meinem Leben als junger Soldat. Als Offizier, als Idealist, als Soldat.

25 Minuten von Laac entfernt gab es ein Gefecht. Einige starben. Auf unserer Seite und beim Feind. Sie hatten die Kontrolle über das Terrain. Wir machten uns auf, Verstärkung zu holen. Wir waren zu spät. Das einzige, was wir noch tun konnten, war unsere Verwundeten und toten Kameraden heimzubringen. In Augenblicken wie diesen gibt es nur einen Gedanken: Zurückkommen und Rache nehmen für den Tod der Kameraden.

Als wir eine Siedlung passierten, wo wir Pause machen wollten, begrüßte man uns mit Händeklatschen. Das langsame Zusammenschlagen der Hände bedeutete nicht etwa einen Willkommensgruß, sondern Beifall für unsere Niederlage!

Das hat mich wirklich schockiert. Was ist das? Ist es jetzt soweit, daß wir Soldaten jetzt die Feinde unseres Volkes sind?

Mich erfüllten Haß und Wut. Ich dachte, wenn meine Leute genauso empfinden und wenn einer von ihnen anfängt, die Zivilisten niederzuschießen, ich werde keinen Finger dagegen rühren.«

Aus: The Expanding Strategic Hamlets ..., a.a.O., p. 19

Die systematisch herbeigeführte Armut

Nach dem Attentat auf Benigno Aquino im August 1983 war klar, daß Marcos nur noch der Chef eines sterbenden Regime war. Aber sein Abgang zog sich hin, lange und blutig. Als der Präsident im November 1983 dem Rotary Club in Manila seine Aufwartung machte, hatte seine Rede fast einen apokalyptischen Klang:

»Wir befinden uns mitten im Kampf um das Überleben und die Stabilität unserer Nation. Es bleibt uns nichts anderes übrig, als in dieser schicksalhaften Auseinandersetzung Partei zu ergreifen. Denn wenn unsere Republik fällt, dann wird sie nicht in Ihre Hände fallen, sondern unter die Herrschaft einer fremden Ideologie, in der weder Sie noch ich Platz haben werden. Sie und ich werden von dieser ausländischen Ideologie liquidiert werden.«

Die sprachliche Brutalität, die in dieser Passage steckt, offenbarte so etwas wie Bunkermentalität. Im »Kampf um das Überleben« schien Marcos alles gerechtfertigt zu sehen. Ein New Yorker Anwaltskomitee, das sich um Menschenrechtsverletzungen kümmert, stellte in einem Report im September 1983 fest: »Barbarische Formen von Folter, die üblicherweise in Phasen der Dauerhaft an geheimen Plätzen angewandt werden, gehören zum Standardverfahren der philippinischen Sicherheits- und Geheimdienstkräfte. Personen, die als angeblich subversive Elemente verhaftet werden, werden geschlagen, erstickt, erwürgt mit Wassergeräten, mit Elektroschocks behandelt, verbrannt, vergewaltigt und zerhackt.«*

Ein Jahr später erhob die Internationale Juristenkommission in einem 124 Seiten langen Bericht schwere Vorwürfe gegen das Marcos-Regime. Der Report, der in einer Pressekonferenz in Quezon

* The Philippines: A Country in Crisis, Dec. 1983, Lawyers Commission for International Human Rights, New York, p. 6–7

City vorgelegt wurde, war an Schärfe und Deutlichkeit kaum noch zu überbieten. Darin war von einer Eskalation der Menschenrechtsverletzungen die Rede. Mord, Massaker, das Niederbrennen von ganzen Dörfern, willkürliche Verhaftungen sowie Folter seien auf den Philippinen an der Tagesordnung. Trotz formeller Aufhebung des Kriegsrechts dreieinhalb Jahre zuvor schreite die Militärregierung des Landes weiter voran.

Anklagen wie diese ließen, was den Charakter des Marcos-Regime angeht, keine Zweifel mehr zu. Aber der Diktator wurde weiterhin aus dem Ausland unterstützt, vor allem von den USA. Die betroffenen Filipinos hatten in den Jahren der Gewaltherrschaft meistens nur einen minimalen Schutz. Einzelne mutige Anwälte, Priester und Nonnen kümmerten sich um die politischen Gefangenen und deren Angehörige.

Die wichtigste Organisation in diesem Zusammenhang bleibt die »Task Force Detainee«, die von der katholischen Ordensschwester Mariani Dimaranan Anfang der siebziger Jahre gegründet wurde. Nach der Verhängung des Kriegsrechts 1972 saß Schwester Dimaranan selber vorübergehend in einem Frauengefängnis. In einem längeren Interview im Oktober 1984 erläuterte sie den Zusammenhang von Armut und Unterdrückung und schilderte die Not derer, mit denen sie es Tag für Tag zu tun hat:

»Das System begünstigt mehr oder weniger einen kleinen Prozentsatz der Gesellschaft. Es gibt so viele arme Menschen hier. Ich kann mir nicht vorstellen, daß ein Arbeiter in Deutschland oder in Europa seine Familie mit einem solchen Einkommen ernähren könnte. Aber hier: Die Arbeiter können soviel schuften, wie sie wollen ..., sechs, zwölf, achtzehn Stunden am Tag, und schaffen es doch nicht, ihre Familien zu unterhalten.«

»Vor der Verhängung des Kriegsrechts besaßen zehn Prozent der Bevölkerung 90 Prozent aller Güter. Aber heute ist das Verhältnis noch schlimmer. Es ist schrecklich ... Die Squatters, die Slumbewohner, und die Bauern, denen das Land nicht gehört. Das ist systematisch herbeigeführte Armut. Ich benutze dieses Wort bewußt. Sie produziert all das Böse: den organisierten Hunger, die organisierten Menschenrechtsverletzungen, die organisierte Prostitution. Es ist einfach unmöglich! Man muß darüber nachdenken, was geschehen soll. Für Christen gibt es entsprechend den Geboten des Evangeliums keinen Zweifel: Wir sollten auf seiten der Armen stehen, um die Strukturen zu verändern, die diese Armut auslösen.«

Das Interview fand in einer kleinen Kirche unweit des Büros von »Task Force Detainee« statt. In der Kapelle konnte niemand mithören. Das Gespräch kam schließlich auf die Frage, ob die gesellschaftlichen Strukturen mit Gewalt geändert werden sollten. Die Antwort von Schwester Dimaranan:

»Was ich von Gewalt halte ... nun, ich möchte nicht, daß jemand getötet wird. Aber in einer Situation, wo die Menschen alles mögliche zur friedlichen Veränderung eines Systems getan haben und sich dann für Gewalt entscheiden, kann ich dies respektieren. Ohnehin kann ich nicht für andere entscheiden. Als Nonne gehöre ich nicht zu den Armen. Und ich habe kein Recht, für sie Entscheidungen zu treffen.«

»Unter religiösen Leuten ist es üblich, Gewaltlosigkeit zu propagieren. Sie predigen Gewaltlosigkeit, weil sie nicht hungrig sind. Ich habe jedoch Familien mit sieben, acht Kindern gesehen, Familien von politischen Gefangenen. Sie können sich nicht vorstellen, in welche Lage diese Menschen geraten, wenn der Ernährer für sechs oder sieben Jahre fehlt. Also, es geht um das System, das ungerecht ist, absolut ungerecht. Es gibt Leute hier, die besitzen Tausende von Hektar Land. Sie können sich sechs Autos halten und ich weiß nicht wie viele Häuser. Und andere besitzen nicht einmal einen einzigen Quadratmeter Land.«

Schwester Mariani

»Task Force Detainee« hat den Widerstand der Filipinos gegen das Marcos-Regime in vielen Schriften und Broschüren dokumentiert. Eine davon erschien 1984 unter dem Titel »Der Kampf der philippinischen Frauen«. Darin wird die Geschichte von Nanay Andal geschildert, eine Witwe und Mutter von fünf Kindern. Schwester Dimaranan nennt Andal eine Heldin. Andal hat sechs Jahre lang in einem Frauengefängnis von Manila zugebracht, obwohl sie sich nichts zuschulden kommen ließ. Weder tötete sie einen Menschen, noch stahl sie etwas. Nanay Andals Vergehen bestand ausschließlich darin, daß sie das Gewehr ihres ermordeten Sohnes Reynante aufbewahrt hatte.

Ein solches Schießeisen besitzt fast jeder Filipino, und dieses war Nanays letztes Erinnerungsstück an Reynante gewesen, der als Studentenführer zur Opposition gehörte. Während der Mittagspause war er in einem Bauernhaus in Mindoro auf Mindanao von Soldaten erschossen worden – im selben Jahr 1971, in dem ihr Mann starb. Als die Polizei acht Jahre später bei einer Hausdurchsuchung das verrostete Gewehr unter einem Bett fand, wurden Nanay Andal und ihr zweiter Sohn Ervin verhaftet und kurz darauf vor Gericht gestellt.

Ihr Anwalt gab ihnen den fatalen Rat, Nanay solle sich schuldig bekennen. Dann käme sie mit zwei Jahren davon und ihr Sohn bliebe straffrei. Dieses Opfer wollte die Frau auf sich nehmen. Tatsächlich wurde Ervin Andal freigesprochen. Seine Mutter erhielt jedoch statt zwei zwanzig Jahre Gefängnis wegen illegalen Besitzes einer Waffe.

Karl Gaspar
Hunger

Wie viele Kinder in
den Straßen von Manila
werde heute abend
hungrig schlafen gehen?
Wie viele Bauern in
den Dürregebieten von
Mindanao werden morgen
hungrig aufwachen?
Wie viele Badjaos in
ihren vintas werden
hungrig durch dunkle
Wasser segeln und die
stürmische See?

Aber unsere Technokraten sagen,
wir seien jetzt Selbstversorger.
Die Regierungs-Bürokraten
zitieren Statistiken, die zeigen,
daß es keine Unterernährung mehr gibt.
Hunger gebe es nur in
isolierten, unterdrückten
Gemeinschaften.
Aber keine Angst!
Dort verteilt das Militär
Nahrungsmittel
– um Sympathien zu erwerben.

Schließlich, sagt man,
exportieren wir jetzt sogar Lebensmittel:
Bananen in den Nahen Osten,
Ananas in die USA,
Garnelen nach Japan,
Fisch-Katzenfutter nach Australien
und bald auch
Mango-Konfitüre nach Rußland,
Mais nach Israel,
Rindfleisch nach Neuseeland

und gar Kartoffeln nach Irland . . .
der Möglichkeiten sind viele.
Wir alle produzieren und
schlagen uns Mägen und Taschen voll.
Schließlich sind wir das
Land des Überflusses.

Aber, mein Herr vom
Ministerium des Mitleids:
Wie viele Kinder in
den Straßen von Manila
werden heute abend
hungrig schlafen gehen?

Anmerkungen:
Badjaos = Seezigeuner in der Sulu-See
vintas = Auslegerboote

Aus: Günter Reese/Gert Rüppel (Hg.): Hunger und Durst nach Gerechtigkeit, Hamburg 1987

Das philippinische Widerstandsbrevier

Von Lapu Lapu bis People Power: Das Ziel ist nicht erreicht

Am Strand von Mactan, der Cebu vorgelagerten Insel auf den Visayas, haben fliegende Händler ihre Stände aufgebaut. Sie bieten alles an, was Touristen so mögen: Ornamente und Ketten aus Muscheln, Heiligenbilder, Figuren und Täfelchen.

Einiges aus ihrem Angebot hat mit der Geschichte dieses Flekkens Erde zu tun, genauer mit dem Mann, dessen Statue überlebensgroß von Mactan aus auf das Meer blickt: Es ist Lapu Lapu, der große Häuptling, der 1521 an dieser Stelle den Entdecker Ferdinand Magellan in seine Schranken verwies und ihn im Kampf erschlug.

Magellan, der portugiesische Seefahrer in Eroberungsdiensten des spanischen Königs, hatte nach seiner erfolgreichen Pazifik-Überquerung die kleine Insel Homonhon südlich von Samar erreicht. Auf Homonhon fand er eine Bevölkerung vor, die sich von seinen Ideen schnell beeindrucken ließ. Es gab einige hundert Taufen, und anschließend wurden die Menschen einem König tributpflichtig gemacht, der jenseits ihrer Vorstellungswelt existierte.

Dieser Erfolg beflügelte Magellan, so daß er auf seiner nächsten Station ohne jede Vorbereitung ans Werk ging. In der Person des Häuptlings Lapu Lapu stieß er jedoch auf einen Gegner, der sich selbst durch europäische Waffen nicht einschüchtern ließ. Im Kampf Mann gegen Mann blieb Lapu Lapu Sieger. Magellan und einige seiner Leute lagen tot im seichten Gewässer vor Mactan.

Diesem ersten Kampf zwischen Eroberern und Filipinos sollten noch viele folgen, gewaltsame und friedliche Aktionen. Von Lapu Lapu im April 1521 bis People Power im Februar 1986 reicht ein weiter Bogen des Widerstands. Die Filipinos haben sich häufiger als die meisten Nationen dieser Erde gegen Fremdherrschaft gewehrt und für ihre Freiheit größere Opfer gebracht.

Spanische Kolonisierung

Die Bezeichnung »Philippinen« erhielt das Land in Südostasien im Jahre 1543 nach dem spanischen Thronfolger Philipp, der 1555 König von Spanien wurde und ebenso wie sein Vater Expeditionen in noch unentdeckte Erdteile veranlaßte. Die ersten starteten in Europa. Später wurden die Galeonen von Mexiko aus auf den Seeweg gebracht.

Kolonisierung und Christianisierung waren im Verlauf der spanischen Herrschaft über die Philippinen zwei Seiten desselben Vorgangs. Sobald Soldaten die ersten Siedlungen angelegt und abgesichert hatten, folgten die Geistlichen. Im 16. und 17. Jahrhundert waren es vor allem die Angehörigen der großen Orden, der Augustiner, der Franziskaner, der Jesuiten und der Dominikaner, die das Missionieren besorgten.

Die Soldaten und Seeleute, die auf den Philippinen blieben, erhielten Land als Entgelt für ihre Dienste. Die Mönche nahmen sich einfach das Land, bebauten es, gründeten Schulen und Hochschulen, legten Dörfer und Städte an. Mehr noch als die Soldaten wurden die Ordenspriester zum verhaßten Sinnbild der Kolonisation, weil sie bis in die Neuzeit hinein eine eiserne Kontrolle über riesige Landflächen ausübten und die von ihnen geschaffenen Besitzverhältnisse rücksichtslos verteidigten.

Nicht zuletzt auf die Mönche geht das System der Zwangsarbeit zurück, das Männer im Alter von 16 bis 60 Jahren verpflichtete, mindestens 40 Tage im Jahr beim Bau von Straßen, Brücken, Kirchen und Klöstern mitzuhelfen. Ein System von Steuern und Abgaben gehörte mit zum Prozeß der Ausbeutung. Das Resultat vor allem in Form von Gold und Silber wurde mit Galeonen von Manila nach Acapulco (Mexiko) gebracht. »Galeonen-Handel« hieß dieser einseitige Warenaustausch zwischen den Philippinen und Spaniens wichtigster Kolonie in Amerika, Mexiko.

Auch wenn die Sklaverei schon 1589 abgeschafft worden war, blieben die Filipinos eingepaßt in ein System, das ihnen letztlich nur die Rolle von Zuarbeitern und Leibeigenen zuwies. Doch je mehr sie darin eingepreßt wurden, desto stärker wehrten sie sich. Über hundert Aufstände und Rebellionen gab es bis zum Ende des 19. Jahrhunderts. Die Filipinos begehrten immer wieder gegen die Diskriminierung, die ungerechte Landverteilung und die religiöse Intoleranz auf. Zu den frühen Aufständen gehört die Rebellion von Tonda/Manila im Jahre 1574. Die längste dauerte von 1744 bis 1828.

In den meisten Fällen blieben die Spanier mit ihren modernen Waffen und den wirtschaftlichen Ressourcen Sieger. Nicht so jedoch im Süden, wo die Moslems drei Jahrhunderte lang Widerstand leisteten und sich gegen das bewaffnete Christentum behaupteten.

Die Liste der spanischen Kriegszüge gegen die »Moros«, wie die Spanier die Moslems vermutlich in Anlehnung an die Mauren nannten, ist lang. Immer neue Strafexpeditionen wurden in den Süden entsandt. Die meisten kehrten unverrichteter Dinge zurück, holten sich blutige Nasen oder wurden im Kampf aufgerieben. Die Moros warteten nicht ab, bis die Spanier vor ihren Häfen auftauchten, sondern gingen oft vorher zum Gegenangriff über. Selbst nachdem die Spanier sich in bestimmten Orten bereits festgesetzt hatten, etwa in Zamboanga, führten die Sultane ihre Truppen zur Attacke.

In der zweiten Hälfte des 18. Jahrhunderts erlebten die Philippinen ein Intermezzo britischer Herrschaft, und zwar als Folge des Siebenjährigen Krieges in Europa (1756–1763). England, Frankreich und schließlich auch Spanien kämpften um die europäische Vorherrschaft. Im September 1763 eroberte die englische Flotte in einem Überraschungsangriff Manila. Auch wenn gegen Ende desselben Jahres England, Frankreich und Spanien übereinkamen, ihre Feindseligkeiten zu beenden – die Nachricht davon drang sehr viel später nach Manila. Erst Anfang Juni 1764 verließen die englischen Schiffe schließlich die Stadt.

Damit waren die Spanier wieder die Herren über das Land der 7000 Inseln. Allerdings, einiges änderte sich. Der Überraschungsschlag der britischen Marine hatte gezeigt, wie verwundbar die spanische Kolonialmacht war. Kaum waren die Engländer abgerückt, häuften sich erneut die lokalen Aufstände.

Die Liquidierung des Widerstandes

Der Widerstand erhielt durch eine Reihe von Faktoren Auftrieb. Die Ausweitung des Handels brachte es mit sich, daß eine, wenn auch bescheidene, philippinische Mittelklasse entstand. Liberale Ideen kamen ins Land. Die wenigen Filipinos, die im Ausland studieren durften, brachten neue Vorstellungen von Freiheit mit, die im völligen Gegensatz zu den Verhältnissen in ihrem eigenen Land standen.

Schließlich nahm die Zahl der philippinischen Priester zu, die, ohne an einen Orden gebunden zu sein, eigenständig Pfarreien betreuen durften.

Mit der Bekehrung von Zehntausenden von Filipinos hatten sich die Spanier in den Zugzwang gebracht, die Verwaltung der Kirche zumindest teilweise in philippinische Hände zu legen. Diese Geistlichen kannten die Not ihrer Landsleute und machten sich zu ihren Anwälten. Daraus entwickelte sich ein fast natürlicher Gegensatz zwischen den philippinischen Priestern und den spanischen Mönchen. Auch innerhalb der Kirche kam es zu Gegenbewegungen.

So gründete Hermano Pulo (Apolinario de la Cruz) einen Mönchsorden, der weder Spanier noch Mestizen aufnahm, sondern ausschließlich Filipinos. Die Bruderschaft mündete in eine Aufstandsbewegung, die von 1840 bis 1842 dauerte und damit endete, daß Pulo erschossen wurde.

Drei Jahrzehnte später unterdrückten die Spanier die Rebellion von Cavite, wo sie das Fort San Felipe angelegt hatten. Die Bewohner von Cavite versuchten vergeblich, sich von der Last der Zwangsarbeit und den Tributen zu befreien. Ihr lange aufgestauter Haß explodierte in der Nacht zum 20. Januar 1872 in wilden Attacken gegen die Besatzer. Doch diese hatten genügend Truppen zur Stelle, um Herr der Lage zu bleiben. Die Kolonialverwaltung entledigte sich bei dieser Gelegenheit gleich dreier philippinischer Priester, die mit dem Aufstand von Cavite unmittelbar nichts zu tun hatten, die jedoch häufig für ihre Landsleute eingetreten waren.

Die Geistlichen Mariano Gomez, José Burgos und Jacinto Zamora wurden in einem Schauprozeß am 17. Februar 1872 zum Tode verurteilt und anschließend mit der Garrotte erwürgt, der grausamsten Hinrichtungsart Spaniens, mit der Diktator Franco noch bis in die fünfziger Jahre des 20. Jahrhunderts seine Gegner umbringen ließ. Sogar der spanische Erzbischof von Manila weigerte sich, den dreien ihre geistlichen Ämter abzuerkennen, ein sicheres Zeichen, daß der Kirchenführer sie für unschuldig hielt. Die Namen der drei Priester spielten in der Unabhängigkeitsbewegung bald eine wichtige Rolle. Sie gelten bis heute als Märtyrer der philippinischen Revolution.

Der Schriftsteller und Arzt Dr. José Rizal nahm das Schicksal der drei Priester zum Anlaß, härter und unnachgiebiger Reformen zu fordern. Seine Novelle »Reign of Greed« (Das Regime der Habgier) widmete er diesen Geistlichen. Rizal war der Motor der Reformbewegung, die es sich zum Ziel gesetzt hatte, den Philippinen innerhalb des spanischen Kolonialreiches einen Platz als autonome Provinz zu sichern, eine Vertretung in den Cortes zu bekommen und für Rede-, Presse- und Versammlungsfreiheit zu streiten. Außerdem sollte der verhängnisvolle Einfluß der Mönche beseitigt werden.

Rizal war ein weltoffener Mann. Er kannte Europa aus zahlreichen Reisen und lernte europäische Sprachen. Während eines Aufenthaltes 1887 in Berlin schrieb er sein Buch »Noli Me Tangere«, worin er ebenso wie in dem zweiten »El Filibustero« seine Vorstellungen von einer freien Gesellschaft verarbeitete. Er gründete »La Liga Filipinia«, eine Gesellschaft für patriotisch und nationalistisch gesonnene Landsleute.

Die spanischen Behörden ließen Rizal nicht lange gewähren. Sie verfolgten seine Publikationen und Aktivitäten mit Argusaugen, bis sie ihn im Juli 1892 verhafteten und nach Dapitan in Zamboanga deportierten. Dort faßte Rizal den Entschluß, als Arzt auf Kuba zu arbeiten. Die Behörden willigten zunächst ein. Als der Arzt sich bereits an Bord eines Schiffes auf dem Weg nach Mittelamerika befand, überlegten sie es sich jedoch anders.

Rizal machte Zwischenstation in Barcelona. Dort wurde er erneut verhaftet und anschließend nach Manila zurückgebracht. In der Hauptstadt stellte man ihn vor ein Militärgericht. Wegen Rebellion und Gründung einer illegalen Vereinigung erhielt der Arzt die Todesstrafe. Am Morgen des 30. Dezember 1896 ging die politische Odyssee des Dr. Rizal zu Ende. Er starb unter den Schüssen eines Hinrichtungskommandos.

Die von Rizal angeführte Reformbewegung scheiterte aus mehreren Gründen: an der Übermacht der Spanier, an der Weigerung der Kolonialbehörden, den Einfluß der Mönche zu beschneiden, letztlich aber auch an dem Grundübel der philippinischen Opposition, das bis heute besteht: der Uneinigkeit.

Geheimbund Katipunan

Entschlossener und zugleich vorsichtiger ging eine andere Organisation ans Werk, und zwar der revolutionäre Geheimbund Katipunan unter Andres Bonifacio. Der Bund war als Reaktion auf die Deportation von José Rizal gegründet worden. Seine Mitglieder besiegelten ihren Pakt mit ihrem eigenen Blut. Die Ziele von Katipunan waren einfach und klar: völlige Loslösung der Philippinen von Spanien, Anleitung des Volkes zu einem moralischen und vernünftigen Verhalten bei strikter Ablehnung des religiösen Fanatismus, gegenseitige Hilfe sowie Unterstützung für Bedürftige.

Die führenden Köpfe des Geheimbundes erkannten bald, daß diese Ziele nicht mit friedlichen Mitteln durchzusetzen waren. Sie bereiteten deshalb den bewaffneten Kampf gegen die spanischen Kolonialherren vor. Ihre Aktivitäten blieben jedoch nicht lange verborgen. Durch Verrat erhielt die Administration erste Informationen über die Existenz des Bundes. Gerüchte von einer bevorstehenden Revolution beunruhigten die Behörden aufs äußerste. Einzelne Mitglieder wurden verhaftet und so lange gefoltert, bis sie ihre Geheimnisse preisgaben. Die bewaffnete Gegenwehr war damit jedoch nicht mehr aufzuhalten.

Im Sommer 1895 wurden die Anhänger von Kaptipunan zu den Waffen gerufen. Angriffe auf spanische Garnisonen und die Zivilverwaltung leiteten den Aufstand ein. Die Kolonialmacht rächte sich an der Zivilbevölkerung, um der Rebellion den Boden zu entziehen. Die Gefängnisse füllten sich, und die Militärgerichte arbeiteten im Schnellverfahren. Die Erschießungskommandos richteten mutmaßliche und tatsächliche Rebellen hin. Ab Januar 1897 waren selbst Massaker an der Zivilbevölkerung durch eine Anordnung des Generalgouverneurs gestattet.

Als die Revolution bereits größere Landesteile erfaßt hatte, leisteten sich ihre Anführer eine existenzbedrohende Rivalität. Am 22. März 1897 trafen sich die Rebellen, um einen Kriegsrat zu wählen, der später die politische Verantwortung übernehmen sollte. Bei der Abstimmung wurde Emilio Aguinaldo Präsident und Andres Bonifacio, der Kopf von Katipunan, Direktor für Inneres.

Als einer der Teilnehmer Bonifacios Wahl mit dem Argument mangelnder Qualifikation anfocht, fühlte sich dieser so sehr in seiner Ehre gekränkt, daß es beinahe zu einer Schießerei gekommen wäre. Bonifacio annullierte die gesamte Wahl und etablierte schließlich in Konkurrenz zu Aguinaldo einen eigenen Kriegsrat.

Der Gegensatz zwischen den beiden bekanntesten Anführern des Geheimbundes eskalierte derart, daß Aguinaldo schließlich die Verhaftung von Bonifacio und seine Hinrichtung veranlaßte. Am 10. Mai 1897 starb der vielleicht fähigste Kopf der Revolution unter den Kugeln derer, die mit ihm angetreten waren, das Joch der Spanier abzuschütteln.

Der Aufstand nahm anschließend einen seltsamen Verlauf. Im August 1897 kam es zu einem Pakt zwischen den Rebellen und dem spanischen Generalgouverneur Primo de Riviera. Der »Friedensvertrag« sah den straffreien Abzug der Rebellen aus Biak-na-Batt in Zentral-Luzon vor, wo diese ihre Einheiten konzentriert hatten. Aguinaldo ließ sich und seinen Mitstreitern hohe finanzielle Zuwendungen für die Zusicherung geben, sie würden nach Hongkong ins Exil gehen.

Dieses Versprechen hielt Aguinaldo zwar ein. Aber ansonsten vertraute keine der beiden Seiten auf eine Haltbarkeit des Paktes. Einzelne Rebellenführer setzten den Kampf gegen die Spanier fort. Im Frühjahr 1898 traten die USA auf den Plan. Im Hinblick auf den drohenden Krieg gegen Spanien über die Herrschaft um Kuba, wo amerikanische Unternehmen erheblich investiert hatten, entsandte US-Präsident Theodore Roosevelt ein Geschwader nach Manila.

Am 1. Mai 1898 gingen die US-Einheiten zum Angriff über. Sie brauchten nicht lange, um die spanische Flotte zum Aufgeben zu zwingen.

Die USA kauften die Philippinen

Das Eingreifen der USA stellte die philippinische Opposition vor eine schwierige Entscheidung: Sollte sie mit Hilfe Washingtons versuchen, das spanische Joch abzuschütteln oder weiter auf eigene Faust versuchen, die Fremdherrschaft loszuwerden? Emilio Aguinaldo ließ sich auf ein riskantes Manöver ein. Er verhandelte mit dem amerikanischen Konsul in Singapur, Spencer Pratt, und erhielt Versprechungen, die seinem Land erheblich mehr Freiheit als bisher sowie staatliche Unabhängigkeit unter »dem Schutz der US-Marine« sichern sollten.

In enger Absprache mit den USA kehrte Aguinaldo in sein Land zurück, wo er sich erneut als Präsident an die Spitze der Rebellen stellte. Nach einer Serie militärischer Erfolge wurde am 12. Juni 1898 die langersehnte Unabhängigkeit der Philippinen proklamiert. Weitere Schritte zur Etablierung eines eigenständigen Staates folgten. Am Ende fehlte nur noch die Eroberung von Manila, das von spanischen Einheiten gehalten wurde. Die endgültige Niederlage der Kolonialmacht schien nur noch eine Frage der Zeit zu sein.

Als die philippinischen Aufständischen sich schon am Ziel wähnten, kam alles ganz anders. Die USA, die mit ihrer Unterstützung angeblich die Unabhängigkeit der Philippinen fördern wollten, kassierten das Land und handelten noch vor Ablauf des Jahres 1898 mit Spanien eine Ablösesumme in Höhe von 20 Millionen Dollar aus. Von den vorher gegebenen Versprechungen wollte plötzlich niemand mehr etwas wissen.

Präsident Aguinaldo, der auf die Zusagen der USA pochte und sie in einem Manifest publik machte, fiel bei den Vereinigten Staaten in Ungnade. Der Präsident der philippinischen Republik befand sich bald auf der Flucht vor seinen »Befreiern«. Ein Jahr lang waren ihm die Amerikaner auf der Spur, bis er gefaßt wurde.

Der Kampf um die Befreiung der Philippinen ging unterdessen unvermindert weiter, diesmal nicht gegen spanische Truppen, sondern gegen amerikanische. Auch nach der Festnahme Aguinaldos dauerten die Gefechte an. Die US-Verbände gingen mit äußerster

Brutalität vor. Ihr Oberkommandierender ließ seine Leute wissen, er wünsche keine Gefangenen. »Ich möchte, daß ihr killt und Dörfer niederbrennt. Je mehr ihr killt und niederbrennt, desto zufriedener bin ich mit euch.« Als einer seiner Untergebenen wissen wollte, ob es beim Killen eine Altersgrenze nach unten gebe, bekam er die Antwort: »Zehn Jahre.«

Filipinos wurden in diesem Krieg wie Kaninchen abgeknallt – so vermerkte es ein Angehöriger eines amerikanischen Freiwilligen-Bataillons in einem Brief an seine Familie.

Im Frühjahr 1902 flauten die Kämpfe ab. Die Aufständischen mußten aufgeben. Ihre Kraft war erschöpft. Die US-Herrschaft über die Philippinen begann. Sie sollte insgesamt vier Jahrzehnte dauern. Die Amerikaner veränderten das Land noch einschneidender, als es die Spanier während ihrer über 250jährigen Herrschaft vermocht hatten. Am verheerendsten erwies sich schließlich die Tatsache, daß die Filipinos unter der Ägide der USA ihr revolutionäres Bewußtsein einbüßten und es gegen eine koloniale Mentalität eintauschten.

Diese Entwicklung ging einher mit einer systematischen Ausbeutung des Landes, die großflächiger und effizienter verlief als unter den Spaniern. 1907 sicherten sich die USA das Monopol für den philippinischen Im- und Export. Von dem Handel profitierte eine schmale philippinische Mittel- und Oberschicht, die auf diese Weise zu engen Verbündeten der Vereinigten Staaten wurden und durch Druck nach unten dafür sorgten, daß weder die eigenen noch die Wirtschaftsinteressen der US-Unternehmen gestört wurden.

Im politischen Bereich räumte Washington den Filipinos gewisse Rechte und ab 1935 mit dem Commonwealth-Status die Teilautonomie ein, verbunden mit dem Versprechen, spätestens 1946 die volle Unabhängigkeit zu gewähren. Die Hoffnung der Filipinos, daß dieser Tag vielleicht auch schon vorher kommen könne, sank beziehungsweise stieg, je nachdem, welche Partei in Washington den Präsidenten stellte. Die US-Demokraten versuchten, diese Entwicklung zu forcieren, die Republikaner erwiesen sich mehrfach als Bremser.

Die ökonomische Bevormundung blieb der eigentliche Faktor im philippinisch-amerikanischen Verhältnis. Es dauerte bis Anfang der vierziger Jahre, daß sich endlich Widerstand gegen die ungerechte soziale und wirtschaftliche Situation regte. Die Hukbalahap-Bewegung, gegründet im Frühjahr 1942, war die Antwort auf die bittere Not vieler Kleinbauern und Pächter. Die Huk bewaffnete die Entrechteten und organisierte Überfälle auf die Anwesen der Reichen.

Das strenge Regiment der Japaner

Doch bevor sich dieser Widerstand überhaupt richtig entfalten konnte, überfielen im Dezember 1941, wenige Tage nach dem Angriff auf Pearl Harbor, die Japaner die Philippinen. Was viele Filipinos besonders erbitterte: Die USA waren nicht einmal in der Lage, den immer wieder groß herausgestellten militärischen Schutz wirklich sicherzustellen. Die japanischen Verbände brauchten nur einige Wochen, bis sie nicht nur die Hauptstadt Manila eingenommen, sondern auch die nach Corregidor ausgelagerte Regierung samt General Douglas MacArthur vertrieben hatten.

Die philippinischen Soldaten, die an der Seite der Amerikaner kämpften, spürten täglich die Diskriminierung. Die Amerikaner bekamen die bessere Verpflegung. Sie waren auf Distanz bedacht und sorgten dafür, daß der Blutzoll unter den philippinischen Mitstreitern eindeutig höher ausfiel als bei den eigenen Soldaten.

Der Treck der auf Bataan geschlagenen Truppe ging als Todesmarsch in die Geschichte ein. Bei sengender Hitze ließen die Japaner die ausgehungerten und von Krankheit gezeichneten Gefangenen 140 Kilometer weit bis zu ihrem Bestimmungsort marschieren. Hier endlich waren Amerikaner und Filipinos gleichberechtigt. Sie starben zu Tausenden.

Für Japan waren die Philippinen ein wichtiger Stützpunkt beim Aufbau ihrer »Großasiatischen Wohlstandssphäre«. Hinter diesem bombastischen Begriff verbargen sich die wirtschaftlichen und politischen Expansionsziele Nippons. Offiziell ging es dem fernöstlichen Kaiserreich darum, den westlichen Imperialismus in Asien zu überwinden und Ländern wie den Philippinen zur Unabhängigkeit zu verhelfen. In Wirklichkeit wurde jedoch die eine Macht nur gegen eine andere ausgetauscht.

Nachdem die unter dem Commonwealth-Status gewählte Regierung von Präsident Manuel Quezon vertrieben worden war – sie fristete in Washington jahrelang ein Exildasein –, richteten die Japaner mit Präsident José Laurel an der Spitze eine »philippinische Republik« ein, die jedoch völlig vom Kommando Nippons abhängig war. Diese Marionetten-Regierung mußte alles das nachvollziehen, was der japanische Oberkommandierende ihr diktierte.

Die Philippinen erlebten die bis dahin strikteste Diktatur. Die Wörter »Demokratie« und »Freiheit« wurden aus dem Sprachgebrauch gestrichen, die Presse einer strengen Kontrolle unterzogen und jeder westliche Einfluß unterbunden, die Erziehung nach japanischen Maßstäben ausgerichtet.

In den Städten und Dörfern führten die Besatzer das Blockwartsystem nach japanischem Vorbild ein. Bis zu 15 Familien bildeten eine Grundeinheit, die gegenseitige Kontrolle auszuüben und Vorkehrungen für den Notfall zu treffen hatte. Die gesamte Wirtschaft wurde auf japanische Erfordernisse umgestellt, einschließlich der Banken und des Transportsystems. Die angeblich unabhängige Republik der Philippinen war in Wirklichkeit ein totalitärer, von Japan kontrollierter Vasallenstaat.

Die japanische Besatzung stachelte den Widerstandswillen der Filipinos wieder an. In Luzon, aber auch in anderen Landesteilen entstanden Guerilla-Einheiten, die gegen die Japaner operierten und wichtige Informationen für den Tag der Befreiung sammelten.

General Douglas MacArthur, der sich nach Australien zurückgezogen hatte, machte im Herbst 1944 sein Versprechen, zurückzukommen, endlich wahr. Am 9. Januar 1945 ging MacArthurs 6. Armee in Langayen an Land, geschützt durch Marine-Einheiten der 7. US-Flotte. Die Stelle ist heute durch ein Denkmal markiert, das den historischen Moment der Rückkehr festhält.

Die Japaner, die zu diesem Zeitpunkt von wichtigen Nachschubverbindungen bereits abgeschnitten waren, hatten der amerikanischen Übermacht letztlich nichts mehr entgegenzusetzen. Nach und nach räumten sie unter großen Verlusten die philippinischen Hauptinseln. Allerdings, erst als die beiden US-Atombomben auf die japanischen Städte Hiroshima und Nagasaki gefallen waren und Kaiser Hirohito die bedingungslose Kapitulation erklärt hatte, gaben sich die letzten japanischen Verbände endgültig geschlagen.

Die Hypotheken der jungen Republik

Endlich, im ersten Nachkriegsjahr 1946, wurden die Philippinen eine Republik. Aber auch diesmal war die auf langen Umwegen erkämpfte Unabhängigkeit keinesfalls vollständig. Die USA sicherten sich für 28 Jahre die wirtschaftliche Kontrolle, außerdem das Recht, auf lange Zeit militärische Stützpunkte zu unterhalten. De facto blieben die Philippinen amerikanisches Herrschaftsgebiet, was sich bald bei den Wahlen zeigte. Wenn US-Interessen auf dem Spiel standen, intervenierte der Geheimdienst CIA oder die Regierung in Washington ohne Rücksicht auf die Souveränität des verbündeten Landes.

Dieses war jedoch keineswegs die einzige Hypothek, mit der die junge Republik antrat. Sie erbte ein durch Krieg und Fremdherrschaft zerstörtes Land, das schon bald in einem Sumpf von Korruption steckte und für die seit langem überfälligen Reformen keine Kraft mehr besaß. Die Huk-Rebellen bekamen wieder neuen Zulauf. Während des Krieges hatten sie die von den Hacienderos verlassenen Güter an die Armen verteilt und so ein Stück Landreform verwirklicht. Nach Beendigung der Kämpfe kehrten die nach Manila geflüchteten Großgrundbesitzer zurück und verlangten nicht nur ihr Land zurück, sondern auch scharfe Maßnahmen gegen die Aufständischen.

Die Nachkriegspräsidenten Roxas und Quirino versuchten vergeblich, das Huk-Problem durch Repression zu lösen. Im Jahre 1950 bildeten die Rebellen eine Volksbefreiungsarmee und probten damit den Aufstand. Erst durch direktes Eingreifen der USA wurde die bewaffnete Opposition zerschlagen und politisch neutralisiert.

Nach einer Reihe von militärischen Rückschlägen und Niederlagen der Huk gewann Präsident Ramon Magsaysay das Vertrauen der Aufständischen, machte ihnen Zusagen auf soziale und wirtschaftliche Reformen und veranlaßte sie somit, die Waffen niederzulegen.

Die Marcos-Ära

Während die Huk-Bewegung an Einfluß verlor, blieben die alten Probleme der Philippinen bestehen. Im Jahre 1965 trat ein junger Senator namens Ferdinand Marcos mit dem Versprechen zur Präsidentenwahl an, dies alles zu ändern. Aber nach seiner ersten Amtsperiode war Marcos mit seinem Reformkonzept eigentlich schon gescheitert. Unter Einsatz von viel Geld schaffte er 1969 die Wiederwahl. Kaum hatte er den Malacañang-Palast zum zweiten Mal bezogen, zeigten ihm Zehntausende von Studenten und Arbeitern, daß sie sein Pathos längst durchschaut und das Vertrauen in ihn verloren hatten. Eine Welle von heftigen Demonstrationen erschütterte das Land.

Marcos reagierte, wie er in den folgenden Jahren noch oft reagieren sollte. Er beschimpfte die Studenten als kommunistisch inspirierten Mob, der versucht habe, den Präsidentenpalast in Brand zu stecken. Er mobilisierte Polizei und Armee und machte gleichzeitig symbolische Zugeständnisse.

Imelda Marcos, die ihrem Gatten in ihrer Habgier noch Konkurrenz machte, entwickelte in den sechziger und verstärkt in den siebziger Jahren den fatalen Hang, die Hauptstadt Manila sowie bestimmte Zentren in der Provinz mit Großprojekten auszustatten. Bei der Finanzierung ging die First Lady oft gänzlich unkonventionelle Wege. Notfalls wurde kurzerhand die staatliche Krankenkasse geplündert.

Präsident Marcos gab der Großmannssucht auf seine Weise nach, indem er sich mit Hilfe der Weltbank und des Internationalen Währungsfonds auf gigantische Entwicklungsprojekte einließ. Wie sich später herausstellte, trieb den Präsidenten offenbar nur ein Motiv: eine unersättliche Gier, Reichtümer anzusammeln. Bei jedem Vorhaben gingen Unsummen auf die Konten von Marcos, seines Clans sowie spezieller Protegés in der Staatsbürokratie und im Militär.

Politisch geriet der Staatschef dabei immer mehr in die Defensive. Am 21. September 1972 verhängte er das Kriegsrecht, um das Verfassungsverbot einer zweiten Wiederwahl zu umgehen. Der seit Jahrhunderten geführte Kampf um die Freiheit der Philippinen erlebte damit die bitterste Niederlage, denn es waren diesmal nicht Spanier oder Amerikaner, die die Diktatur verhängten, sondern Filipinos. Ferdinand Marcos stattete sich mit zahllosen Dekreten aus und machte sich zum Herren über Leben und Tod.

Unter seiner Herrschaft wurde der Kommunismus nicht bekämpft, sondern regelrecht gefördert. Die 1968 gegründete Kommunistische Partei und ihr bewaffneter Flügel, die »Neue Volksarmee«, erhielten in der zweiten Hälfte der siebziger Jahre einen ungeahnten Zulauf. Kirche und KP waren letztlich die einzigen Verbündeten des Volkes gegen dieses verbrecherische Regime.

Partisan der »Neuen Volksarmee«

Die Philippinen selbst verwandelten sich unter Marcos immer mehr zu einem sozialen Vulkan. Daß der Diktator sich darauf so lange behaupten konnte, ist das eigentlich Überraschende an seiner Herrschaft. Je länger diese dauerte, desto weniger entwickelten die Filipinos die Kraft, den Alleinherrscher abzuschütteln. Das ganze Volk versank schließlich in einem Morast aus Armut und Korruption, in dem nur noch der tägliche Überlebenskampf vorherrschte.

Nicht einmal der Mord an Oppositionsführer Benigno Aquino im August 1983 lieferte den Funken für die Revolution. Quälende zweieinhalb Jahre mußten noch vergehen, bis sich die Filipinos auf ihre alten Tugenden des Widerstands besannen. Das Militär schließlich lieferte den Anstoß zur Entmachtung des Diktators. Und eine Frau in der Person von Corazon Aquino wurde zum Symbol neuentdeckten Mutes und der Hoffnung. Es war ein weiter Weg von Lapu Lapu bis People Power, ein Weg, der jedoch noch keineswegs zum Ziel geführt hat.

Die fünf Säulen des alten Regimes

Die Katholische Kirche: Der heiße Draht zu Malacañang

»Es gibt einen heißen Draht zwischen Malacañang und San Miguel. Aber das hat nichts zu tun mit dem Erzengel oder jemandem, der Bier herstellt.«
(Business Day, 19. September 1984)

Der Erzbischof von Manila, Jaime Kardinal Sin, besitzt alle Gaben eines ausgezeichneten Politikers. Mit einem lauten Lachen sagt er Ungeheuerlichkeiten. Bei heiklen Themen faßt er seinen Gesprächspartner am Arm, blickt ihn ernst an und antwortet mit der Gegenfrage, ob denn wirklich alles so schlimm sei und ob man dem lieben Gott nicht auch etwas Arbeit überlassen solle.

Einen Teil der Arbeit möchte der am 3. April 1929 in der Provinz Iloilo, Zentralphilippinen, geborene Sohn eines chinesischen Kaufmannes und einer frommen Filipina allerdings schon selber erledigen. Abgesehen von Verteidigungsminister Enrile und General Ramos hat kein anderer Filipino bei der Revolution der Rosenkränze eine so entscheidende Rolle gespielt wie Kardinal Sin.

In den Jahren vor dem Sturz von Marcos war ein Interview mit dem Kardinal für durchreisende Reporter fast ein Muß. Denn Sin lieferte für das Publikum zu Hause seriöses Anklagematerial gegen den Diktator. In seiner Residenz im Stadtteil San Miguel (ein philippinischer Brauereikonzern trägt ebenfalls den Namen des Erzengels Michael) war der prominenteste Katholik der Philippinen meistens von mehreren Leibwächtern umgeben. Nach Angaben seiner Mitarbeiter drohte dem Kardinal von mehreren Seiten Gefahr; vom Regime, das er immer wieder kritisierte; aber auch von denen, die Marcos mit Gewalt erledigen wollten. Sie bräuchten nur den Kardinal zu töten, erklärte ein Priester, und das ganze Volk werde glauben, Marcos habe es getan.

Durch seine häufigen Attacken gegen den Präsidenten bekam der Kardinal bald ein falsches Image. Gewiß gehörte er zu den entschiedensten Kritikern, aber zugleich blieb seine Haltung ambivalent. Jahrelang existierte zwischen Malacañang und der Residenz des Kardinals ein heißer Draht, über den Marcos und Sin häufig telefonierten.

Vor Auslandsreisen suchte der Kirchenführer nicht selten Marcos noch einmal auf, um politische Fragen zu besprechen. Erst als klar wurde, daß der Präsident mit seiner Politik den Kommunisten Millionen von Filipinos in die Arme trieb, verschärfte Sin seinen Widerstand. Bei den Parlamentswahlen im Februar 1986 scheute er sich nicht, direkt in die politische Auseinandersetzung einzugreifen und der parlamentarischen Opposition den Rücken zu stärken.

Dies geschah offensichtlich mit Billigung des Vatikans, der im Fall Nicaraguas politisierenden Priestern das Leben schwermachte. Über »Radio Veritas« sagte Kardinal Sin nach der Rebellion von Enrile und Ramos beispielsweise: »Unsere beiden Freunde haben Idealismus gezeigt. Ich würde mich sehr freuen, wenn ihr sie jetzt unterstützen würdet.«

Der Kardinal ist ein kluger Mann mit erfreulich offenen Ansichten. Sein Widerstand gegen Marcos hatte ein klares Motiv: die Verhinderung einer kommunistischen Machtübernahne. Sin sagte im Gespräch: »Christentum und Kommunismus schließen sich gegenseitig aus. Denn der Kommunismus propagiert Atheismus. Das Christentum dagegen hat den Glauben an Gott in seinem Mittelpunkt.«

Von seiner Herkunft und seiner Einstellung her ist Sin der Vertreter der traditionellen Kirche. Er berichtet: »Meine Eltern gaben mich ins Priesterseminar, als ich noch sehr jung war. Ich durfte Mädchen nicht einmal ansehen. Als ich aufwachte, war ich Priester.«

Bevor kirchliche Würdenträger scharfe Erklärungen gegen das Regime von Ferdinand Marcos abgaben, verfolgten sie eine ganz andere Politik. Der Alleinherrscher konnte jahrelang auf die Amtskirche zählen, die die wichtigste Säule seines Regime war. Die Bischöfe billigten beispielsweise die Verhängung des Kriegsrechts im Jahre 1972 und stellten Marcos quasi einen Persilschein für seine repressiven Maßnahmen aus. Jahrhundertelang hatte die Kirche genau diese Rolle gespielt: Sie hielt den Mächtigen den Steigbügel und profitierte davon, indem sie zu großem Reichtum gelangte.

Schwert und Bibel

Der spanische König Philipp II., nach dem das Land der 7000 Inseln benannt worden ist, hatte seinen Soldaten den Auftrag erteilt, »die Eingeborenen unseren heiligen katholischen Glauben zu lehren, den Weg nach Mexiko zu erkunden und sicherzustellen, daß die Gewürze und anderen Reichtümer der Inseln in unsere neuspanischen Besitzungen gelangen«.

Mit dem Schwert und der Bibel in der Hand wurde nach und nach erobert, kolonisiert und christianisiert. Nur im Süden auf Mindanao und im äußersten Südwesten, im Sulu-Archipel, konnten sich die Moslems behaupten. Bis dort reichten die Schwerter nicht ganz.

Die Philippinen wurden das einzige katholische Land Asiens mit einem Katholikenanteil von heute 85 Prozent. Nur noch fünf Prozent der Bevölkerung bekennen sich zum Islam.

Die Eroberer verteilten das Land unter sich. Auch die Kirche kam dabei nicht zu kurz. Der Klerus kontrollierte darüber hinaus die Bereiche Erziehung und Gesundheit und reservierte sich das Recht, Steuern und Zölle einzutreiben. Als die spanische Krone im 18. Jahrhundert die finanzielle Unterstützung der Kirche auf den Philippinen einstellte, systematisierten die Bischöfe und Mönche den Ausbeutungsprozeß. Den zum Christentum bekehrten »Heiden« blieb eine Existenz als Pächter oder Landarbeiter auf den Gütern der Haciendero s, also der Großgrundbesitzer.

Die Christianisierung der Philippinen dauerte etwa 300 Jahre. Das Ergebnis war schließlich ein mächtiger Apparat, der alle Krisen und politischen Erschütterungen des Landes bisher überstanden hat: die amerikanische Kolonialzeit ebenso wie die japanische Besatzung, die Marcos-Diktatur und den Sturz des Alleinherrschers, an dem die Kirche maßgeblich beteiligt war.

Im Besitz der Kirche befinden sich heute 17 Radiostationen, Zeitungs- und Buchverlage, riesige Ländereien, Unternehmen der verschiedensten Art einschließlich einer Bank, ferner Schulen, Universitäten sowie zahlreiche andere Institutionen.

Entscheidend jedoch ist, wie sehr die Kirche das Denken und Fühlen der Menschen beherrscht. Vermutlich verfügt nicht ein einziges kommunistisches Land der Welt über einen derart nachhaltigen Einfluß auf seine Bürger wie die Katholische Kirche. Die religiöse Inbrunst ist auf den Philippinen mindestens so stark wie beispielsweise in Polen.

Eine Szene aus der Kathedrale Santo Niño in Cebu City mag dies beleuchten: Durch den Mittelgang der Kirche bewegen sich an

Marienfest in Laguna

einem normalen Wochentag Gläubige in Richtung Altar. Auf den Knien, die Schuhe hinter sich herziehend, rutschen sie über den dreckigen Fußboden Meter für Meter in dieser schmerzhaften Haltung nach vorn: ältere Frauen mit verhärmten Gesichtern, Jüngere ebenso, auch Männer um die dreißig.

In einem längeren Nebengang ähnliche Szenen. Dort brennen Hunderte von Kerzen. Es kommen immer neue hinzu. In einer langen Schlange stehen die Menschen an, um weitere Lichter aufzustellen, ein kurzes Gebet zu murmeln. Auf die Wände wurden Bilder aus der Zeit der Christianisierung der Philippinen gemalt. Ein Motiv zeigt einen Mönch mit dem Kreuz, dahinter ein Soldat mit dem Schwert. Außerdem vor allem Bilder der Mutter Maria.

Die Verehrung der Maria durch die Filipinos, nach katholischer Glaubenslehre die Mutter Gottes, hat für Außenstehende fast gespenstische Züge. Eine Nation sublimiert ihre Leiden, überträgt sie stellvertretend auf ihre Helden und Heiligen.

In der traditionellen Kirche gedeihen Wunder und wundersame Dinge. Am 11. Februar 1983 erklärte der damalige Oberste Richter der Philippinen allen Ernstes, seine Frau habe Botschaften von der Jungfrau Maria erhalten und er selber habe eine Jesus-Statue gesehen, die blutete. Beweise wußte der Chefjustitiar der Nation nicht vorzubringen, außer dem Hinweis, seine Frau sei bei der Verkündung in einen Trancezustand verfallen.

Neben der herkömmlichen Amtskirche gibt es auf den Philippinen seit einigen Jahren eine neue Kirche, die von fortschrittlichen Theologen, Priestern, Nonnen und vor allem aktiven Laien getragen wird. Ihre Anhänger haben keine Zeit für Träume und Trancezustände, weil sie sich mit den Realitäten der Philippinen auseinandersetzen.

Die Kirche der Armen

Aus einem Dokument des Ökumenischen Zentrums für Entwicklungsfragen (Manila 1979)

»Wir glauben an die umfassende Erlösung: daß die Menschheit ›von der Sklaverei befreit werde zur Freiheit der Herrlichkeit der Kinder Gottes‹ (Röm. 8, 19–23) und daß Jesus Christus gekommen ist, damit wir ›Leben haben und es in Fülle haben‹

(Joh. 10, 10). Indem wir unsere Verwurzelung im Evangelium betonen, festigen wir unseren Glauben an Christus, in dessen Leben und Dienst Gottes Liebe für die Menschheit offensichtlich wurde.

Jesu Leben war ein an seinen Jüngern vorgenommenes Leben des selbstlosen Dienstes, wie es in der Fußwaschung (Joh. 13, 1–20) verdeutlicht wird. Sein Auftrag war es, ›den Armen frohe Botschaft zu bringen, den Gefangenen Befreiung zu verkündigen und den Blinden das Augenlicht zu geben. Bedrückte in Freiheit zu entlassen, auszurufen ein Gnadenjahr des Herrn‹ (Lk. 4, 18–19).

Wir, eine Vereinigung philippinischer Christen, suchen seinem Leben eines selbstlosen Dienstes zu folgen, indem wir an dem historischen Kampf unseres Volkes für Gerechtigkeit und um die Verwirklichung wahrer Gemeinschaft freier und schöpferischer Menschen teilnehmen.

Wir glauben an die Existenz und die Möglichkeiten einer Kirche der Armen. Diese Kirche der Armen entsteht aus dem Kampf der Armen in unserer Gesellschaft. Sie ist die Antwort der Armen auf Gottes befreiendes Handeln in der Geschichte. Sie ist eine historische und soziologische Realität.

Die Kirche der Armen ist eine Kirche des Exodus. Sie ist auf dem Weg, vom Land der Armut und Unterdrückung zum Land der Freiheit und der Fülle. Sie ist eine dienende Kirche, die sich verpflichtet hat, den Armen zu dienen, damit sie nicht länger unterdrückt sind.

Die Kirche der Armen setzt sich aus den materiell Armen, den politisch Machtlosen und den kulturell Verarmten zusammen. Sie bildet sich ferner aus jenen, die ihren Positionen der Stärke und der Privilegien absagen, um mit den Armen eins zu werden.

Der Sendungsauftrag der Kirche der Armen ist es, die Mission unseres Herrn Jesus Christus fortzuführen: predigen, lehren, dienen, Gemeinschaft bauen, um so ein Leben der Liebe, Fülle, Gerechtigkeit und des Friedens zu bringen.«

(Aus: Hunger und Durst nach Gerechtigkeit – Gebete und Texte aus den Philippinen, hrsg. von Günter Reese und Gert Rüppel, Hamburg 1987, Seite 24)

Die Theologie des Kampfes

Das einzige Zeichen seiner bischöflichen Würde besteht aus einem kleinen silbernen Kreuz, das Francisco F. Claver am Hemdkragen trägt. Ansonsten unterscheidet sich der Bischof im Habitus nicht von den Menschen in seiner Umgebung.

Claver, Jahrgang 1930, passionierter Pfeifenraucher, etwas untersetzt mit einem asketischen Gesicht, das in seinen Konturen durch eine schwere Hornbrille noch schärfer wirkt, ist einer der markantesten Verfechter der »Theologie der Befreiung«, die auf den Philippinen auch »Theology of Struggle« genannt wird, also »Theologie des Kampfes«.

Claver gehört zur ethnischen Minderheit der Igorots. Er ist Jesuit und leitete bis 1982 eine Diözese im Norden der Insel Mindanao, in der nicht nur die sozialen Konflikte aufeinanderprallten, sondern auch immer wieder Kämpfe zwischen Regierungstruppen und Moslem-Rebellen ausgetragen wurden. Seit 1983 widmet er sich in einem Pastoralinstitut in Quezon City sozialer Forschungsarbeit.

Übergriffe der Militärs, Verletzungen der Menschenrechte und soziale Mißstände hat Claver bei vielen Gelegenheiten verurteilt. Zu seinen Standardsätzen gehört: »Wenn jemand einen leeren Magen hat, dann kann man ihm nicht nur die Bibel anbieten.« Aber auch während des Marcos-Regime ging der Bischof nicht soweit wie einige Nonnen und Priester, die sagten: »Christus würde heute eine Flinte tragen und in den Bergen für das Volk kämpfen.«

Von der Kommunistischen Partei und ihrem bewaffneten Flügel, der Neuen Volksarmee, grenzt er sich ab. Priester und Nonnen, die sich der KPP anschließen, mißbrauchen nach seiner Ansicht das Christentum für eine einzige politische Richtung, statt für eine wirkliche Befreiung der Filipinos zu kämpfen.

Für Claver bedeutet Theologie der Befreiung ein Bewußtmachen der Menschen, damit sie in der Lage sind, ihre eigenen Interessen wahrzunehmen. Während seiner bischöflichen Tätigkeit und danach propagierte er Basisgemeinden, die zwar von der Institution Kirche nicht gänzlich losgelöst sind, aber doch relativ selbständig existieren.

Solche Gemeinschaften sind in vielen philippinischen Diözesen entstanden. Sie bilden eine neue Form von Kirche und zugleich ein wichtiges Element gesellschaftlicher Erneuerung. Denn die Basisgemeinden probieren alternative Formen des Zusammenlebens, des Selbstschutzes, auch der Selbsthilfe, etwa durch den Aufbau von Kooperativen, aus.

Die Frage der Gewaltanwendung zur Verteidigung von Lebensinteressen spielt in den Basisgemeinden und in der Diskussion über sie eine erhebliche Rolle, allerdings ist dies nicht das wichtigste Problem. Bischof Claver kann sich Befürwortung von Gewalt unter bestimmten Umständen vorstellen, aber aus grundsätzlichen Erwägungen lehnt er sie ab:

»Theoretisch kann ich Gewalt akzeptieren. Aber wenn man sich die Ergebnisse von Gewalt ansieht, wenn Menschen getötet werden, kann ich es nicht. Gewaltfreiheit ist für mich ein wesentlicher Bestandteil der christlichen Botschaft. Wir wollen mit den Leuten, die auf Gewaltanwendung drängen, nicht streiten. Wir sagen ihnen immer: Ja, wenn man es rein verstandesmäßig sieht, macht Gewalt Sinn. Andererseits gibt es keinen einzigen Fall im Evangelium, wo Christus um der Gerechtigkeit willen töten mußte - und Töten ist gemeint, wenn ich über Gewalt rede. Deshalb bleiben wir bei der Gewaltlosigkeit und befürworten die Haltung, die die philippinischen Bischöfe dazu haben: Wir müssen für die Gerechtigkeit kämpfen, ohne um der Gerechtigkeit willen töten zu müssen.«

Nach den Worten von Bischof Claver gilt dieser Kampf für Gerechtigkeit und Frieden grundsätzlich und unabhängig davon, welche politischen Verhältnisse herrschen. Die Theologie der Befreiung könne keine speziellen Lösungen für bestimmte Probleme anbieten. Vielmehr ermögliche sie eine neue Form christlicher Existenz, und dies sei letztlich eine Kirche von unten, mit dem Ziel der Befreiung von Fremdherrschaft.

Die philippinischen Basisgemeinden haben manchmal etwas von israelischen Kibbuzim. Der Anstoß zur Gründung solcher Gemeinschaften ging vielfach von sozial engagierten Priestern und Nonnen aus. Wenn Kleinbauern und Pächter durch die Agrarkonzerne (Corporate Farms) um ihre Existenz gebracht worden waren, blieb vielfach gar keine andere Wahl, als sich zusammenzutun und sich gemeinsam zu behaupten. Die Gemeinschaft erwarb ein Stück Land, bebaute es und teilte den Gewinn unter den Familien auf.

MARCOS

Die Militärkommandeure: »Generals Corporation«

»Militärkommandeure sind zum ersten Mal in der jüngsten Geschichte der Philippinen zu einem integralen Bestandteil der Machtstruktur geworden, vor allem in den Provinzverwaltungen und durch ihren Einfluß in rechtlichen und administrativen Dingen.«
(Die politische und administrative Basis für Wirtschaftsentwicklung auf den Philippinen, Weltbank 1980)

»Aber, Herr Präsident!« stotterte Fabian Ver mit seiner heiseren Stimme am 24. Februar 1986. Die ganze Welt sah via Fernsehen zu, wie der mächtige Generalstabschef von seinem Meister zusammengestutzt wurde.

»Ich bin bereit, meine Leute sind bereit, wir können 10 000 losschicken, mit Panzern«, versuchte der General den Präsidenten zu überreden. Der jedoch schien sich nicht darauf einlassen zu wollen. »Nein, nein. Sie können jetzt gehen«, winkte der Diktator müde ab.

Subaltern, gebeugt, aber noch immer mit dem Ausdruck der dumpfen Fassungslosigkeit in den groben Zügen, nickte Ver kurz, legte seine Kappe zum Gruß an seine Brust und verschwand aus dem Blickwinkel der Kameras.

Für Ver muß dieser Augenblick wohl der vernichtendste in seinem Leben gewesen sein. In aller Öffentlichkeit hatte ihn Ferdinand Marcos, sein Mentor und Patron seit drei Jahrzehnten, zum Gespött gemacht. Und das, als Ver nur das Beste wollte.

Schließlich war zwei Tage zuvor eine Revolte gegen den Diktator ausgebrochen, die inzwischen schon an die zwei bis drei Millionen Menschen auf die Straßen von Manila getrieben hatte. Sie jubelten dem aufständischen Verteidigungsminister und dem ihm zur Seite stehenden stellvertretenden Generalstabschef zu und stellten sich

Panzern in den Weg, die sich zum Angriff auf die Rebellen formierten. Also, nichts wie hineinschießen in die Menge, lautete die Devise von Ver.

Doch die Welt, in der der ehemalige Chauffeur Fabian Ver zu ungeahnten Höhen im Regierungs- und Militärapparat emporklettern konnte, war an jenem Tag bereits zusammengebrochen. Denn Ferdinand Marcos hatte schon nachgegeben beziehungsweise mußte nachgeben: Immer mehr Einheiten, Divisionen und regionale Kommandos der Armee wechselten die Seiten und schlossen sich der Revolte gegen den Präsidenten an. Jene Basis, die Marcos seit der Ausrufung des Kriegsrechts systematisch ausgebaut hatte, taugte plötzlich nichts mehr. Die Macht der Uniform blieb zwar bestehen. Doch sie diente nicht mehr ihrem Begründer.

Ein Jahr bevor Marcos das Kriegsrecht ausrief, verfügte das Land über ein stehendes Heer von bescheidenen 51 700 Mann. Zehn Jahre später (1981), als das Kriegsrecht pro forma aufgehoben wurde, befanden sich 112 800 Mann als Armed Forces of the Philippines (AFP) ständig unter Waffen. Die dem Kommando der AFP unterstellte Philippine Constabulary (PC) zählte im selben Jahr 110 500 Mitglieder*.

Seither hat sich kaum etwas geändert. 230 000 bis 240 000 Soldaten »schützen« ihr Land vor »innerer und äußerer Bedrohung«, wie die offizielle Formulierung lautet. Werden die paramilitärischen Einheiten der Civil Home Defence Forces (CHDF) und sonstige zeitweise von der Armee organisierte Bürgerwehren und Söldnergruppen hinzugezählt, sind 300 000 bis 400 000 Bewaffnete schnell erreicht.

In gleichem Maße stiegen die Rüstungsausgaben. 1972 waren es 136 Millionen US-Dollar. 1980 wurde das Maximum von 962 Millionen Dollar erreicht. Das machten dann schon etwa 20 Dollar pro Kopf einer Bevölkerung, von der sich die Mehrzahl heute glücklich schätzen würde, soviel in einem halben Monat zu verdienen.

Als viel entscheidender erwies sich jedoch der rasante Aufbau des Compadres-Systems innerhalb des Offizierscorps. Marcos sorgte dafür, daß »seine« Leute in führende Stellungen gelangten, ungeachtet ihrer Qualifikation.

Eines der wichtigsten Beispiele für diesen Filz war Fabian Ver. Kein anderer General, keiner der Cronies war mit dem Präsidenten durch so feste Bande der Dankbarkeitsschuld verbunden wie er.

* P. N. Abinales: Militarization: Philippines (1982)

Kein Mitglied der Regierung oder des Heeres wußte das »Utang na loob« dem Präsidenten gegenüber durch ein ähnliches Maß an Treue und Gehorsam zu vergelten wie jener Mann, der zu Beginn der fünfziger Jahre dem damals aufsteigenden Politstar aus Illocos Norte als Chauffeur zugewiesen worden war.

Die Geschäfte der Kommandeure

Die »Stärkung des Militärs« war eines der vorrangigen Ziele, die sich Marcos gesetzt hatte und die mit der Ausrufung des Kriegsrechts um ein ganzes Stück näherrückten. Da die Uniformierten dank des Ausnahmezustands auch über wirtschaftliche und politische Entwicklungen des Landes entscheiden konnten, stand den ehrgeizigen Generälen nichts mehr im Weg.

Offiziell hieß es natürlich, der Kampf gegen den kommunistischen Untergrund erfordere diese Übermacht der Armee. Doch die Realität sah ganz anders aus: Nach neun Jahren Kriegsrecht waren alle führenden Generäle fast ausschließlich korrupte Geschäftsmänner, die sich ihre persönlichen Verbindungen und ihre Machtstellung zunutze machten. Die NPA hatte sich währenddessen von etwa 1 000 aktiven Kämpfern in nur wenigen Provinzen auf rund 12 000 in fast allen Landesteilen verzwölffacht.

»Militarization« wurde das neue Phänomen auf den Philippinen genannt. Doch es ging um viel mehr. Es war staatlicher Terror, der sich bis in die letzten Winkel des Archipels verbreitete. Zwischen September 1972 und Januar 1981 (effektive Dauer des Kriegsrechts) waren 60 000 bis 75 000 Menschen verhaftet worden.* In den acht Jahren zwischen 1975 und 1983 waren 1 451 Menschen dem »Salvaging« zum Opfer gefallen, 411 andere verschwanden spurlos.**

Dazu kam die wirtschaftliche Macht, die Generäle und Offiziere ausübten. Wer gute Geschäfte machen wollte, mußte sich mit dem lokalen Kommandanten verstehen. Oder sich dieses Verständnis durch dementsprechende »Abgaben« sichern. Und da Marcos laut Verfassung oberster Befehlshaber der Streitkräfte blieb, wurde das Militär zu einem der Hauptblutsauger des Landes. Die Sonderbefugnisse, welche die Armee durch das Kriegsrecht erhalten hatte, garantierten zudem, daß jede Kritik an den Zuständen bereits im Keim erstickt wurde. Selbst die Polizei stand unter dem direkten

* Bericht über »Menschenrechte auf den Philippinen« des Unterkomitees für Menschenrechte des amerikanischen Repräsentantenhauses, 1983

** Amnesty International

Befehl der AFP und war nicht mehr den Lokal- und Stadtregierungen unterstellt.

Das Compadres-System, das sich der Militärmaschinerie und ihrer Kommandoebenen rasch bemächtigte, lähmte die Kampfbereitschaft. Es ging ja auch nicht mehr wirklich um einen äußeren Feind (den es seit 1945 nie gegeben hatte; außerdem gab es für den Notfall noch Einheiten der »Schutzmacht« USA). Während in offiziellen Stellungnahmen immer wieder auf die kommunistische Gefahr hingewiesen wurde, verliefen sich Kommandos im dichten Dschungel lokaler Machthaber, die mehr an ihrer eigenen Bereicherung interessiert waren als am Sieg gegen den Kommunismus. Sie schickten schlecht trainierte, unterbezahlte und ungenügend ausgerüstete PC-Kämpfer in die hoffnungslosen Scharmützel mit der NPA.

Drei Männer haben außer Marcos wichtige Rollen im Militärapparat der Philippinen gespielt: Fabian Ver, Juan Ponce Enrile und Fidel Ramos. Ramos ist als einziger nach dem Abgang Marcos' an den Kommandohebeln der Streitkräfte geblieben.

Fabian Ver

Wenn man dem vorhandenen biographischen Material glaubt, dann sind Ver und Marcos von Jugend an miteinander verbunden. Am 20. Januar 1920 wie Marcos in Sarrat, Ilocos Norte, geboren, soll sich der junge Ver im Krieg angeblich als Partisan gegen die Japaner bewährt haben. Diese Episode im schillernden Leben des späteren Generals muß allerdings genauso bezweifelt werden wie die Heldentaten von Marcos. Nach dem Krieg blieb Ver Mitglied der PC und studierte Jura in Abendkursen. Die wichtige Abschlußprüfung schaffte er jedoch nicht.

Ein paar kleine Aufgaben als Polizeihauptmann in der Umgebung von Manila füllten damals die langen Tage. Anfang der fünfziger Jahre avancierte er zum Privatchauffeur und Leibwächter des jungen Politikers Ferdinand Marcos. 1954 wurde er zum Hauptmann der Armee befördert, was er bis 1965 blieb.

In der ersten Hälfte der sechziger Jahre war Ver Militärattaché in den USA. 1963 schloß er einige Kurse in Polizeiwissenschaften und Sicherheitsstudien an der University of Louiseville (Kentucky) erfolgreich ab. Als 1965 sein früherer Chef Präsident des Landes wurde, konnte seine Blitzkarriere starten. Ein Jahr später war er Major. 1969 wurde er zum Brigadegeneral ernannt.

Mit der Ausrufung des Kriegsrechts begann die große Zeit des Generals. 1973 wurde er Befehlshaber des Presidential Security Command, das als Leibwächterbataillon für Ferdinand Marcos zusammengestellt worden war. Zugleich war er Generaldirektor der National Intelligence and Security Authority (NISA), des Geheimdienstes der Philippinen. NISA uferte in eine Unzahl von Sicherheitsbüros aus, die allesamt das uneingeschränkte Recht besaßen, zu verhaften und verhören, wenn es um die nationale Sicherheit ging. Ver besaß freie Hand, seine Machtbasis in den Streitkräften und im Regierungsapparat auszubauen.

Statt 13 Generälen vor 1972 gab es 1981 rund 100 höchste Offiziere – der Großteil von ihnen durch »Utang na loob« ihrem Schutzherren Fabian Ver verpflichtet. Der eigene Sohn, Irwin Ver, wurde zum Oberst und Berater gemacht. Er hatte auch das weite Compadres-Netz für seinen Vater zu überwachen. Und was für Vers uneingeschränkte Macht wohl am entscheidendsten war: Marcos vertraute dem Urteil seines Generals. Nur so ist zu erklären, daß Ver 1981 vor General Fidel Ramos zum Generalstabschef ernannt wurde. Ramos war ein professioneller Soldat, der seine Kritik an der paternalistisch erstickten AFP nicht verschwieg. Deswegen mußte er zugunsten seines langjährigen Rivalen auf den höchsten Posten im Heer verzichten. 1982 wurde Ver auch noch ins Exekutivkomitee des Präsidenten aufgenommen.

Als die Agrava-Kommission Fabian Ver 1984 der Beteiligung am Mord an Benigno Aquino verdächtigte, wurde er beurlaubt. Ein Jahr später kehrte er nach dem »Freispruch« auf seinen alten Posten zurück. Aber nur noch für kurze Zeit.

Juan Ponce Enrile

Juan P. Enrile wurde am 14. Februar 1924 in der zentralen Luzon-Provinz Cagayan geboren. Er wuchs mit seiner Mutter und seinem Stiefvater als Fischerjunge auf, während sein leiblicher Vater, Don Alfonso Ponce Enrile, in Manila unter dem Commenwealth und unter Präsident Quezon als Rechtsanwalt und Politiker Karriere machte.

Nach einer kurzen Episode als junger Partisan im Krieg begann »Johnny«, wie er genannt wurde, seine Rechtsstudien an der Ateneo-Universität. Es folgten weitere Studien an der University of the Philippines. 1954 schaffte er die Rechtsanwaltsprüfung. Er schloß sich der Kanzlei seines Vaters an. 1955 nahm er ein Stipendium an der Harvard Law School in den USA wahr. Sein Fachgebiet, das

Körperschaftsrecht, sollte ihm später behilflich sein. Aus Amerika zurückgekehrt, arbeitete Enrile zunächst wieder mit seinem Vater zusammen. Er machte sich in Manila schnell einen Namen als Anwalt und als Lebemann. 1964 besuchte ihn eines Abends plötzlich der damalige Senatspräsident Ferdinand Marcos und bat ihn um Hilfe bei seiner Nominierung zum Präsidentschaftskandidaten der Nationalista Partei. Enrile stellte sich gerne zur Verfügung. Seither mochte Marcos nicht mehr auf ihn verzichten. 1965 half Enrile bei den Wahlen, die Marcos zum Präsidenten machten. Als Dank dafür wurde Enrile zunächst zum Leiter der Zollkommission ernannt und später zum Justizminister.

Als Enrile sich 1971 vergeblich um einen Sitz im Senat bemühte, machte ihn Marcos zum Verteidigungsminister. Nur ein Jahr später garantierte ihm das Kriegsrecht ungeahnten Einfluß.

Enrile war einer der Architekten des Ausnahmezustands sowie der politischen und wirtschaftlichen Repression in den Jahren nach 1972. Während sich Fabian Ver vor allem um die Ausbreitung der Korruption in der AFP kümmerte und dort sein Loyalitätssystem begründete, verstand es Enrile als Verteidigungsminister, ein ganzes Wirtschaftsimperium aufzubauen.

Schon seit einigen Jahren besaß Enrile Anteile am Holzgeschäft. Eine Serie von neuen wirtschaftlichen »Kontrollmaßnahmen« in der ersten Hälfte der siebziger Jahre kam ihm äußerst gelegen. Bei der Bildung der Kokosnuß- und Zuckerrohrmonopole sicherte er sich Vorstandsposten in beiden staatlichen Organisationen. Als 1975 die neue United Coconut Planters Bank zur finanziellen Verwaltung der Exportabgaben gegründet wurde, machte Enrile sich zum Vorstandsvorsitzenden. Und weil ausgerechnet das Militär gegen illegale Holzbetriebe ausgeschickt wurde, konnte sich der Verteidigungsminister gleich sieben dieser profitablen Unternehmen aneignen.

Trotz vieler gegenteiliger Gerüchte hielt sich Johnny Enrile an der Seite von Marcos. Erst im Februar 1986 sollte ein angeblicher Mordplan Vers gegen Enrile und Fidel Ramos zum großen Bruch – und zum Ende von Marcos führen.

Fidel V. Ramos

Fidel Ramos wurde am 18. März 1928 in eine Politiker- und Diplomatenfamilie geboren. Er soll ein entfernter Cousin von Ferdinand Marcos sein. Doch das hat seine Karriere sicher nicht stark beeinflußt. Denn Ramos blieb ein professioneller Soldat, der sich nie wirklich für die schmutzigen Geschäfte seiner Kameraden und der Politiker interessierte.

1950 schloß Ramos die berühmte US-Militärakademie Westpoint ab. Kurz darauf kämpfte er an der Seite der Amerikaner im Korea-Krieg (1950–1953). Von 1966 bis 1968 diente er als Oberst und später als Stabschef der philippinischen Einheiten im Vietnam-Krieg, wo er, wie Soldaten zu berichten wußten, sich als eiskalter Killer hervorgetan habe.

Zurück in der Heimat, wurde er Berater des Präsidenten in Militärfragen. 1972 übernahm er die Leitung der PC, 1975 den Posten des Generaldirektors der Integrated National Police. 1981 sollte er eigentlich Generalstabschef werden, doch Fabian Ver wurde vorgezogen. Marcos vertraute lieber einem korrupten und gefügigen General als jemandem, der für seine Unbestechlichkeit und Härte bekannt war. Ramos mußte sich mit dem Stellvertreterposten zufrieden geben. Es war wohl eine der größten Fehlentscheidungen, die sich Marcos leistete. Denn jene Gruppe junger Offiziere, die mit dem Compadres-System um Fabian Ver nicht mehr einverstanden war und die die damals geheime »Reformed Armed Forces of the Philippines«-Bewegung (RAM) gründete, sammelte sich um Ramos – und initiierte den Februar-Putsch 1986.

Fidel Ramos

Die Cronies: Geld schafft Freunde

»Die griechischen Denker, die das Wort ›Oligarch‹ verwendeten, dachten dabei an die Herrschaft der wenigen gegenüber der Herrschaft der Mehrzahl, die ›Demokratie‹ genannt wird.«* Ganz seinem Stil getreu sparte Ferdinand Marcos niemals mit wohlklingenden Zitaten, wenn es um die propagandistische Vorbereitung seines nächsten Schachzugs ging. Über ein Jahr vor der Ausrufung des Kriegsrechts stand fest, daß die Oligarchen der Philippinen auf der Liste der Geächteten standen, daß der Präsident alles daran setzen werde, um die Dominanz der Familien Ayala, Soriano, Cojuancos, Lopez, Ortigas und vieler anderer zu brechen.

Nur ein paar Jahre »Neue Gesellschaft« genügten, um die traditionellen Großfamilien teilweise zurückzudrängen und die ökonomische Herrschaft einer Gruppe neuer Oligarchen zu übertragen. »Cronies« wurden sie genannt, Spießgesellen, die sich familiäre oder freundschaftliche Beziehungen zum Präsidenten oder seiner Frau zunutze machten, um in nur wenigen Jahren die Kontrolle über die wichtigsten Branchen der Wirtschaft zu übernehmen. Marcos unterstützte ihre Gier mit Dekreten und der Formierung von Monopolen in so wichtigen Sektoren wie dem Zucker- und Kopraexport.

Nur bestimmte Unternehmen konnten sich darauf verlassen, fette Regierungsaufträge zu bekommen. Ihre Konkurrenten wurden mit Steuern und willkürlichen Abgaben belastet, was sie oft genug in den Bankrott drängte. Im Sinne des »Kampfes gegen den Würgegriff« der Oligarchen bekamen die Cronies deren Anteil in bestimmten Produktionssektoren zugeschoben. Zum Dank für die politische »Vorarbeit«, die der Präsident geleistet hatte, flossen

---

* Reuben R. Canoy, The Counterfeit Revolution, 1980, p. 101

Anteile der enormen Gewinne der Cronies auf die Konten des Präsidenten. Mitte der achtziger Jahre zählten einige Filipinos zu den reichsten Männern der Welt. Zehn Jahre zuvor hatte sie niemand gekannt.

Hier sollen nur die erfolgreichsten Blutsauger am Hals der »Neuen Gesellschaft« vorgestellt werden. Das Netz des Crony-Kapitalismus, systematisch und rücksichtslos aufgebaut, würde ganze Bände füllen, wollte man es im Detail beschreiben. Das tragische Erbe dieses allgemeinen und staatlich geförderten Systems der nationalen Ausbeutung sollte das Land dann in den ersten beiden Jahren der Aquino-Regierung zu spüren bekommen. Die vertriebenen Oligarchen strömten aus ihrem meist US-amerikanischen Exil zurück, um sich zumindest die Reste ihrer oft zerstörten Imperien zurückzuerobern.

Die »Drei Könige« Eduardo Cojuanco Jr., Roberto S. Benedicto und Antonio Floirendo kontrollierten neben Firmenimperien die Produktion und den Export der drei wichtigsten landwirtschaftlichen Exportgüter Kokosnüsse (Kopra), Zuckerrohr und Bananen.

- *Eduardo Cojuanco* sammelte kraft eines Marcos-Dekrets von allen Kokosnuß-Pflanzern Abgaben ein, die dann an die von ihm kontrollierte United Coconut Planters Bank flossen. Der direkte Cousin von Cory Aquino kaufte mit dem üppigen Ertrag Hauptanteile in führenden Industrien auf. Sein größter Coup: Die Kontrolle über die San Miguel Corporation, nicht nur des Landes größte Brauerei, sondern auch der wichtigste Lebensmittelproduzent, die zuvor Besitz und Revier der Familie Soriano war.

Cojuanco floh zusammen mit Marcos und lebt heute als 52jähriger angeblich in Santa Monica in Kalifornien. Sein enormes Vermögen, das weitläufige Plantagen auf den Philippinen und beeindruckenden Immobilienbesitz in den USA umfaßt, wird heute von der Presidential Commission for Good Government (PCGG, Präsidentenkommission für gutes Regieren) im Zusammenhang mit den Bemühungen der Rückgewinnung der gestohlenen Milliarden gerichtlich angefordert. Cojuanco ließ nie mehr etwas von sich hören und denkt nicht an eine Kooperation mit der PCGG.

- *Roberto S. Benedicto,* heute 70 Jahre alt, war ein Studienkollege des jungen Ferdinand Marcos an der Rechtsschule der University of the Philippines. Als Marcos das Zuckermonopol einführte, wurde Benedicto Vorsitzender der Philippine Sugar Commission (Philsucom), an die alle Zuckerrohrpflanzer und Zuckermühlen des Landes ihr süßes Endprodukt zu verkaufen hatten. Die National Sugar Trading Corporation, offiziell ein Staatsbetrieb und zugleich Han-

Zuckermühle auf Negros

delsagent der Philsucom, stand auch unter Benedictos Kontrolle, obwohl er selbst Zuckerrohrplantagen, einige Zuckermühlen und das Frachtschiffunternehmen Northern Lines besaß, daß Zucker nach Japan transportierte.

Lange Jahre hindurch war er philippinischer Botschafter in Tokyo gewesen, während sein Imperium zu Hause immer größer wurde. Hauptanteile an zwei Banken, das größte Rundfunknetz des Landes (36 Radio- und fünf TV-Stationen) und die bis zum bitteren Ende marcostreue Tageszeitung »Daily Express« sind neben Anteilen in Bergbauunternehmungen die wichtigsten Stützen des Benedicto-Imperiums gewesen. Eine Zeitlang stand Benedicto auch der National Bank vor.

Roberto S. Benedicto ist mit der PCGG teilweise über eine Neuverteilung seines Vermögens übereingekommen. Er soll heute in London leben.

- *Antonio Floirendo,* langjähriger Freund des Ehepaares Marcos, hat dem jungen Ferdinand bei den Wahlkämpfen 1965 und 1969 großzügigst geholfen. Er begann als Autohändler in Davao, um später eine der größten Bananenplantagen des Landes zu besitzen, auf der er Häftlinge als billige Arbeitskräfte schuften ließ. Denn die Tagum Development Corporation, wie Floirendo seine Plantage nannte, lag auf gepachtetem Regierungsland, auf dem auch die »Strafkolonie Davao« lag.

Der »Banana King« aus dem tiefen Süden gab sich aber keineswegs nur damit zufrieden. Er besaß die riesige Zuckerraffinerie Sucrest in den USA, die als einzige die US-amerikanische Importquote für philippinischen Rohrzucker verarbeitet. Marcos half mit einer großzügigen Finanzierung beim Ankauf von Sucrest mit. Zwei Banken, ein Seefrachtunternehmen, eine Handelsfirma und eine Ölraffinerie rundeten das Floirendo-Imperium ab.

Floirendo war keineswegs der gierigste der Cronies. Dafür genoß er besonderes Vertrauen des Präsidentenpaares und begleitete Imelda stets auf ihren Auslandsreisen. Er beteiligte sich großzügig an der Finanzierung der imageträchtigen Großprojekte der First Lady. Die enge Verbundenheit erlaubte es Ferdinand und Meldy, ihre Ankäufe amerikanischer Immobilien oft genug unter Floirendos Namen zu erledigen. Floirendo hat sich inzwischen mit der PCGG über die Vermögensregelung geeinigt.

● *Herminio Disini* begann 1970 ganz klein. Nur mit einer Sekretärin und einem Boten in einem gemieteten Raum leitete er die Philippine Tobacco Filter Corporation (PTFC). Ein Drittel der Aktien gehörten dem schweizerischen Unternehmen Baumgartner Papier. Die Konkurrenz: Filtrona Philippines, ein US-amerikanisch und britisch kontrolliertes Unternehmen.

Einen Trumpf hatte der heute 51jährige Disini in Händen. Er hatte die direkte Cousine von Imelda Marcos, die Ärztin Inday Escolin, geheiratet. 1975 erließ Ferdinand Marcos ein Dekret, daß »den fairen Wettbewerb in der lokalen Zigarettenindustrie garantieren« sollte. Der Schritt kam nach einem vergeblichen Versuch Disinis, Filtrona aufzukaufen. Filtrona hatte laut Dekret von nun an 100 Prozent Abgabe für den Import der Rohmaterialien zu bezahlen, während PTFC weiterhin nur 10 Prozent zu zahlen brauchte. Nicht viel später gab Filtrona auf. Disini kontrollierte nunmehr 75 Prozent des Zigarettenfiltermarktes. Seine PTFC erwirtschaftete Ende der siebziger Jahre monatlich um eine Million US-Dollar Gewinn.

Daraus entstand in atemberaubender Geschwindigkeit eines der gewaltigsten Crony-Imperien, die Herdis-Gruppe, der um 1985 knapp 100 Unternehmen angehörten. Sie alle wurden von der Holdingfirma Herdis Management and Investment Corporation geleitet. Herdis Management half unter anderem auch der Westinghouse Electric Corporation in den USA bei der Zuteilung des Auftrages für das erste Atomkraftwerk auf den Philippinen.

Disini ist in Österreich untergeschlüpft. Er hat auch die österreichische Staatsbürgerschaft angenommen (dank einflußreicher

Freunde in der Alpenrepublik, mit denen er saftige Geschäfte in seiner Heimat abwickelte).

- *Benjamin »Kokoy« Romualdez,* der Bruder von Imelda Marcos, wartete nicht erst aufs Kriegsrecht, um sich zu bereichern. Seine Verwandtschaft mit der First Lady verhalf ihm schon in der zweiten Hälfte der sechziger Jahre zu einem stattlichen Vermögen. Als bevorzugter Schwager des Präsidenten nutzte Kokoy den Beginn des Kriegsrechts aus, um Besitzungen der traditionellen Oligarchenfamilien entweder für sich oder für seine Schwester und deren Clan zu sichern.

Heute 56 Jahre alt, war Benjamin Romualdez Botschafter in China, in den USA und in Saudi-Arabien. In der Blütezeit des Romualdez-Imperiums, an dem Imelda maßgeblich beteiligt war und das Kokoy leitete, gehörten 60 Prozent des gigantischen Bergbauunternehmens Benguet Corporation dazu. Luxushotels, Medien und Glückspielmonopole rundeten die Besitzungen ab. Die Stromgesellschaft Meralco, die Metro Manila mit Elektrizität beliefert, wurde von Romualdez kontrolliert, ebenso die große PCI-Bank und die Zeitung »Times Journal«.

Benjamin Romualdes, der sich bisher den Mitgliedern der PCGG entziehen konnte, soll in Boston in den USA leben.

Die USA: »Coke is it!«

»Ang Bayan« ist ein altes philippinisches Freiheitslied. Es wurde schon zu Zeiten der spanischen Kolonialherren gesungen und erlebte eine Renaissance unter Ferdinand Marcos. »Ang Bayan«, »Bayan Ko« - »Unser Land« - das war vor der »Revolution der Rosenkränze« im Februar 1986 musikalischer Protest gegen den Alleinherrscher Marcos und gegen die Schutzmacht USA, die den Diktator mit ihren Dollar so lange an der Macht hielt.

Den Vereinigten Staaten sind die Filipinos - »unsere kleinen braunen Brüder«, wie der erste zivile US-Gouverneur auf den Philippinen, William Howard Taft, sie paternalistisch nannte - in herzlicher Haßliebe zugetan.

Die Filipinos sind in Wirklichkeit heimliche Amerikaner. Sie hassen die USA und träumen vom amerikanischen Lebensstil, den ihnen Tausende von Hollywoodfilmen in den schönsten Farben geschildert haben. Sie schimpfen auf den US-Imperialismus und sehnen sich nach dem Beistand der Vereinigten Staaten, wenn es wieder einmal ganz schlecht um ihr Land steht.

Und die USA sind immer zur Stelle, wenn auf den Philippinen etwas Entscheidendes passiert. Als Benigno Aquino erschossen wurde, kurvten US-Flugzeuge über dem Tatort. Als Präsident Marcos noch zögerte, seinen Palast endgültig zu räumen, holten amerikanische Militärhubschrauber ihn samt Gefolge und mobilem Reichtum heraus und brachten ihn nach Hawaii - ein Finale beinahe nach Hollywoodmanier.

In ihrer ehemaligen Kolonie, die die Vereinigten Staaten um die Jahrhundertwende von Spanien übernommen hatten, um ihr erst 1946 die Unabhängigkeit zu geben, überläßt die westliche Führungsmacht möglichst wenig dem Zufall, erst recht nicht, wenn es um die Lenkung des Staates geht. Bei den Wahlen auf den Philippinen »wählt« auch der amerikanische Geheimdienst mit. Manche Kandidaten wurden bislang gewissermaßen von der US-Botschaft in Manila nominiert, wobei diese Form der Mitwirkung durchaus von beiden Seiten erwünscht war.

Philippinische Gewerkschafter, sofern sie nur antikommunistisch eingestellt waren, konnten mit beachtlichen Geldern aus den USA rechnen. Gegen Washington vermochte bislang noch kein philippinischer Präsident zu regieren, und das gilt auch für die Präsidentin Corazon Aquino.

Die Symbole amerikanischer Präsenz sind vielfältig: »Coke is it« steht auf vielen Transparenten mitten in der Landschaft. Englisch als zweite Amtssprache ist ein wichtiger Faktor. Aber vor allem auch die »noch längst nicht überwundene koloniale Mentalität«, von der der philippinische Dichter Sionil José spricht.

Die Einflußnahme durch die USA vollzieht sich etwas anders, als sie ursprünglich in dem am 30. August 1951 unterzeichneten Beistandspakt zwischen den Vereinigten Staaten und den Philippinen festgelegt wurde. Damals, sechs Jahre nach Beendigung des Pazifischen Krieges, galten – zumindest im Vertragstext – noch die Ideale der Gemeinsamkeit und der Partnerschaft.

Damals konnte noch »mit Stolz an die historischen Beziehungen« erinnert werden, an den »gemeinsamen Bund der Sympathie und der gleichen Ideale«, der es beiden Ländern ermöglicht habe, »Seite an Seite gegen imperialistische Aggression« zu kämpfen.

Der Aggressor im Pazifischen Krieg war bekanntlich Japan gewesen. Japan hatte die Philippinen im Dezember 1941 kurz nach dem Angriff auf Pearl Harbor im Blitzkrieg überfallen und die amerikanischen Kolonialherren samt den Soldaten von General Douglas MacArthur für zweieinhalb Jahre vertrieben.

Beim Abschluß des Beistandspaktes 1951 hatten die USA jedoch einen ganz anderen Gegner im Visier. Die im Vertrag bekräftigte Entschlossenheit beider Länder, sich »gegen jeden äußeren Angriff zu verteidigen«, richtete sich in der Frühphase des Kalten Krieges eindeutig gegen die Sowjetunion, zeitweise auch gegen China.

Die Zielrichtung des Beistandsabkommens hat sich bis auf den heutigen Tag nicht verändert. Im Gegenteil, sie wurde im Laufe der Nachkriegsjahre durch zusätzliche Abmachungen und Stützpunktvereinbarungen ergänzt und verschärft. 1983 etwa wurde ein weiterer Vertrag über die US-Stützpunkte auf den Philippinen vereinbart. Das laufende Abkommen gilt bis 1991, sichert Manila Nutzungsgebühren von insgesamt rund einer Milliarde Dollar und wird von der neuen Regierung respektiert, wie die Präsidentin Aquino mehrfach versichert hat.

Kaschierte der Wortlaut des Beistandsabkommens von 1951 wenigstens notdürftig die Großmachtabsichten der USA, so wurde später auf solche Verkleidungen kaum noch Wert gelegt. Der amerikanische Senator William Fulbright, viele Jahre Vorsitzender des einflußreichen Außenpolitischen Senatsausschusses, sprach aus, was ohnehin offenkundig war: »Wir sind nicht auf den Philippinen, um das Land zu schützen. Wir sind dort, um unsere eigenen Interessen zu verfolgen, nämlich die, einen vorgeschobenen Stützpunkt zu sichern . . .«

Als vorgeschobener Stützpunkt sind die Philippinen für die USA immer wichtiger geworden. Das Land verbindet den Pazifik mit dem Indischen Ozean. Es liegt am Knotenpunkt vitaler See- und Luftverbindungen und nimmt in der strategischen Planung der USA eine Schlüsselrolle ein. Je mehr sich die weltwirtschaftlichen Aktivitäten auf Ostasien und den Pazifik verlagern, desto weniger möchte die westliche Führungsmacht auf ihren Brückenkopf Philippinen verzichten.

Das Land selbst sowie seine Menschen sind zudem zu einem begehrlichen Ausbeutungsobjekt geworden. Eisenerz, Nickel, Gold, Kupfer, Öl, Rohhölzer – das günstige Klima bietet multinationalen Konzernen wie Del Monte und United Brands ein Dorado für ihre investierten Dollar.

Beides – die bevorzugte geographische Lage und der natürliche Reichtum – sind, so merkwürdig es klingen mag, den Philippinen zum Verhängnis geworden. »Ang Bayan Philippina«, »Unser Land, die Philppinen«, wurde zugrunde gerichtet, die Filipinos wurden an Seele und Leib geschunden.

Rückblickend gesehen ist das philippinisch-amerikanische Verhältnis eine Tragödie. In dem südostasiatischen Land herrschen lateinamerikanische Verhältnisse, von massenhafter Armut bis zum blutigen Bürgerkrieg. Daran hat die Präsidentin Aquino bislang noch nichts geändert. In Manila grenzen die Elendszonen, die Bordellbezirke und die schwerbewachten Wohngebiete der Reichen manchmal unmittelbar aneinander. Gerade in den Vergnügungszentren verdichtet sich, wie ein Autor es ausdrückte, der amerikanische Traum und die entwürdigende Armut zu einem grotesken Sinnbild der Gesellschaft.

Solche Amüsierlandschaften umgeben die US-Stützpunkte auf den Philippinen, vor allem die Marinebasis Subic Bay, 130 Kilometer westlich von Manila, und den Luftwaffenstützpunkt Clark Air Base, 80 Kilometer nördlich der Hauptstadt.

Vorgezogene Operationsbasis

Clark Air Base hieß ursprünglich »Fort Stotsenberg« und diente seit der Jahrhundertwende der amerikanischen Kavallerie als Außenposten. Weil die Pferde viel Auslauf brauchten, beanspruchte die Kolonialmacht ein riesiges Gelände. Clark gilt heute als die größte militärische Installation ihrer Art in Asien. Die US-Luftwaffe verfügt über eine Fläche von 5 000 Hektar, über einen Bombenabwurfplatz, auf dem Luftangriffe unter kriegsähnlichen Bedingungen erprobt werden, und über ein umfangreiches Kommunikationszentrum.

Auf der fast vier Kilometer langen Start- und Landebahn werden monatlich bis zu 12 000 Flugbewegungen abgewickelt, und zwar unabhängig von den Wetterbedingungen. Auf der Piste startet und landet alles, was die Air Force an Fluggerät zu bieten hat, einschließlich der strategischen B-52-Bomber sowie riesiger Tankflugzeuge, die Operationen bis Korea und den Nahen Osten unterstützen.

Phantom-Kampfflugzeuge auf Clark Air Base

Die 13. US-Luftflotte, die in Clark stationiert ist, deckt ein gewaltiges Gebiet ab. Es reicht von Hawaii im Osten, über Australien/Neuseeland im Süden, im Norden bis Korea/Japan und im Westen schließlich bis zum US-Stützpunkt Diego Garcia im Indischen Ozean – eine Region mit über einer Milliarde Menschen. Auf dem

Höhepunkt des Vietnam-Krieges konnten auf Clark Air Base bis zu 800 Flugzeuge gleichzeitig gewartet, repariert und für den Einsatz ausgerüstet werden.

Noch bedeutender als Clark ist für die Militärs jedoch Subic Bay, die größte Marinebasis außerhalb der USA und zugleich das Rückgrad der 7. US-Flotte. Subic Bay umfaßt einen Hafen, einen Flugzeuglandeplatz und ein riesiges unterirdisches Munitions-, Ersatzteil- und Treibstoffdepot. Zwei Drittel des gesamten Nachschubs für die im Pazifik und im Indischen Ozean operierende 7. Flotte werden über Subic Bay abgewickelt. Etwa 70 Kriegsschiffe legen monatlich dort an, darunter mit Polarisraketen bestückte Unterseeboote und Flugzeugträger. Offizielle Statistiken lassen den Schluß zu, daß alljährlich etwa zwei Millionen GIs Subic Bay und Clark Air Base passieren. Die jeweils angrenzenden Städte - Angeles City im Fall von Clark und Olongapo bei Subic Bay - sind die größten Vergnügungszentren außerhalb von Manila.

Olongapo - Po City

Sonntagvormittag in Olongapo. Mit dem Zeigefinger weist Amelia Gordon, die ehemalige Bürgermeisterin, auf die Bank vor ihrem herrschaftlichen Wohnhaus. »Hier«, sagt sie, »werden die ›Souvenir-Babies‹ manchmal nachts abgelegt.«

Die Oberlippe der alten Dame mit der schmalen Figur und dem gepflegten Äußeren bebt ein wenig bei ihrer Schilderung. Sie spricht von Neugeborenen, die von ihren zumeist amerikanischen Vätern und philippinischen Müttern nicht gewünscht und deshalb ausgesetzt werden, von Kindern ohne Namen und ohne Herkunft, »Souvenir-Babies« genannt. Sehen sie hübsch aus, kosten sie viel Geld auf dem Baby-Markt. Die Häßlichen sind schon für weniger zu haben, sofern sie überhaupt einer haben will.

Insgesamt 136 solcher Babies hat Amelia Gordon in den vergangenen Jahren adoptiert. Einige davon sind schon fast erwachsen. Sie alle tragen den Namen »Gordon«, der in Olongapo durchaus angesehen ist. Amelia Gordens Mann, der Ende der siebziger Jahre verstarb, war Bürgermeister der Stadt. Nach seinem Tod versah sie selber zeitweise den Posten, bis ihr Sohn Richard Gordon den Vorsitz der Ratsversammlung für einige Jahre übernahm. Seitdem widmet sie sich den elternlosen Kindern.

Wie Angeles City hat vor allem auch Olongapo eine traurige Berühmtheit unter US-Soldaten erlangt. Das einstige Fischerdorf entwickelte sich innerhalb weniger Jahrzehnte, vor allem in den

Amerikanischer Soldat mit Freudenmädchen in Angeles City

Jahren des Vietnam-Krieges, zu einer beliebten Anlaufstelle für kriegsmüde GIs. In »Po City«, wie die Soldaten es nennen, arbeiten Zehntausende von Frauen in Nachtclubs, Bars und Massagesalons und machen sich gegenseitig Konkurrenz.

Olongapo gilt unter den Marinesoldaten weltweit als der Platz, wo schon für wenig Geld alles zu haben ist: Eine Filipina für ein paar Stunden sowie sexuelle Extras, die anderswo nicht nur verboten sind, sondern auch bestraft werden. Ein GI, der um die Mittagszeit in einer Kneipe lungert, spricht aus Erfahrung: »Das hier ist Disneyland für Erwachsene. Was ich damit meine? Nun, das hier ist eine der wenigen Gegenden, die ich kenne, wo man für zehn Dollar alles bekommen kann, was man haben möchte.«

»What ever you want«, sagte der Soldat. Und es stimmt. Denn die Menschenmärkte der Philippinen sind unerschöpflich. Etwa 70 Prozent der 54 Millionen Einwohner leben unterhalb der Armutsgrenze. Die soziale Not ist wie eine Peitsche, die besonders die Filipinas zu allem treibt, was die weißen Herren wünschen.

In Olongapo wie in Manila gibt es Kinderprostitution. Die zwölfjährige Anita, »Baby« genannt, tritt allabendlich in einer Sex-Live-Show auf. Was wird sie tun, wenn sie erwachsen ist? »Ich möchte reich werden«, erwidert sie, »dann will ich ins Ausland reisen,um von der Armut hier wegzukommen.« Die Kleine lacht verlegen. So genau wisse sie es auch wieder nicht, wo sie eigentlich hin wolle, wahrscheinlich in die USA.

Kinderprostitution – so etwas gebe es nicht in Olongapo, dafür sorge schon ihr Sohn Richard, versichert Amelia Gordon. Notfalls werde hart durchgegriffen. Das hat der damalige Bürgermeister auch getan, allerdings nur, um einen besonders schlimmen Fall von Kinderprostitution zu vertuschen. Er ordnete in Absprache mit dem damaligen Kommandeur von Subic Bay, Admiral Richard Dunleavy, die Einlieferung von sieben elf- bis 15jährigen Mädchen in ein Hospital an und untersagte ihnen jeden Kontakt mit Außenstehenden.

Im Krankenhaus, wo die Mädchen auf verschiedene Geschlechtskrankheiten behandelt wurden, vertrauten sie sich dem irischen Geistlichen Shay Cullen an, der in Olongapo als Sozialarbeiter tätig war. Der Pater brachte den Skandal ans Tageslicht. Veröffentlichungen in Zeitungen und Recherchen ausländischer Medien führten zur Verhaftung und Verurteilung eines 40jährigen US-Offiziers. Wegen Vergewaltigung, Unzucht und Körperverletzung erhielt er eine einjährige Freiheitsstrafe.

Der Prozeß enthüllte, wie schutzlos nicht nur erwachsene Frauen, sondern sogar Kinder den Männern ausgeliefert sind. Die elfjährige Jenniver berichtete als Zeugin, sie habe keinen Peso besessen und sich deshalb dem Amerikaner angeboten. Die 13jährige Anita schilderte, ein Polizist habe sie vergewaltigt, bevor sie Prostituierte geworden sei. Mit wie vielen Männern sie schon Geschlechtsverkehr gehabt habe, wisse sie nicht mehr. Wann immer sie in Geldnöten sei, nehme sie Filipinos wie Amerikaner.

Armut, zerrüttete Familienverhältnisse, Vergewaltigung – die Wege, die zur Prostitution führen, gleichen sich. Für die erste Nacht mit einem Mädchen, das noch Jungfrau ist, zahlen die Soldaten zwischen 25 und 60 Dollar. Manchmal werden die Mädchen von Banden aus den verarmten Regionen des Landes, vor allem den Visayas, geholt, den Eltern für ein paar Peso abgekauft oder einfach mitgenommen, unter dem Vorwand, ihnen einen Job, eine gutbezahlte Arbeit zu verschaffen. Wenn die ahnungslosen Mädchen merken, worauf sie sich eingelassen haben, ist es schon zu spät. In Olongapo erwarten sie: Brutalität, Drogen, alle Formen von Geschlechtskrankheiten, neuerdings auch Aids.

Viele kommen allerdings auch aus eigenem Antrieb. Sie wollen Geld verdienen und schicken allmonatlich einen Teil davon an ihre Familien. Manche US-Soldaten knüpfen feste Beziehungen und heiraten gelegentlich eine Filipina.

Nach Angaben von Pater Cullen, der zusammen mit anderen Sozialarbeitern die Hintergründe des Sex-Business von Olongapo recherchiert hat, gehen diese Ehen jedoch selten gut. Frauen mit festen Beziehungen werden »steadies« (Ständige) genannt. Die anderen arbeiten überwiegend in den Bars. Pater Cullen: »In der Wirtschaft von Olongapo hat sich über die Jahre nichts entwickelt, mit einer Ausnahme, das ist die Sex-Industrie. Sie wird von Chinesen kontrolliert, die ihre investierten Dollar mit einem enormen Profit anlegen. Amerikaner und Australier betreiben die Bars. Weshalb? Da steckt Geld drin.«

Prostitution sei eigentlich verboten, berichtet der Geistliche. In den Bars und Nachtclubs sei jedoch alles erlaubt. Es gebe auch einen Extraservice für Homosexuelle. Das Drogengeschäft blüht. Marineeinheiten, die zum Beispiel aus Pakistan kommen, brächten den Nachschub. »Die können nicht jedes Flugzeug, jedes Schiff durchsuchen«, sagt Pater Cullen. »Nach meiner Überzeugung operiert innerhalb des Navy-Systems ein Syndikat.«

Die Veränderungen im gesellschaftlichen Gefüge sind gravierend. Cullen: »Das neue Vorbild ist der Marinesoldat. Er besitzt das Geld, die Drogen, die Stereoanlage, die Mädchen, den Macho-Status, das Image, das der Vater eines Heranwachsenden nicht hat. Also versuchen die Jugendlichen, wie die Marinesoldaten zu sein;

sie schließen sich der Marine an. Das ist wegen der Armut auf den Philippinen ein großes Statussymbol.«*

Mit dem Stigma der Käuflichkeit ist heute fast jede Filipina behaftet. Dieser Preis der Abhängigkeit von den USA hat Präsident Marcos während seiner 20jährigen Herrschaft nie interessiert, noch weniger seine verschwendungssüchtige Frau. Sie nannte sich bezeichnenderweise »Soldatin der Liebe und der Schönheit«.

Auch in Washington interessierte sich kaum jemand dafür, daß auf den Philippinen, ähnlich wie in anderen mit den USA verbündeten Entwicklungsländern, die amerikanischen Ideale von Freiheit und Gerechtigkeit mit den Füßen getreten wurden. Als Marcos 1982 Washington besuchte, hatte Präsident Ronald Reagan nur lobende Worte für ihn übrig: »Unsere gemeinsamen Bande sind bis heute stark geblieben ... Und Sie, Herr Präsident, sind wegen Ihrer Vernunft und Ihres Augenmaßes eine geachtete Stimme im internationalen Forum.«

* Zitate Cullen aus: Patricia Ann Paez, The Bases Factor – Realpolitik of RP-US Relations, Manila 1985, p. 172/173

Die Weltbank und der Internationale Währungsfonds: Kredite zu jeder Zeit

Die politischen und wirtschaftlichen Verhältnisse verstellen immer wieder den Blick für die Schönheit des Landes. Ein Archipel mit über 7 000 Inseln – das sind die Philippinen. Allein die Namen der großen Eilande klingen wie Musik: Luzon im Norden, Mindoro, Negros und Samar im Zentrum, Mindanao im Süden.

Fast alle diese Inseln sind von der Natur reich bedacht worden. Die tropische Vegetation erinnert an die Südsee: Palmen, Orchideen, Kokosbäume, Bananen, Brotfrucht. Es gibt Ebenen, in denen der Reis zwei- oder dreimal im Jahr wächst. Dazu Bodenschätze, von denen andere Länder nur träumen können. Voran Gold und Silber.

Vor allem in einigen südlichen Regionen lösen Goldadern immer wieder einen Goldrausch aus. Zehntausende graben sich in einen Berg, um mit Goldstaub oder gar einigen Klumpen des Edelmetalls das große Glück zu machen.

In dieser Landschaft wie anderswo auf den Philippinen auch stößt man auf ein Bild, das für ganz Südostasien noch typisch ist. Ein schwerer Wasserbüffel zieht langsam seine Bahnen durch ein Reisfeld oder grast friedlich am Rande eines Ackers, gehütet von einem Jungen, dem der Vater etwas Kostbares anvertraut hat. Die Mehrheit der philippinischen Kleinbauern bewirtschaften ihre Flächen noch mit dem Carabao, dem Wasserbüffel.

Der Carabao ist ein Überlebenssymbol. Ein Sprichwort lautet: Wenn ein Kind stirbt, dann weinen die Angehörigen. Stirbt der Carabao, verhungert die ganze Familie.

Daß auf den Philippinen überhaupt jemand hungert, ist bei dem Reichtum an Früchten und anderen Nahrungsmitteln, den die Natur bietet, schwer begreiflich. Aber es hungern viele, sehr viele sogar. Nach den Statistiken internationaler Organisationen leben 70 Prozent der Filipinos unterhalb der Armutsgrenze. Die meisten sind ohne Arbeit, ohne geregeltes Einkommen. Sie bringen sich und ihre Angehörigen gerade über die Runden. Den Filipinos geht es heute schlechter als den meisten anderen asiatischen Nationen.

Die Gründe für diesen Zustand liegen nicht nur bei Ferdinand Marcos. Sie liegen auch in der Geschichte des Landes, die bis in die Gegenwart reicht. Die vor 400 Jahren begonnene Kolonisierung dauert im Grunde noch an, auch wenn die Philippinen auf dem Papier ein eigenständiger Staat sind. Die Gründe liegen vor allem in der Tatsache, daß das Land nicht nur von Manila aus regiert wird, sondern gleichzeitig auch von einer anderen Macht.

Dieses Regiment braucht keine Soldaten und Polizisten, um seinen Willen durchzusetzen. Es arbeitet mit Schecks und Schriftsätzen, mit Memoranden und Expertisen. Gemeint sind die Weltbank und ihre Schwesterorganisation, der Internationale Währungsfonds (IWF) - zwei internationale Finanzinstitutionen mit Sitz in Washington, deren selbstgestellte Aufgabe es ist, Ländern wie den Philippinen wirtschaftlich auf die Beine zu helfen und Währungsprobleme zu lösen.

Tatsächlich hat vor allem die Weltbank in der jüngsten Geschichte der Philippinen eine ganz andere Rolle gespielt. Am 2. März 1981, als es längst zu spät war, beschrieb Teodore Valencia, Kolumnist der von Marcos kontrollierten Zeitung »Daily Express« und Chefpropagandist des damaligen Präsidenten, diese Rolle so: »Der Internationale Währungsfonds und die Weltbank bildeten die größten Hindernisse für unsere wirtschaftliche Entwicklung seit 1946... Der jüngste Vorschlag für einen 100-Millionen-Dollar-Kredit im Austausch für unseren rechten Arm liegt nicht in unserem Interesse. Die Schreibtisch-Ökonomisten der Weltbank und ihre philippinischen Partner werden uns noch zugrunde richten, wenn wir nicht aufpassen. Diese Kolonisation ohne Besatzungsmacht ist alles andere als angenehm.«

Nirgendwo sonst ist das Drama der Weltbank-Aktivitäten so eindrucksvoll dokumentiert worden wie in dem 1982 erschienenen Buch »Development Debacle: The World Bank in the Philippines«*. Die Autoren belegen anhand von zahlreichen bis dahin vertraulichen Dokumenten nicht weniger als dies:

- Daß die Weltbank als verlängerter Arm der amerikanischen Regierung, ihres Hauptfinanziers, sowie der Wirtschaftsinteressen großer Konzerne fungiert.

---

* Walden Bello, David Kinley and Elaine Elinson: Development Debacle: The World Bank in the Philippines, San Francisco 1982

- Daß die Weltbank tief in den Entscheidungsprozeß der philippinischen Regierung eingegriffen hat und noch immer eingreift und somit die Richtung der wirtschaftlichen Entwicklung diktiert.
- Daß die Weltbank ohne Rücksicht auf die Bedürfnisse der Filipinos Großprojekte wie den Bau von Autobahnen, Staudämmen und Kraftwerken initiiert und finanziert hat – Projekte, die für die Entwicklung nichts gebracht haben, statt dessen das Land jedoch noch auf Jahrzehnte hinaus verschulden.
- Daß die Weltbank mit dem auf Export fixierten Entwicklungsmodell die Not der Filipinos millionenfach vergrößert hat.
- Daß schließlich die Weltbank durch gezielte regionale Projekte an der Niederschlagung von Protest- und Aufstandsbewegungen mitwirkte.

Dieses alles geschah unter dem Vorwand, den Ärmsten der Armen helfen und die Ursachen von Not und Unterentwicklung beseitigen zu wollen. In Wirklichkeit ging die Weltbank eine feste Koalition mit dem Marcos-Regime ein und dirigierte es in eine Richtung, die den jeweiligen Interessen der USA dienlich war. Zum Beispiel wurde die Verhängung des Kriegsrechtes im Jahre 1972 ausdrücklich begrüßt und als Voraussetzung für eine wirtschaftliche Konsolidierung willkommen geheißen. Der Umfang der Kredite nahm danach erheblich zu.

Die Weltbank hatte auch nichts dagegen, daß hohe Militärs zu Unternehmern avancierten und wichtige Bereiche der Wirtschaft kontrollierten. In einem Memorandum wird festgehalten: »Militärkommandeure sind zum erstenmal in der jüngsten Geschichte der Philippinen zu einem integralen Bestandteil der Machtstruktur geworden, vor allem in den Provinzverwaltungen und durch ihren Einfluß in rechtlichen und administrativen Dingen.«

Die Autoren des Buches »Development Debacle« vergleichen die Weltbank-Operationen auf den Philippinen mit dem amerikanischen Vietnam-Desaster. In beiden Fällen trug Robert McNamara unmittelbare Verantwortung: einmal als Verteidigungsminister der USA, dann als Präsident der Weltbank. »Das Image paßt, denn die wirtschaftliche Aufrüstung der Philippinen und die militärische Aufrüstung Vietnams waren ›technische Vorgaben‹ für Gesellschaften, die durch tiefsitzende soziale Konflikte zerrissen waren. Ähnlich wie McNamaras Militärabenteuer in Vietnam gestaltete sich sein Entwicklungsexperiment auf den Philippinen nach demselben Muster künstlicher Siege, gefolgt von einem langanhaltenden Patt bis zum spektakulären Kollaps.«*

---

* Aus: Development Debacle, p. 41

Die Schlachten dieses Wirtschaftskrieges wurden in fast allen Teilen des Landes ausgetragen, in Manila wie in Nord-Luzon, auf Bataan wie auf Mindanao.

Beispiel Tondo: Slumsanierung

Tondo an einem Regentag zu besuchen heißt, Zeuge einer Dauerkatastrophe zu werden. Am Eingang der wildwuchernden Baracken- und Wellblechlandschaft in der Nähe des Hafens von Manila stehen noch Reste der Häuserfassaden, die anläßlich des Papst-Besuches im Frühjahr 1981 errichtet worden waren. Da Johannes Paul II. unbedingt einen Blick auf die Elendsquartiere werfen wollte, baute man nach Hollywoodmanier eine Kulisse, die das häßliche Tondo verdecken sollte.

Hinter der Fassade aus Sperrholz und Pappmaché beginnt ein Meer von Elend und Unrat, das den meisten Manila-Besuchern verschlossen bleibt. An Regentagen macht sich der Abfall, der sich sonst an den Wegrändern türmt, selbständig und verteilt sich zwischen den Barackensiedlungen. Die aus Wellblech, Abfallholz und Reklameschildern zusammengezimmerten Hütten bieten keinen Schutz vor dem tropischen Regen. Die Nässe schlägt durch viele Löcher und Ritzen in den wenige Quadratmeter großen Raum, den sich eine zehnköpfige Familie teilt.

Tondo gilt als größter Slum Asiens. Seine Bewohner kommen zum größten Teil vom Land. Es sind ehemalige Bauern und Fischer, die ihre Familie nicht mehr ernähren konnten, die sich von der Metropole Manila Arbeit und Brot erhofften.

Ein Drittel der Bewohner von Metro Manila lebt in Slums: Erwachsene, die keine Arbeit und kein geregeltes Einkommen haben, Kinder, die selten eine Schule besuchen und zum Teil durch Betteln den Lebensunterhalt ihrer Familie mit sichern helfen.

Die älteren Squatters wissen meistens noch, wie ein Acker bestellt, wie Reis gepflanzt und Kokos geerntet wird. Aber ihre Kinder kennen nur den Slum.

Der Kreislauf der Armut beginnt zumeist mit Krankheiten als Folge der dauernden Unterernährung. Bei Jugendlichen führt dies häufig zur Erblindung. Viele Erwachsene leiden unter Tuberkulose. Schon 1975 wurde festgestellt, daß die Kindersterblichkeit in Tondo mit 130 pro Tausend Lebendgeburten doppelt so hoch liegt wie im Landesdurchschnitt.

Wie in den Elendsgürteln indischer Städte haben auch in Tondo die Schwestern der Mutter Teresa einen Stützpunkt selbstloser

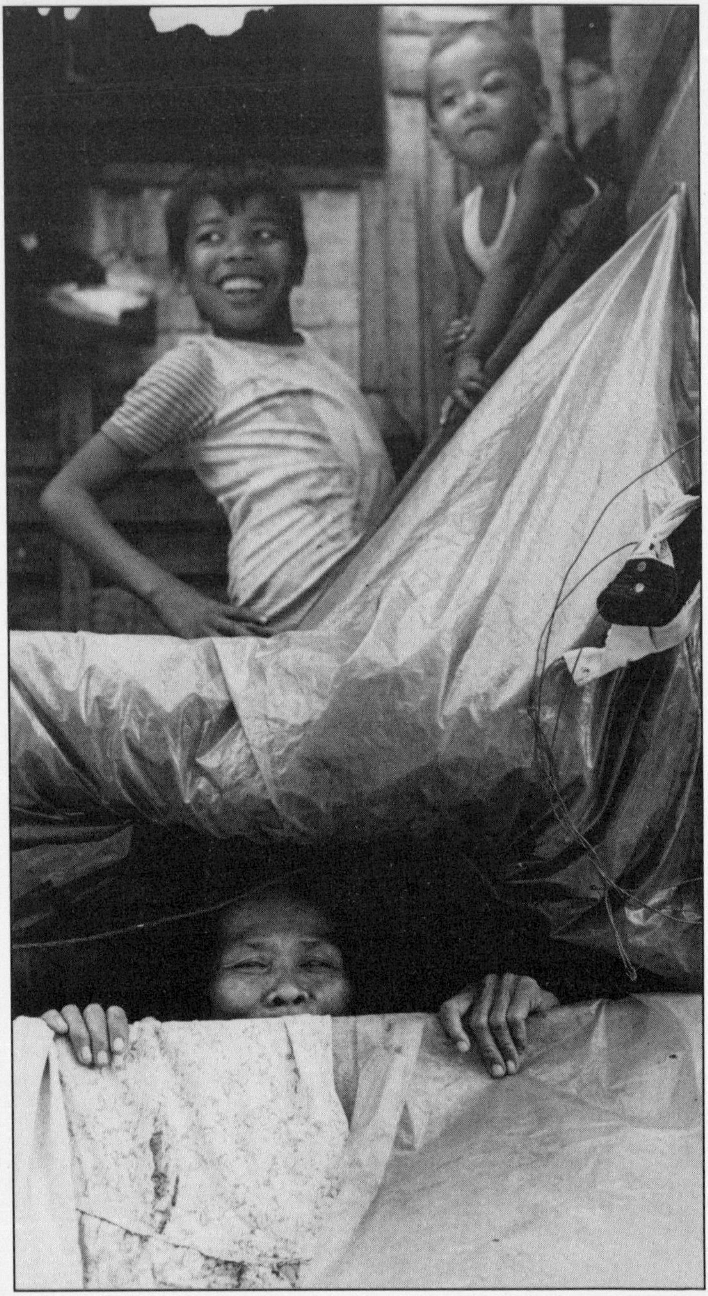

Hilfe aufgebaut. Soweit es geht, verschaffen sie mit Hilfe von Spenden Kindern eine Mahlzeit, organisieren Arbeit für Frauen und pflegen Schwerkranke.

Vor allem die überfüllte Krankenstation vermittelt einen beklemmenden Eindruck davon, was es heißt, im Slum zu leben: Hier liegen Krüppel, die am Straßenrand aufgelesen wurden, Tuberkulose-Kranke im letzten Stadium, Greise, die zu Skeletten abgemagert sind. Die meisten haben nicht mehr zu erwarten als einen ruhigen Platz zum Sterben.

Der Hamburger Arzt und Gynäkologe Hans Harald Bräutigam praktizierte im Frühsommer 1984 fünf Wochen lang in Tondo. Über diesen »Urlaub auf den Philippinen« schrieb er: »Die meisten unserer Patienten waren unterernährte Kinder, die weniger Medikamente als Milch benötigten. Die Unterernährung - Kwashiokor, in den Lehrbüchern der Tropenmedizin beschrieben - ist Krankheit und Tod eines Kindes, wenn das andere kommt: Weil die Mutter ihr Neugeborenes stillt, ist für das andere Kind Muttermilch nicht mehr vorhanden. Krankheit ist eine brutale biologische Familienplanung. Allzu häufig sterben dort Kinder an Infektionskrankheiten wie Masern, die ja für uns kaum noch eine Bedrohung sind. Die Erwachsenen haben Bronchitis und Asthma durch die unheimliche Luftverschmutzung, die dort herrscht.«*

In Tondo versuchen viele zu helfen. Sie tun das in selbstloser, bewunderungswürdiger Weise. Aber sie können die grundlegenden Probleme des Slums nicht lösen, die zugleich die Probleme der philippinischen Gesellschaft sind. Eine katholische Nonne, die in Tondo arbeitete, beschrieb sie mit einem einfachen Satz: »Der Reichtum ist auf den Philippinen zu ungerecht verteilt. Das ist die Wurzel des Übels, die Ursache für die massenhafte Verelendung.«

Mitte der siebziger Jahre machte sich die Weltbank in Washington daran, das Problem Tondo zu lösen. Für den Bezirk wurde ein Plan zur Slumsanierung entworfen, der mit einer Hafenerweiterung verbunden war. Auf einer künstlichen Landzunge sollte ein Containerterminal entstehen. Die damalige sozialliberale Bundesregierung in Bonn machte für das Vorhaben einen zinsgünstigen Kredit von 13,5 Millionen Mark locker. Der überwiegende Teil der Finanzierung lief über die Weltbank in Washington.

Das Projekt Tondo begann im Sommer 1976 damit, daß die philippinischen Behörden 4 500 Familien unmißverständlich aufforderten, ihre Behausungen zu verlassen. Sie müßten den neuen Hafenanlagen und dem geplanten Industriepark Platz machen. In

* Aus: Die Zeit, Nr. 23, 1. Juni 1984, S. 57

einem nahegelegenen Gebiet würden ihnen Unterkünfte zur Miete angeboten.

Vom Start an provozierten die Behörden durch ihr rücksichtsloses Vorgehen den Widerstand der Einwohner von Tondo. Sie sollten das Wenige, was sie besaßen - ein paar Quadratmeter zum Leben -, gegen etwas eintauschen, das keiner von ihnen bezahlen konnte. Abgesehen davon, daß die neuen Häuser noch gar nicht gebaut waren - die Miete dafür vermochten vielleicht Angehörige der dünnen Mittelschicht aufbringen, nicht aber die Bewohner von Tondo.

Ihr Widerstand gegen ein brutales Sanierungsprojekt, das letztlich in Form von Hafenanlagen und Industriegebiet einigen Großunternehmen zugute kommen würde, wurde bald weltweit publik. Die Bagger und Planierraupen mußten unverrichteter Dinge wieder abziehen. Die Planer bequemten sich endlich, mit den Betroffenen zu reden.

Die ausländischen Geldgeber, durch das rücksichtslose Vorgehen der örtlichen Behörden in eine schwierige Lage gebracht, boten weitere Geldmittel an. Von deutscher Seite wurde eine Studie über die Voraussetzungen für die Umsiedlung der Slumbewohner angefertigt. Schließlich stellte die Bundesregierung weitere zehn Millionen zur Verfügung, um den vom Hafenprojekt betroffenen Menschen einen neuen Start zu ermöglichen.

Die Mittel erreichten jedoch fast nie ihren eigentlichen Zweck, sondern versickerten in der korrupten Bürokratie. Die Kosten überstiegen sämtliche Voranschläge. Die Arbeiten verzögerten sich, und die Anführer des Widerstandes gegen diese »Sanierung« auf dem Rücken der Tondo-Einwohner wurden verhaftet, gefoltert und zum Schweigen gebracht. Das Tondo-Projekt scheiterte.

Auch wenn weder die Weltbank noch die deutsche Bundesregierung es eingestehen mochten - es ging nicht um die Menschen von Tondo, sondern um ganz andere Interessen - Interessen, die sich in den Prunkbauten von Manila manifestierten, den Luxushotels, dem Kongreßzentrum, den Kulturpalästen, den häßlichen Denkmälern einer Manie, die vor allem die Frau des Präsidenten, Imelda Marcos, befallen hatte.

Die Slumbewohner selbst bedachte die Präsidentenfrau, die zugleich Ministerin für Wohnungsbau war, entweder mit zynischen Äußerungen oder ließ sie einfach aus dem Blickfeld räumen: »Wir sind über unsere Menschen sehr glücklich«, sagte sie bei einer Gelegenheit. »Es bedarf so wenig, um uns glücklich zu machen. Die freundlich lächelnden Gesichter der Slumbewohner überraschen mich zum Beispiel immer wieder. An uns, denen es etwas besser

Kinder in Tondo

geht, liegt es, daß sie ihr Lächeln bewahren und daß sie Grund haben zu lächeln.«

Bei den Vorbereitungen der Miss-Universum-Parade im Jahre 1974 hatte der »eiserne Schmetterling« die Bulldozer losgeschickt, um die Unterkünfte von 100 000 Slumbewohnern niederzuwalzen. Gleiches widerfuhr 60 000 Squattern anläßlich der Konferenz von Weltbank und Internationalem Währungsfonds in Manila im Oktober 1976.

Aus dem Scheitern des Tondo-Projekts hätte die Weltbank eine Lehre ziehen können, und zwar, daß mit dem Marcos-Regime eine »Entwicklung«, das heißt eine Verbesserung der Lebensbedingungen der Menschen, nicht zu machen war. Aber das lag offenbar auch gar nicht in der Absicht der Geldgeber.

Beispiel Staudämme: Energie für wen?

»Welche Ironie, daß eine der am meisten entwickelten internationalen Finanzinstitutionen ihre schlimmste Niederlage von mittelalterlichen Stammeseinheiten in den Bergen von Nord-Luzon erhielt.« So steht es in dem Buch »Development Debacle«.

Auf einer Fläche von 3 400 Quadratkilometern im Gefolge des Chico-Flusses sollte ein gigantisches Wasserkraftwerk entstehen mit Hilfe von vier Staudämmen. Das gewaltige Projekt sah die Umsiedlung von 100 000 Menschen vor, vor allem Angehörige der Bantoc- und Kalinga-Stämme, die dort seit Jahrhunderten leben und jetzt das von ihren Vorfahren vererbte Land aufgeben sollten.

Noch mehr als im Fall Tondos hatten die Planer die Fähigkeiten der Filipinos zum Widerstand unterschätzt. Den Bantoc und Kalingas blieb gar keine andere Wahl, als sich zur Wehr zu setzen. Sie taten es schließlich mit Hilfe der Neuen Volksarmee (NPA), des bewaffneten Arms der Kommunistischen Partei.

Der Chico-Staudamm wurde auf den Philippinen wie im Ausland zum Inbegriff einer Wirtschaftsplanung, die auf Menschen wie auf die Natur keinerlei Rücksichten nimmt. Abgesehen von dem Abholzen der tropischen Regenwälder hat nichts die Landschaft der Philippinen so einschneidend verändert wie der Bau von Staudämmen. Insgesamt 450 Millionen Dollar hat die Weltbank in diesen Bereich investiert, das ist die Hälfte dessen, was sie überhaupt für die Entwicklung ländlicher Regionen ausgab. Das Geld kam acht großen Bewässerungsvorhaben zugute, darunter der Chico-Staudamm, das Magat-Staudamm-Projekt, ebenfalls in Nord-Luzon, sowie der Pantabangan-Staudamm in Zentral-Luzon.

Für den Chico-Fluß waren 50 Millionen Dollar eingeplant. Die Arbeiten begannen im Jahre 1976. Schon kurze Zeit später wurde aus der Baustelle ein Kampfgebiet. Die Regierung in Manila mußte immer mehr Truppen entsenden, um den Fortgang der Arbeiten sicherzustellen, so auch das berüchtigte 60. Polizeibataillon, das dafür bekannt war, daß es festgenommenen Widersachern den Kopf abschlug.

Unter anderen wollte der damalige Verteidigungsminister Juan Ponce Enrile mit seinen Geschäftsinteressen im Cagayan Valley von dem Chico-Projekt profitieren. Doch 1981 mußten Regierung und Weltbank einsehen, daß das Vorhaben nicht zu realisieren war. Wegen des anhaltenden Widerstandes wurde es stillschweigend aufgegeben. »Chico war nicht einfach nur ein örtlicher Sieg«, heißt es in »Development Debacle«, »Chico war für die Entwicklungsoffensive der Weltbank auf den Philippinen das, was das Tet-Desaster in Vietnam für die USA war.«

Der Magat-Staudamm, verbunden mit einem Wasserkraftwerk, zählte für das Marcos-Regime zu den wichtigsten Vorhaben. Mit einem großen Propagandaaufwand setzte sich der Präsident für die Verwirklichung ein. Als der erste Bauabschnitt fertiggestellt war, kamen Ferdinand und Imelda Marcos samt Gefolge mit Hubschraubern zur Einweihung eingeflogen. Es wurden Grußbotschaften ausgetauscht. Der Präsident versicherte, ab sofort könnten über

100 000 Hektar Land das ganze Jahr hindurch bewässert werden. Das Kraftwerk werde Strom für ganz Nord-Luzon liefern, »ganz abgesehen von den Möglichkeiten der privaten und industriellen Wasserversorgung, von Fischhaltung, Erholung und Tourismus«.

Verteidigungsminister Enrile erklärte, der Staudamm verkörpere die Vision des »New Filipino« und dessen anhaltende Entschlossenheit, das Entwicklungspotential der Nation voll auszuschöpfen.

Die Botschaft des Vizepräsidenten der Weltbank war besonders aufschlußreich: »Es ist mir ein großes Vergnügen, der Regierung und dem Volk der Philippinen anläßlich der Einweihung des Magat-Dammes zu gratulieren, für den die Weltbank einen 150-Millionen-Dollar-Kredit verlängert hat, um die entstandenen Währungsverluste auszugleichen. Der Magat-Damm, der das neunte von der Weltbank finanzierte Bewässerungsprojekt darstellt, ist einer der größten Dämme in Asien.« Über 350 000 Tonnen Reis könnten allein durch dieses Projekt im Jahr zusätzlich gewonnen werden, meinte der Vizepräsident.

Die Wirklichkeit sah jedoch ganz anders aus. Schon zum Zeitpunkt der Fertigstellung des Dammes war fraglich, ob jemals genügend Wasser zur Stromerzeugung zusammenkommen würde. Dennoch wurde das Kraftwerk gebaut. Die umgesiedelten Bauern fristeten bald ein Elendsdasein, entwurzelt und angewiesen auf die Unterstützung anderer.

Die Bauarbeiten am Kraftwerk selbst mußten oft wegen Überfälle der NPA unterbrochen werden. Die Guerilleros arbeiteten mit allen Tricks. Sie setzten Frauen ein, die sich mit den ausländischen Arbeitern einließen. Anschließend fehlte die Lohnkasse.

Auch deutsche Unternehmen waren am Magat-Projekt beteiligt. Ihre Ingenieure und Facharbeiter klagten nicht nur über die schwierigen Bedingungen vor Ort, sondern auch über das Ausmaß der Korruption. Auf jeder Ebene der Bürokratie müsse geschmiert werden, um eine Entscheidung beziehungsweise eine Unterschrift zu bekommen, erklärte einer der Projektleiter. Ein ganz gewöhnliches Papier trage manchmal bis zu 30 Unterschriften. »Jede Unterschrift bedeutet Geld, genauer Bestechungsgeld«, sagte der Ingenieur, »und zwar von unten ansteigend nach oben.«

Die Umsiedlungsaktionen im Zusammenhang mit dem Pantabangan-Staudamm beschreibt das Buch »Develepment Debacle« als eine soziale Katastrophe. Die Vorbereitungen dazu seien unzureichend gewesen, die neuen Landflächen zu klein, die Wasserversorgung mangelhaft und der Boden selbst durch Erosion ausgelaugt. Auch die von der Nationalen Bewässerungsbehörde zugesagten Jobs habe es nicht gegeben. »Die Häuser, die die Regierung bauen wollte, waren halbfertig, und hundert davon glitten als Folge der Bodenerosion den Berg hinunter. Die von der Regierung versprochenen Lebensmittelrationen kamen ganz unregelmäßig. Viele Angehörige dieser einst relativ selbständigen Gemeinschaft waren schließlich für ihr Überleben auf die milden Gaben privater Hilfsorganisationen angewiesen.«

Die umgesiedelten Bauern wußten, wie man Reis und Früchte im Tal anbaut. Der Wechsel in die Berge bedeutete eine totale Veränderung ihrer Lebensweise. In ihrer neuen Umgebung kämpften sie mit der Dürre. Von dem Damm, der sie vertrieben hatte, bekamen sie keinen Tropfen Wasser. Aber damit nicht genug: »Ein im Juli 1980 unterzeichneter Weltbank-Kredit soll dafür sorgen, daß die von Pantabangan umgesiedelten Leute noch einmal vertrieben und gezwungen werden, in noch größerer Höhe ein neues Leben zu beginnen. Diesmal geht ein von der Weltbank finanziertes Unternehmen zur Anpflanzung von Bäumen vonstatten. Der Grund: Die Anpflanzung soll die weitere Erosion der Abhänge verhindern und das allmähliche Verschlammen des miserabel geplanten Pantabangan-Dammes aufhalten. Also mit anderen Worten: Die Leute von Pantabangan sind Gefangene eines Prozesses, der von kurzsichtigen Technokraten in fernen Vorstandszimmern in Gang gesetzt wurde.«*

Beispiel Bataan: Der nutzlose Atommeiler

Kredite bekam das Marcos-Regime in Hülle und Fülle: Kredite von der Weltbank, Kredite direkt von ausländischen Regierungen, Kredite von privaten Handelsbanken – auch für ein Projekt, das zu den unsinnigsten der ganzen Marcos-Ära gehörte: das Atomkraftwerk auf der Halbinsel Bataan nordwestlich von Manila.

Errichtet wurde der Atommeiler vom US-Konzern Westinghouse. Westinghouse wirbt in Fernost und Südostasien, wo es den Kernkraftmarkt beherrscht, mit dem Slogan: »Wenn es von Westinghouse ist, dann können Sie sicher sein.« Beim Bataan-Projekt ging der Konzern ebenfalls auf Nummer Sicher. Um den Auftrag für den Reaktor zu bekommen, arbeitete das Unternehmen eng mit einem Marcos-Spezi namens Herminio Disini zusammen. Disini war in Finanzdingen die rechte Hand des Präsidenten und der First Lady. Für beide trat Disini weltweit als Strohmann auf und tätigte Geschäfte, die Ferdinand und Imelda Marcos direkt nicht

* Aus: Development Debacle, p. 87/88

abwickeln mochten. Dafür wurde er immer wieder reichlich belohnt. (Vgl. Seite 135)

Für den Atommeiler auf Bataan hatte der US-Konzern General Electric ebenfalls ein Angebot eingereicht. Rund 700 Millionen Dollar sollte der Reaktor kosten. Doch Westinghouse erhielt den Auftrag. Der Preis pro Reaktor: 1,1 Milliarden Dollar. Als Vermittlungsgebühr kassierte Disini vermutlich über fünf Millionen Dollar. Im Jahre 1976 begannen auf Bataan die Bauarbeiten, die übrigens zum Teil von Firmen der Herdis-Gruppe Disinis erledigt wurden. Zunächst lief alles einigermaßen nach Plan. Doch dann rief die Beinahe-Katastrophe im amerikanischen Reaktor Three Miles Island bei Harrisburg 1979 die philippinische Öffentlichkeit auf den Plan.

Präsident Marcos wurde gezwungen, eine Sicherheitsüberprüfung für den im Bau befindlichen Reaktor zu veranlassen. Das Ergebnis war niederschmetternd. Es stellte sich nämlich heraus, daß Westhinghouse den Philippinen eine Nukleartechnik verkauft hatte, die in den USA längst überaltert war und den internationalen Sicherheitsstandards nicht mehr entsprach. Außerdem erinnerten Experten daran, daß Bataan zu den vulkanreichsten Gebieten des Landes gehört und häufig von Erdbeben heimgesucht wird.

Westinghouse durfte schließlich für 400 Millionen Dollar moderne Technik und zusätzliche Sicherheitsvorkehrungen einbauen. Die Nachbesserungen stellten Fachleute jedoch nicht zufrieden. Eine Gruppe von amerikanischen Wissenschaftlern warnte im Herbst 1984 in einem Brief an Präsident Marcos dringend davor, den zu diesem Zeitpunkt fast fertiggestellten Reaktor in Betrieb zu nehmen. Der Atommeiler enthalte gravierende Risiken. Als Schwachpunkte wurden die Gasturbinen und der Druckbehälter aufgeführt.

Der Brief verstärkte nur noch den Protest der Filipinos gegen den »gefährlichsten weißen Elefanten«, wie sie den Atomreaktor nannten. Durch Demonstrationen am Baugelände waren die Arbeiten immer wieder unterbrochen worden. Am Ende kostete der Reaktor nicht 1,1 Milliarden Dollar, sondern das Doppelte.

Die Februarrevolution von 1986 lenkte das Augenmerk vorübergehend auf andere Ereignisse. Aber zu den Amtshandlungen in den ersten Monaten der Aquino-Regierung gehörte es, den »weißen Elefanten« auf Bataan endgültig schachmatt zu setzen. Das Atomkraftwerk wird nicht ans Netz gehen, obwohl die nuklearen Brennstäbe schon 1984 mit zwei Jumbo-Sondermaschinen aus den USA geliefert worden waren. Die Anlage soll auf ein herkömmliches Kraftwerk umgerüstet werden.

Beispiel Regenwald

Die Weltbank und andere internationale Kreditinstitutionen verfolgten auf den Philippinen vorrangig zwei Ziele: Das Land sollte auf den Export bestimmter Waren und Güter getrimmt werden, damit es Devisen ansammeln konnte, die wiederum für den Ankauf von Produkten der hochentwickelten Industrienationen verwendet werden sollten. Daneben sollte durch »Liberalisierung«, also durch den Abbau von Handelsbarrieren und das Öffnen des philippinischen Marktes, den multinationalen Unternehmen der Freiraum geschaffen werden, der es ihnen ermöglicht, über die menschlichen und anderen Ressourcen des Landes zu verfügen.

Zu den Ausfuhrartikeln der Philippinen gehören Textilien, Lederwaren, Computer- und Autoteile, verschiedene Rohstoffe, vor allem Holz.

Der Export von Holz in großen Mengen ist nur eine der willentlich herbeigeführten Katastrophen, die vom Marcos-Regime und vom Ausland gleichermaßen zu verantworten sind. Dieses nationale Unglück dauert noch an, aber es geht dem Ende entgegen, einem langsamen, sicheren Ende.

Wer mit dem Auto durch die Philippinen reist, begegnet den schweren Lastwagen fast überall. Die Fahrer dieser Lkws bugsieren ihre kostbare Fracht zumeist mit großer Umsicht aus den Wald- und Bergregionen bis zum nächsten Hafen. Die Ladung: jeweils zwei oder drei gewaltige Bäume - ein mächtiges, tonnenschweres Bündel, das von Ketten und Eisenstützen zusammengehalten wird.

Die Riesen aus dem tropischen Urwald, aus Teak, Mahagony oder Ebenholz, haben 200 oder 300 Jahre auf dem Stamm gestanden, bevor eine Motorsäge sie in weniger als zwei Stunden fällte. Den Sturz eines solchen Baumes ohne Betroffenheit mitzuerleben, ist eigentlich unmöglich.

Das Waldsterben auf den Philippinen geschieht laut und ungenierlich. Bevor die Arbeiter die Kettensägen ansetzen, wird die Fallrichtung genau bemessen. Dann dröhnt der Motor auf und zerreißt endgültig die Stille des Urwaldes. Der weiße Trennungsstrich zwischen Stamm und Wurzel geht immer tiefer, bis der Riese schließlich wankt und krachend zu Boden schlägt, die grüne Wildnis um sich herum mitbegrabend.

Für die meisten Filipinos sind Holzfällen und Holztransport alltägliche Bilder - auf Nord-Luzon, den zentralgelegenen Inseln wie auf Mindanao. Seit über zwei Jahrzehnten fressen sich die Kettensägen in den tropischen Regenwald. Und sie sind bereits ein gutes Stück vorangekommen. Ähnlich wie in anderen südostasiatischen

Ländern, etwa Indonesien und Thailand, wo der Waldbestand schon soweit vernichtet wurde, daß bestimmte Harthölzer eingeführt werden müssen, ist auch auf den Philippinen das Ende des immergrünen Monsunwaldes abzusehen.

Nur zehn Prozent der philippinischen Forstflächen blieben bislang von Säge und Axt verschont. Fachleute schätzen, daß zwei weitere Jahrzehnte ausreichen, den Raubbau an der Natur zu vollenden.

Hauptabnehmer der Rohhölzer ist Japan. Als die Regierung von Präsidentin Aquino sich im Frühjahr 1986 halbwegs eingerichtet hatte, mußte sie beispielsweise feststellen, in welchem Ausmaß japanische Firmen sich bedient hatten: Nach den amtlichen Zahlen der Philippinen waren im Zeitraum 1981 bis 1983 1,4 Millionen Kubikmeter Holz nach Japan ausgeführt worden. Die tatsächliche Menge lang jedoch fast doppelt so hoch.

Das fernöstliche Land besorgte sich seinen Nachschub vor allem auf illegale Weise, und zwar mit Hilfe der Cronies und der Militärs. Marcos selbst spielte dabei das perfideste Spiel. Er verhängte großmächtig Exportbegrenzungen und Ausfuhrverbote, bildete Kommissionen und Gremien, die diese Erlasse durchsetzen und kontrollieren sollten, und ermöglichte zugleich seinen Cronies, sämtliche Auflagen zu umgehen. Holzausfuhrunternehmen, die mit dem Marcos-Clan liiert waren, wurden für zwei Wochen aus dem Verkehr gezogen und operierten dann wie gehabt weiter.

Nahmen die Kontrolleure ihre Aufgabe wirklich ernst, begaben sie sich fast zwangsläufig in Lebensgefahr. Der Abgeordnete Roy Padilla erklärte beispielsweise: »Wenn für den traurigen Zustand unserer Wälder jemand anzuklagen ist, dann die Leute, zu deren Aufgabe es gehört, auf die Einhaltung der Gesetze zu achten, und zwar die Ordnungskräfte wie Polizei und Militär.«

Tatsächlich haben vor allem die Militärs vom Holzschmuggel profitiert. Die oppositionelle Zeitung »Malaya« schrieb am 16. Oktober 1985 von einer »Generals' Logging Corporation«, also vom »Rohholzunternehmen der Generäle«. Und ein Beamter des Büros für Forstentwicklung stellte im selben Jahr resignierend fest: »Wenn man in eine Pistolenmündung blickt, gilt in erster Linie das Prinzip der Selbsterhaltung und an zweiter Stelle erst das philippinische Waldgesetz.«

Habgier und Korruption sind die Hauptgründe dafür, daß die Wälder vernichtet werden. Wer über genügend Schmiergeld verfügt oder seinen Willen mit Gewalt durchsetzen kann, kommt an jede Fläche heran und hat keine Mühe, die Kontrollstellen der staatlichen Forstaufsicht zu passieren.

Aus der Luft wirken die vielen kahlgeschlagenen Flächen wie häßliche braune Flecken in einem ansonsten zum Teil noch grünen Teppich. Die Konsequenzen des Waldsterbens sind katastrophal: Bodenerosion, Überschwemmungen, letztlich Veränderungen des Klimas. Die Regenperioden bleiben aus und leiten den Übergang zur Versteppung und schließlich zur Ver-Wüstung der einst grünen Urwaldlandschaft ein.

Auf Mindanao sind die ersten Anzeichen dieser Entwicklung bereits offenkundig. Die mit einem gewaltigen Finanzaufwand der Weltbank geschaffenen Stauseen bekommen nicht mehr genügend Wasser, um die Turbinen der Kraftwerke zu bewegen. Der Kreislauf der Zerstörung schließt sich. Diese an den Bedürfnissen der Menschen vorbeigeplanten Mammutprojekte haben den finanziellen Ruin der Philippinen wesentlich mitverursacht. Die Vernichtung der Waldbestände blockiert jetzt auch noch die Nutzung der kostspieligen Anlagen.

Damit ist das Drama jedoch noch nicht restlos beschrieben. Mit den tropischen Regen- und Feuchtwäldern verschwindet - auf den Philippinen wie anderswo - das artenreichste und komplexeste Ökosystem der Erde. Künftige Generationen werden damit um Ernährungs- und Gestaltungsmöglichkeiten betrogen, die für das Überleben der Menschheit wichtig sein könnten.

Die Zahl der Pflanzen und Lebewesen in diesen Wäldern ist so groß, daß die Wissenschaftler wahrscheinlich noch Jahrzehnte brauchen, um sie allesamt zu erforschen und zu benennen. Vermutlich kommen sie zu spät: Die Wunder der Natur in diesen tropischen Regenwäldern werden zerstört sein, noch bevor sie entdeckt wurden.

»Das ist eine Selbstmord-Strategie«

Der amerikanische Autor und Aktivist Walden Bello über das Engagement der Weltbank und der USA auf den Philippinen – Auszüge aus einem Interview, das am 4. Mai 1987 geführt wurde.

Die Rolle der Weltbank:

»Die Weltbank spielt heute noch die gleiche Rolle wie 1982, als unser Buch ›Development Debacle‹ erschien. Das Hauptrezept für die Philippinen war ein Entwicklungsmodell, das Wachstum durch Export sichern sollte. Diese Theorie geht bekanntlich von einem Binnenmarkt aus, der selber so schwach ist, daß er nur durch Ausfuhren belebt werden kann, vor allem durch arbeitsintensive Exportbranchen.

Die Weltbank verfolgt noch genau diese Strategie. Sie versucht, eine am Binnenmarkt orientierte Wirtschaftspolitik zu sabotieren und gleichzeitig protektionistische Barrieren der philippinischen Wirtschaft abzubauen. Und das zu einer Zeit, in der überall auf der Welt, in Japan, in Westeuropa und in den USA der Protektionismus, auch gegen philippinische Waren, zunimmt. Das ist eine Selbstmord-Strategie. Denn die Weltbank ist zu einem Großteil verantwortlich für das Scheitern der Wirtschaftspolitik unter Marcos. Und sie verschreibt noch immer die alten Rezepte.«

Technokraten an den Schaltstellen:

»Die Technokraten sitzen noch immer an den Schaltstellen der Macht in Manila. Ein paar der Top-Bürokraten mögen ausgewechselt worden sein, aber viele in den oberen und mittleren Etagen der Administration sind noch da. Sie arbeiten wie bisher mit der Weltbank zusammen. Finanzminister Jaime Ongpin zum Beispiel tritt entschieden für ein am ausländischen Kapital orientiertes Wachstum ein. Die philippinische Regierung bemüht sich insgesamt darum, ein für ausländische Investoren freundliches Klima zu schaffen. Die Wirtschaftspolitik der Aquino-Regierung hat sich gegenüber der Marcos-Ära nicht verändert. Ich rechne auch nicht damit, daß sie sich in Zukunft ändern wird.«

Exportprodukte der Philippinen:

»Die Philippinen exportieren Textilen, Teile für elektronische Anlagen, Handtaschen, Schuhe, Ananas, Kokosnuß, Olivenöl, Zucker, Hölzer. Die Ausfuhr von Zucker bringt nicht viel ein, da der Markt seit Jahren daniederliegt. Auch sonst ist die Basis dieser Ausfuhrpalette unsicher. Der Erlös der Exporte wird zu einem erheblichen Teil zur Finanzierung der Schulden verwendet. Das heißt, die großen internationalen Banken kassieren die Summen, die eigentlich dem Binnenmarkt zugute kommen sollten.«

Das Schuldenproblem:

»Die Philippinen werden meiner Meinung nach niemals in der Lage sein, den Berg von Schulden zu bezahlen. Die Aquino-Regierung steht vor ernsten Entscheidungen. Sie hat nur wenige Möglichkeiten, dem Problem zu begegnen:

Erstens: Sie kann die Wirtschaft so dirigieren, daß wenigstens ein Teil des Schuldenbergs abgetragen wird. Ganz wird das jedoch nie gelingen.

Zweitens: Sie kann radikale Maßnahmen treffen, den Devisenverkehr beschränken und fünf oder zehn Prozent des Exporterlöses für den Schuldendienst abzweigen, ähnlich wie Peru es getan hat.

Drittens: Die Regierung kann sich auch dem Schuldenkartell anderer Länder wie Argentinien und Brasilien anschließen, den Forderungen der großen Banken entgegentreten und ganz neue Bedingungen für die Rückzahlung der Verbindlichkeiten verlangen.

Pro Jahr geben die Philippinen rund 2,5 Milliarden Dollar allein für Zinsen aus. Das Land braucht dieses Geld dringend. Es wäre besser, auf die gesamte Entwicklungshilfe des Auslandes zu verzichten und dafür diese Summe zu behalten. Aber Manila exportiert Kapital. Der Kapitalexport der letzten Jahre glich einem Blutsturz. Diese Auszehrung dauert an.«

Protektionismus als Schutz:

»Die Wirtschaft der Philippinen muß langfristig in Gang kommen. Es geht nicht um kurzfristige, vom Weltmarkt abhängige Impulse. Der Binnenmarkt muß zum Zentrum des Wachstums gemacht werden. Dazu sind verschiedene Schritte notwendig. Zunächst gehört der Grund und Boden neu aufgeteilt. Man schafft viele Besitzer von Parzellen und mittleren Landflächen, stoppt den Verelendungsprozeß auf dem Land und sorgt dafür, daß die Landbevölkerung ihr Auskommen hat. Diese wiederum kann als Markt für den Aufbau einer Industrie dienen.

Wichtig ist, die neuen Betriebe gerade im Anfangsstadium durch hohe Tarifbarrieren zu schützen. Das heißt nicht, daß diese Firmen auf alle Zeiten hinaus unter einem protektionistischen Dach existieren sollen. Aber zum Aufbau gehört ein protektionistischer Plan, damit die Unternehmen sich am Markt einrichten, überleben und sich entwickeln können.

Wenn diese Industrien mit einem gesunden Binnenmarkt gekoppelt sind, haben sie eine Chance. Eine Schlüsselrolle kommt also der Landreform zu. Und natürlich muß das Schuldenproblem geklärt sein.«

Wirtschaftsdemokratie:

»Nicht nur in der Politik, sondern auch in der Wirtschaft müssen die Entscheidungsprozesse demokratisiert werden. Technokraten und sogenannte Wirtschaftsexperten haben die Philippinen lange genug beherrscht, Entscheidungen monopolisiert und das Land manipuliert.

Kommunen, Fabriken, Geschäftszentren, Arbeitergruppen sollten in den Prozeß der Wirtschaftsentwicklung eingebunden werden und mitbestimmen dürfen.

Nach meiner Überzeugung wird es letztlich Wachstum nur dann geben, wenn Beschlüsse demokratisch zustande kommen, wenn sie an der Basis gefaßt werden. Menschen, denen Verantwortung übertragen wird, handeln auch verantwortlich.

Was unter Marcos problematisch war und heute noch immer problematisch ist, das ist die Tatsache, daß einige Technokraten glauben, sie wüßten besser Bescheid als alle anderen und könnten für den Rest des Landes die ökonomische Richtung bestimmen. Sie sind damit gescheitert. Sie haben die Philippinen unter Anleitung des Währungsfonds und der Weltbank zerstört. Was ich sagen will, ist dies: Die eigentliche ökonomische Weisheit liegt an der Basis. Dort sollten die Entscheidungen fallen.«

Großprojekte:

»Zum Glück sind viele unter Marcos geplante Großprojekte wie der Bau von Staudämmen oder riesigen Fabrikanlagen gescheitert. Letztlich waren Marcos und die Weltbank nicht sonderlich erfolgreich. Einige der durchgeführten Vorhaben, etwa im Agrarbereich, kamen den Großgrundbesitzern zugute. Wenn überhaupt, dann profitierten die, die ohnehin schon reich waren. Bei vielen Projekten war Korruption mit im Spiel, etwa bei der Vertragsvergabe. Dieses Geld wanderte in die Taschen derer, die mit Marcos liiert waren.

Ich suche noch immer nach einem Weltbank-Projekt, von dem man sagen kann, es kam unmittelbar den armen Leuten zugute. Ich habe keins gefunden. Es gibt solche Vorhaben nicht auf den Philippinen, auch nicht unter den Projekten, die neu in Angriff genommen werden.«

Die Rolle der USA:

»Politisch wie ökonomisch verfügen die USA über einen gewaltigen Einfluß. Sie drängen die Aquino-Regierung, dem am freien Markt ausgerichteten Entwicklungsmodell zu folgen. Sie drängen die Präsidentin zu einer härteren Gangart gegen die Neue Volksarmee, gegen die Linke überhaupt. Washington unterhält enge Kontakte zu Frau Aquino. Die Reagan-Administration gehört zu den wichtigsten Säulen ihrer Regierung. Es würde mich nicht überraschen, wenn die USA ihre Stützpunkte über das Jahr 1991 hinaus behalten würden, wenn alles so bliebe, wie es ist.«

Das Krisenkataster der Philippinen

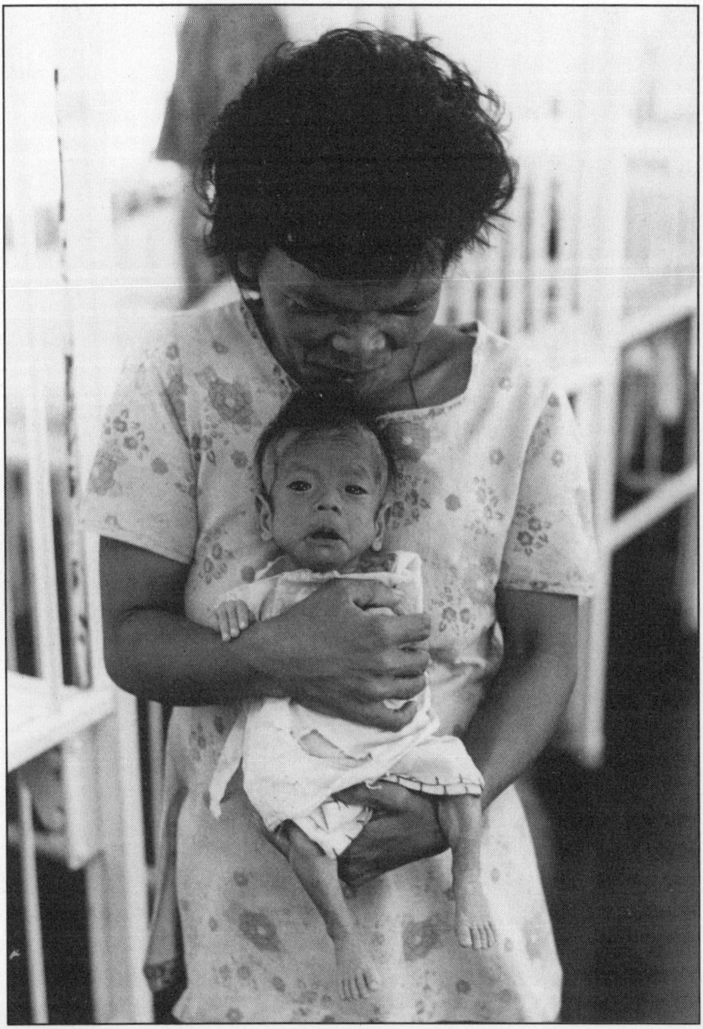

Reisterrassen und ein Dorf in den Kordilleren

Kordilleren: Berge ohne Hoffnung

Ein brennender Kienspan und das Feuer in der Herdstätte spenden das wenige Licht, das den kleinen Raum im Untergeschoß der Bauernhütte vor dem Abendessen erhellt. Vier Kasamas (kurz Ka, Genosse) reiben sich die Hände warm, denn in knapp 2 000 Meter Höhe ist es auch auf den tropischen Philippinen Anfang Februar ziemlich kühl.

Draußen verschwinden die Reisterrassen unter dem Dorf Sagada in der Dämmerung. Nebelschwaden, die von den nahen Gipfeln des Kordilleren-Gebirges kommen, gleiten langsam talwärts.

»Hier oben kannst du unser Land besser überblicken. Es wurde von der Regierung beschlagnahmt, ausgebeutet und ruiniert«, sagt Ka Bingos mit fast pathetischem Ton, als er aus der Hütte blickt und dem Besucher mit einer großartigen Geste die Weite der Kordilleren zu vermitteln sucht.

Wie seine Kampfgefährten, wie die Bauern im kleinen Barrio, in dem die Hütte steht, ist er stolz, ein Angehöriger des Bontoc-Stammes zu sein, und zugleich traurig und wütend über das, was die Regierung der Philippinen aus diesem reichen Land gemacht hat. Ginge es nach dem 40 Jahre alten Ka Bingos und anderen Genossen der 1971 formierten CPDF (Cordillera Peoples Democratic Front), deren Vorsitzender Bingos ist, dann müßte sich das katastrophale Schicksal der Kordilleren-Völker bald ändern. Als Mitglieder der sogenannten Igorot (»Bergmenschen«, Sammelbegriff für die sieben Hauptstämme in den Kordilleren) haben sie sich bereits vor Jahren dem kommunistischen Untergrund angeschlossen.

Die CPDF stellt ihre eigenen Krieger (heute etwa 900), die von der landesweit operierenden NPA der KPP zwar organisatorisch getrennt sind, jedoch eng mit ihr kooperieren und Angriffe gemeinsam planen und ausführen. Für die Koordination im nationalen Kampf sorgt die Mitgliedschaft in der Nationaldemokratischen Front (NDF).

Der Kampf, den die CPDF seit 1971 im dem weitläufigen Gebiet der Kordilleren mit ihren sechs Provinzen aufgenommen hat, gilt ähnlichen Feinden, die die Igorot-Stämme seit der spanischen Kolonialzeit befehdet haben. Gegen Ende des vergangenen Jahrhunderts, als die USA das Kolonialregime Spanien über die Philippinen ablösten, wurde eine scharfe Trennungslinie zwischen den »Wilden« in den Bergen und der »zivilisierten«, weil zum Christentum bekehrten Bevölkerung in den Ebenen und städtischen Zentren gezogen.

1902 erließen die Amerikaner den sogenannten »Public Land Act«, der aus allem nicht offiziell deklarierten Grundbesitz öffentliches Land in Händen der Regierung machte. 1927 folgte ein Dekret, das 82 Prozent der Kordilleren als »Waldreserven« der wirtschaftlichen Nutzung durch Holz- und Bergwerksunternehmen freigab. Diese Bestimmung ist immer noch gültig.

»Das Land unserer Ahnen gehört folglich schon lange nicht mehr uns, auch nicht die Reisterrassen, die wir seit Jahrhunderten bewirtschaften«, sagt Hausherr und »Lakaii« (alter Meister) Ka Jeremy, der gerade nachsieht, ob der Reis im hängenden Topf über dem Feuer schon gar ist. Aus seinem Gürtel blitzt der Knauf einer Pistole im roten Schein.

Präsident Marcos machte sich das an Bodenschätzen und Hölzern reiche Gebirge zunutze, um die ökonomische Entwicklung voranzutreiben, was zur weiteren Verelendung der Stämme führte. Im Präsidialdekret 705 erklärte er alles Land mit mehr als 18 Grad Steigung zu Regierungsbesitz. »Das sind natürlich fast die gesamten Kordilleren«, erklärt Ka Bingos.

Marcos' Cronies begaben sich rasch an die Arbeit. Heute graben elf große Bergwerksunternehmen, zum Teil mit internationaler Beteiligung, in den Bergen nach Bodenschätzen. 25 Holzunternehmen haben bereits einen Großteil der Waldbestände geschlagen, ohne nachzupflanzen. Die Folge sind Erdrutsche, die die Hänge wie Pockennarben übersäen, in der Regenzeit die Verkehrsverbindungen verschütten und ganze Regionen oft für Wochen von der Außenwelt abschneiden.

An Entschädigung oder Rücksicht auf die Bewohner, die mit ihren sieben Stämmen immerhin über eine Million Filipinos ausmachen, hat bis heute noch keine Regierung gedacht.

In den siebziger Jahren propagierte Präsident Marcos das Großprojekt von vier Staudämmen entlang dem Chico-Fluß. Es scheiterte am Widerstand der Einwohner und an den Protesten des Auslandes. Ganze Täler wären unter den Fluten des Rückstaus verschwunden. Die Stämme der Bontoc und Kalinga-Apayao hätten das Land ihrer Ahnen verloren. An die 40 000 Menschen wären umgesiedelt worden, von der Zerstörung der Reisfelder ganz zu schweigen.

»Das Ergebnis der schamlosen Regierungspolitik erkennt man an der totalen Verarmung. Wir waren einst Selbstversorger. Heute sind wir nur noch ohnmächtige Sklaven, die zudem der ökonomischen Verwertung der Region im Weg stehen!« meint Roberto, stellvertretender Bürgermeister des knapp 3 000 Einwohner großen Sagada, mit bitterem Unterton.

Die Jugend wandert in die Städte ab und vergrößert dort die Slums. Bis zu 40 Prozent der Igorot-Bevölkerung ziehen in den Monaten zwischen den Ernten in die Täler, um als Tagelöhner ein paar Peso zu verdienen. Tausende arbeiten in den Bergwerken unter unmenschlichen Bedingungen: 30 bis 35 Peso bekommt ein Minenarbeiter für eine Schicht (acht Stunden). Bei Unfällen darf eine lumpige Entschädigung - und das Entlassungsschreiben - erwartet werden.

»Man hat uns schon vieles versprochen«

In der ganzen Region gibt es lediglich drei öffentliche Krankenhäuser. Ein einfacher Kaiserschnitt kostet dort bereits 10 000 Peso. Das entspricht einem zehnmonatigen Familieneinkommen.

Die Handarbeit für Touristen, die aus aller Welt zur Besichtigung der Reisterrassen kommen, bringt nur wenig ein. Das weiß Alan, der mit 32 Jahren kaum mehr gehen kann, aus täglicher Erfahrung. Eine riesige Narbe zieht sich über seinen gebeugten Rücken. Vor acht Jahren war er in einem der Bergwerke der Nachbarprovinz Benguet vom Gerüst gefallen und hatte sich die Wirbelsäule angebrochen. »Nach einem Jahr Verhandlungen bekam ich 12 000 Peso Entschädigung. Das ist nicht viel, wenn man sich kaum mehr bewegen und nicht mehr arbeiten kann«, sagt er. Täglich zieht er in Sagada und in Bontoc im Chico-Tal mühsam von Haus zu Haus, die kunstvoll geflochtenen Korbwaren der Familien zu flicken oder neue zu basteln. »Gott sei Dank gibt's auch immer wieder Touristen, die was kaufen«, sagt er.

Für die Schaulustigen posieren Anhänger des Ifugao-Stammes für ein paar Peso in ihren zerfetzten Trachten. Auf der Straße nach Sagada hütet eine Frau Schweine in einer Bauruine aus Beton, aus

Alte Frau des Ifugao-Stammes

der einst ein luxuriöses Hotel werden sollte. Der Besitzer hat sich schon längst ins Ausland abgesetzt. Er war ein enger Freund von Ferdinand Marcos und zugleich Gouverneur der Mountain Province.

Bei der Rückkehr von Bontoc nach Banaue stoppen ein paar junge Männer den gemieteten Jeepney und wollen mitfahren. In riesigen Bündeln führen sie aus hartem Tropenholz geschnitzte Löwen und Adler mit sich (zum Teil einen guten halben Meter hoch). Sie wollen die Stücke in Banaue an Händler aus Manila verkaufen. Ganze zehn Peso bekommen sie für ein Ungetüm. In Manila werden sie schön lackiert und für 1 500 bis 2 000 Peso angeboten.

»Man hat uns in den vergangenen Jahren schon so vieles versprochen, und geschehen ist bis heute nichts«, sagt Ka Bingos, der sich inzwischen über seinen Teller Reis mit einer Sardine aus einer Dose gemacht hat.

Selbst ein Polizist in Bontoc, in seiner frisch gebügelten Uniform stolzer Vertreter der Staatsgewalt, mißtraut allem, was in Manila in Sachen Kordilleren entschieden wird: »Der neue Provinzgouverneur macht es genauso wie sein Vorgänger unter dem alten Regime. Jede Baufirma, die ihre Dienste zur Verbesserung der (tatsächlich katastrophalen) Straßen anbietet, muß zunächst einmal kräftig an ihn zahlen, bevor sie sich einen Auftrag holen kann«, weiß er zu berichten. Deshalb glauben Bingos, Jeremy und die anderen in der Hütte auch nicht an die Worte der neuen Regierung.

Im neugewählten Kongreß soll in Zukunft über eine autonome Provinz der Kordilleren entschieden werden. Ein entsprechendes Dekret wurde von Präsidentin Aquino im Juli 1987 erlassen. »Was sollen wir schon vom Kongreß erwarten? Da sitzen ja doch wieder die gleichen der Regierung und den großen internationalen Wirtschaftsinteressen verbundenen ›Volksvertreter‹ zusammen. Und die werden sich einen Teufel um die wahren Probleme der Kordilleren-Völker scheren«, prophezeiht Ka Jeremy.

Nicht nur die Kasamas der CPDF und NPA teilen diese Meinung, fast alle Bontocs, Ifugaos, Kalingas, Kankanais und anderen Stämme vertrauen den neuen Versprechungen aus Manila ebensowenig, wie sie Marcos und seinen Leuten geglaubt haben.

Conrado Balweg

Kein Wunder, daß der Widerstand bei den traditionell kriegerischen und freiheitsliebenden Igorots schnell Wurzeln schlagen konnte. Bis zum April 1986 führte der Ex-Priester Conrado Balweg, selbst ein Igorot, die NPA der Kordilleren an. Doch bereits 1983 hegte die nationale Führung der NDF/KPP Zweifel am »selbstherrlichen Stil Balwegs«, wie Bingos erzählt.

Als Balweg im Frühjahr 1986 in den Bergen ein langes Fernsehinterview gab, hatte seine Stunde geschlagen: Samt seinen Kämpfern wurde er aus der NPA/KPP ausgeschlossen. Der Ex-Priester rächte sich auf seine Weise. Kurz darauf formierte er die »Cordillera Peoples Liberation Army« (CPLA) und schloß im Herbst 1986 einen Waffenstillstand mit den Regierungstruppen.

Seither wird Balweg von der neuen Regierung äußerst bevorzugt behandelt. Im September 1986 vereinbarte er ein separates Friedensabkommen mit Manila, das die Einwohner der Kordilleren in eine fatale Abhängigkeit bringt. Balwegs CPLA ist inzwischen de facto in die Armee eingegliedert worden, wo die gut 100 Mann starke Einheit für den Guerillakampf gegen ihre eigenen Leute trainiert wird. Das nennt sich »Counterinsurgency« und geht Hand in Hand mit einer bereits unter Marcos begonnenen und unter Aquino zielstrebig fortgeführten Militarisierung des Gebiets.

Für die Einwohner der Kordilleren ist alles nur noch schlimmer geworden. Ihnen bleiben Armut und Unterentwicklung, eine zerstörte Infrastruktur und die Großunternehmen, die die Reichtümer dieser schönen Gebirgsregion kassieren.

Elendsgürtel: »Give me a peso, Sir!«

Der uniformierte Boy stürzt zur messingbeschlagenen Eingangstür und schiebt sie schwungvoll auf. »Good morning, Saar!« sprudelt es aus ihm heraus, während er dienstbeflissen seinen Kopf mit der runden Kappe beugt.

Das Manila-Hotel legt noch Wert auf die koloniale Tradition. Mit Tropenhölzern ausgelegte Empfangsräume, eine Rezeptionshalle, die in ihrer Höhe und Breite einer Kathedrale mit dunkelroten Plüschsesseln gleicht, Swimmingpool und zahllose Bedienstete, so daß sich jeder wie ein Maharadscha vorkommen darf – all das und manches mehr bietet dieses feinste Hotel der Stadt.

Das Manila-Hotel ist nur zehn Taximinuten vom Inferno entfernt. »Where do you go?« fragt der Fahrer. »Smoky Mountain, please«, lautet die Antwort, die den jungen Filipino in seiner rostigen Kiste aufhorchen läßt. Ein Zucken mit den Schultern, und es geht entlang der Küstenstraße in Richtung Norden, keine sechs Kilometer weit.

Die Silhouette des Manila-Hotels weicht trostlosen und offensichtlich stillgelegten Industrien, rostenden Kaianlagen samt Kränen. Wenig später beginnt zur rechten Seite jene Mondlandschaft aus Müll, die in Manila »Smoky Mountain«, der rauchende Berg, genannt wird.

Die größe Mülldeponie der inzwischen acht Millionen Einwohner zählenden Metropole ist zugleich Heimat für Hunderte von Familien und Arbeitsplatz für die sogenannten »Scavengers«. Sie ziehen aus dem in der Tropensonne süßlich stinkenden Abfall das heraus, was sich noch irgendwie verkaufen oder verwerten läßt.

In jede neue Lage Müll, die täglich auf das mehrere Hektar große, hügelige Gelände gehäuft wird, rammen die Bewohner Pfähle aus Abfallholz. Darüber entstehen die kleinen windschiefen Hütten aus Brettern und Plastik (Wellblech ist ein Luxus). Dort leben die Scavengers mit ihren Familien - ständig umweht von den - bei Neulingen - Brechreiz hervorrufenden Dünsten und Rauchschwaden. »It stinks terrible!« sagt der Taxilenker, der sich mit einer Hand die Nase zuhält.

Als wir über die Hauptzufahrt der Müllwagen das Siedlungsgebiet Smoky Mountain erreichen, herrscht reges Treiben. Drei Lastwagen sind soeben angekommen. Eine Schar von jungen Scavengers, manche von ihnen höchstens zwölf Jahre alt, hat sich auf die offenen Ladeflächen geschwungen. Noch während der Fahrt werden Glasscherben, Blechstücke und Plastikplanen aus dem Abfall gezogen und über Bord geworfen. Die Operation ist gut organisiert: Unten warten Freunde, die die Trümmer sofort sortieren und auf selbstgebastelte Handwagen legen.

Jack ist besonders flink. Mit routinierten Bewegungen zieht er bei weitem mehr Brauchbares aus dem Mist als seine jüngeren Helfer. Als er sich lässig vom dahinholpernden Lastwagen herunterläßt, sieht er die beiden Ausländer, die ihn und seine Freunde beobachtet haben. »You journalist?« fragt er geradeheraus. Als wir nicken, meint Jack nur: »Ihr habt eine gute Arbeit, was?!«

Jack lebt mit seinen Geschwistern und Verwandten in einer der Hütten, die weiter oben auf einem Hügel stehen. »Ein guter Scavenger kann am Tag 20 bis 30 Peso nach Hause bringen«, erzählt er. »Doch wenn nichts zu finden ist oder die anderen Gangs (von Scavengers) einem alles wegnehmen, geht man leer aus.«

Täglich durchwühlt Jack Tonnen von qualmendem und stinkendem Müll. Glas, Metall und Plastik werden an Unterhändler verkauft. Manche Stücke werden auch zur Verbesserung der eigenen Wohnverhältnisse verwendet.

»Ich weiß nicht, wie viele Menschen hier auf dem Smoky Mountain leben«, sagt Jack, als wir ihn danach fragen. »Aber über tausend Familien dürften es schon sein.«

Inzwischen hat sich eine ganze Schar von kleinen und großen Scavengers um uns versammelt. Der Dreck klebt ihnen an Beinen und Händen. Doch sie lachen alle, sind fröhlich - vielleicht ein wenig unwirklich fröhlich, um den Marsmenschen aus der Welt der Reichen den eigenen Schmerz nicht zu zeigen.

Plötzlich wird Jacks Miene ganz ernst: »Hört mal, habt ihr keine Arbeit für mich? Ich meine, so als Assistent oder ... War immer schon mein Traum, so ein Job.«

Der Blick, den Jack uns zuwirft, schneidet tief, ist Vorwurf, Bitte und Verzweiflung zugleich. Verzweiflung, die Jack mit all jenen Millionen teilt, die auf dem Smoky Mountain, über den Kloaken im

Müllwagen in Smoky Mountain

Hafen von Davao, in den Slums über den dunstenden Lagunen von Zamboanga oder in den anderen unzähligen Elendsvierteln des Landes leben.

Slums sind auf den Philippinen nicht die Ausnahme, sie sind die Regel. Das National Bureau of Census and Statistics (statistisches Zentralamt) schätzt die Zahl der »urban poor«, jener Stadtbewohner, die mit weniger als dem Existenzminimum von 3 005 Peso monatlich pro Familie auskommen müssen, landesweit auf 7,2, in Metro Manila auf 2,2 Millionen*. Die Dunkelziffer liegt weit höher. Und selbst Familien, die mehr als das Minimum verdienen, können sich noch lange keine menschenwürdigen Wohnungen leisten.

In der Region Metro Manila verfügen 71,3 Prozent der Bevölkerung über elektrischen Strom, landesweit sind es nur 37,4 Prozent. 49,6 Prozent aller Wohnungen und Häuser in der Hauptstadt und Umgebung haben fließendes Wasser. Nur 44 Prozent verfügen über eigene Toiletten. Das Verhältnis in den Provinzstädten ist noch viel katastrophaler.

Landflucht, die Hoffnung auf Arbeit in den Städten, die in Arbeitslosigkeit mündet, das völlige Fehlen staatlicher Sozialprogramme und die Arroganz der Reichen haben die Städte des Landes fast alle in Elendsgürtel verwandelt.

Wer sich nicht einmal ein paar Bretter als Dach über dem Kopf leisten kann, landet als »Urban Gipsy«, als Stadtzigeuner, auf den Straßen der Großstädte. Das Familieneinkommen wird dann vor allem von den Kindern aufgebracht, die bei Kreuzungen von Auto zu Auto ziehen und »Me hungry. Give me a peso, Sir!« durch die offenen Fenster betteln.

Ein kleiner Junge in Cebu versuchte es auf andere Weise. Keine sechs Jahre alt, plapperte er den für Taxifahrer üblichen Satz nach, wenn ein alleinstehender Ausländer durch die Straßen streift: »Hey, you. You want girl?« und deutete mit seinen kleinen Händen unmißverständlich an, um was es sich bei dem Angebot handelte.

Jack und seine Freunde vom Smoky Mountain können sich da noch »glücklich« schätzen. Sie haben »Arbeit« und verfügen über eine eigene Hütte.

Joni Sanguinto, der 51 Jahre alt ist und vier Kinder hat, mußte seine winzige Unterkunft im Elendsviertel Tondo verlassen, weil er nicht mehr zahlen konnte. Genauso erging es Devina, einer 24jährigen Hostesse in einem der schmierigen Gogo-Clubs in der Mabinistraße. Devina hatte immerhin 500 Peso monatlich auf den Tisch legen müssen, um überhaupt in einem Zimmer zusammen mit drei

* Philippine News and Features, Sommer 1987

Cousins leben zu dürfen. Das Dach aus Wellblech ließ Regen durch. Sanitäre Anlagen waren so gut wie nicht vorhanden.

Joni und seine Familie haben sich auf einem Stückchen Gras bei der Kathedrale von Manila niedergelassen, das sie mit ein paar anderen Familien teilen. Arbeit bekommt Joni keine, da er nicht die nötigen Papiere besitzt und die Ausstellung wegen der üblichen Bestechungsgelder zu teuer ist. Das Einsammeln von Müll bringt maximal 30 Peso am Tag. Eine neue Wohnstätte? Wie soll er sich die leisten?

Devina ist bei einer Freundin untergekommen, die genügend Platz hatte und jemanden brauchte, um die 800 Peso teure Miete für ein besseres Zimmer in einem Slum in Nord-Makati zu teilen. Dafür heißt die Gegend »Better Living Subdivision« und die Gosse »Sweden Street«...

Aus der Hoffnungslosigkeit gibt es kein Entrinnen, auch nicht unter der neuen Regierung. Sicher, es wird mehr über die urbane Armut gesprochen. Doch ernsten Versuchen einer Auseinandersetzung mit dem Problem wird ausgewichen.

Als die als »People's Television« bekannte und von der Regierung stark beeinflußte Fernsehstation in einer beliebten Diskussionssendung Anfang 1987 einen kritischen Bericht über die Problematik der Slums senden wollte, wurde der Film zensiert. Er sei zu »links«, hieß es, und beleuchte nur die negativen Seiten. Um die »positiven Seiten« dieser Katastrophe hervorzustreichen, bemühten sich später ein paar ausgesuchte »gemäßigte« Journalisten, ein TV-Loblied auf die Anstrengungen der neuen Regierung zu singen – und lösten damit einen Skandal in der Medienwelt aus.

Jack, seiner Familie und seinen Freunden war damit jedenfalls nicht gedient. Sie werden noch Jahre auf Hilfe und geeignete Programme warten müssen – wenn sie denn überhaupt einmal kommen sollten.

Bitterer Zucker: »One day – one eat«

Die Linienmaschinen zwischen Manila und Bacolod pendeln noch immer wie zu den Zeiten, als die Zuckerbarone aus Negros abends zum Dinner oder Kinobesuch in die Hauptstadt flogen, um am nächsten Tag im Morgengrauen wieder zurückzukehren.

Negros – das war einst Synonym für Reichtum und süßes Leben, für schnell erworbene Dollar und einen Luxus ohnegleichen. Und die Quelle für alles dieses war ausschließlich Zucker, neben Produkten wie Kokosnußöl und Gold jahrelang das wichtigste Exportgut der Philippinen.

Aber die Zeiten, in denen die Zuckerbarone oder ihre verwöhnten Kinder per Flugzeug vom nächtlichen Vergnügen in Manila heimkamen, sind längst vorüber. Denn Negros steht seit einer Reihe von Jahren für die schlimmste Krise, die den Zuckeranbau bisher erfaßt hat.

Die Erntesaison auf Negros dauert von Oktober bis April. Dann pendeln die schweren Lastwagen mit ihrer sperrigen Fracht zwischen den Plantagen und den Zuckermühlen. Wenn das Mahlen des Zuckerrohrs im Frühjahr aufhört, beginnt *»Tiempo Tigulutum«;* in der Ilongo-Sprache heißt das »Zeit des Hungers«. Für die *»Sacadas«,* die Zuckerrohrschneider, gibt es dann keine Arbeit mehr, bald auch nicht für die *»Dumaan«,* die Arbeiter, die die Plantagen bestellen.

Die »Zeit des Hungers« dauert auf Negros von Jahr zu Jahr länger. Für viele geht sie überhaupt nicht mehr zu Ende. Der Zucker ist, weil er auf Negros weit über dem Weltmarktpreis produziert wird, zu einer gewaltigen Last geworden, die die Zuckerrohrarbeiter und ihre Familien buchstäblich zu erdrücken droht.

Negros bedeutet Hunger, zunehmende Verelendung der Landarbeiter und eine wachsende Aufstandsbewegung. Mit rasantem

Tempo hat sich die Insel zum Krisengebiet Nr. 2 der Philippinen entwickelt, gleich nach Mindanao.

Ende der siebziger Jahre geriet der philippinische Zuckerexport ins Stocken. Die Vereinigten Staaten, Hauptabnehmer der süßen Ware, verfügten Einfuhrquoten. Ein verändertes Verhalten der Verbraucher in den Industrieländern, die verstärkt zu künstlichen Süßstoffen griffen, verringerte den Zuckerbedarf weltweit. Zudem verlegten sich die Bauern in Westeuropa verstärkt auf eine eigene Zuckerproduktion.

Für den philippinischen Zucker gab es bald kaum noch Abnehmer. Die Ausrichtung auf *ein* Exportgut, und dies auf einer Insel, die so fruchtbar ist, daß sie eine riesige Palette von Anbaumöglichkeiten bietet, rächte sich bitter; ebenfalls die unter Marcos forcierte Monopolisierung von Anbau und Absatz.

In den siebziger Jahren entmachtete Marcos einen Teil der alten Oligarchie und schanzte den Cronies die gesamte Kontrolle über den Zucker zu. Die beiden einflußreichsten Männer auf Negros waren bis zum Machtwechsel im Februar 1986 Roberto Benedikto und Armando Gustilo. Sie waren Inselkönige und Warlords, wovon der eine, Benedikto, mit Marcos ins Ausland floh, und der andere, Gustilo, sich auf seinem Landsitz unweit der Stadt Cadiz im Norden von Negros verschanzte.

Die Folgen der Monopolisierung waren katastrophal: Ineffizienz auf der ganzen Linie, Protektionismus und Korruption. In einer Analyse der Weltbank zum philippinischen Zuckeranbau wurde die Situation als derartig miserabel beschrieben, daß selbst bei durchgreifenden Reformen erst in den neunziger Jahren eine Besserung zu erwarten sei.

Bacolod, das Zentrum von Negros, einst berühmt für seine Millionäre, die mit ihren Luxuskarossen das Bild der Stadt bestimmten, sackt in sich zusammen und verfällt allmählich. Die aus einer Kombination gigantischer Mißwirtschaft und akuten Absatzprobleme entstandene Krise frißt sich von Jahr zu Jahr tiefer. Der Zucker von Negros ist bitter geworden.

Ein Teufelskreis von Armut und Schulden

Um das Ausmaß des Elends zu erfassen, ist es nicht einmal notwendig, in die Siedlungen der Dumaans am Rande der Zuckerplantagen zu fahren, wo Hunderttausende dahinvegetieren. Es genügt ein kurzer Besuch in den Krankenhäusern von Bacolod. Die Spitäler haben Sonderabteilungen für Kinder eingerichtet, die unter den Folgen der Mangelernährung leiden. Diese winzigen Geschöpfe

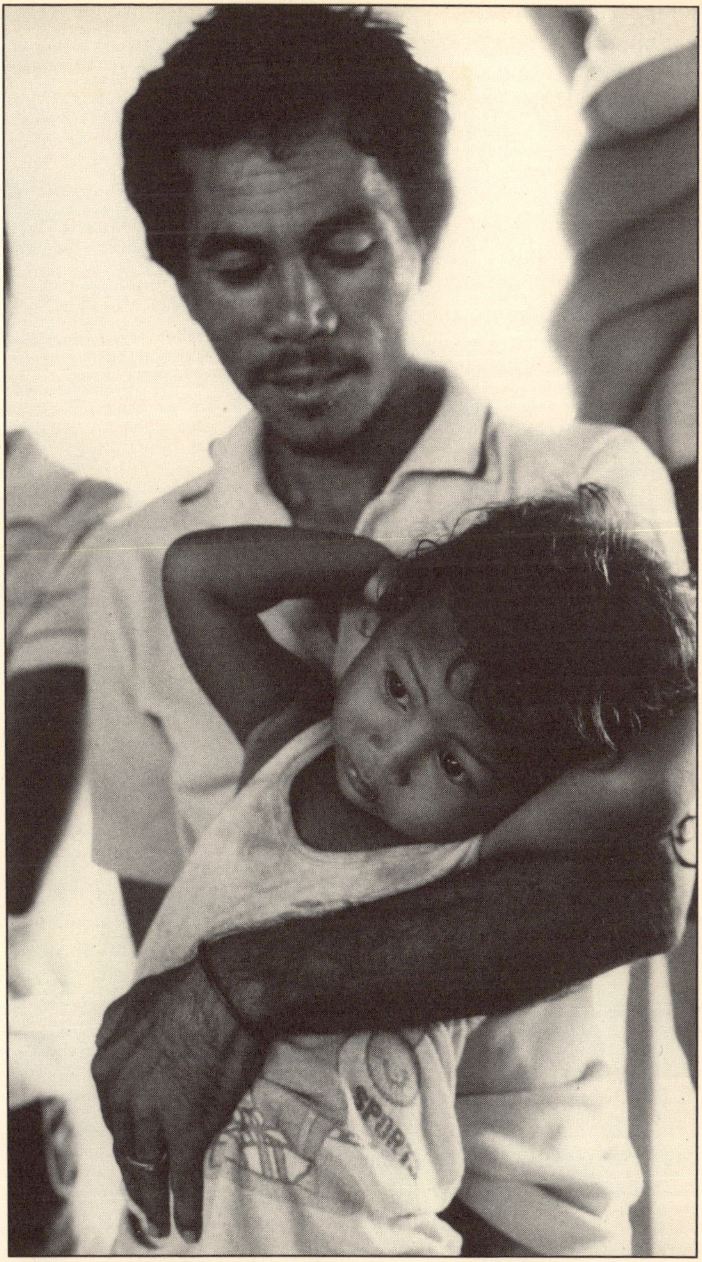

Zuckerarbeiter mit Tochter auf Negros

sehen aus wie verhungerte Vögel – es sind Gerippe aus Haut und Knochen, die die Schwestern und Ärzte am Leben zu halten versuchen. »Auf Negros hungern 1,7 Millionen Menschen, jeder zweite«, so Serge Cherniguin, der Leiter der Nationalen Zuckerarbeiter-Gewerkschaft.

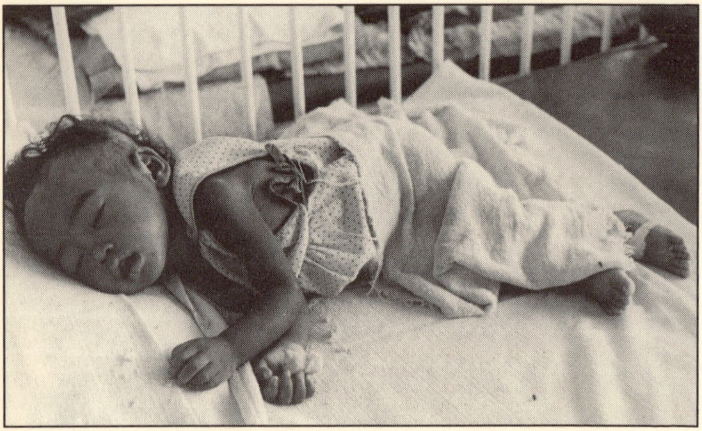

Hat der Sturz von Marcos und seine Ablösung durch Corazon Aquino an den Verhältnissen auf Negros etwas geändert?

Die Februarrevolution von 1986 mobilisierte auf der Insel viele Hoffnungen, Hoffnungen, die allerdings bislang noch unerfüllt sind. Die Landreform, der Schlüssel einer jeden Veränderung auf Negros, wie auf den Philippinen überhaupt, bleibt dem neugewählten Kongreß überlassen und liegt damit wiederum nicht zuletzt in den Händen der Grundbesitzer, die – ähnlich wie die Präsidentin selbst – vom eigenen Grund und Boden freiwillig nur ungern etwas abgeben.

Aquino hätte per Dekret die Neuaufteilung des Grundbesitzes anordnen können. Bis zur Parlamentswahl im Mai 1987 besaß sie die Macht dazu. Wahrscheinlich war dies die einzige Chance für eine relativ friedliche Landreform. In Zukunft dürfte sie nur noch mit Gewalt zu haben sein. Die Neue Volksarmee (NPA) hat bereits damit begonnen. In den von der NPA kontrollierten Zonen werden die Hacienderos gezwungen, einen Teil der Flächen an die verarmten Bauern und Arbeiter abzugeben.

Der Gouverneur von Negros, Daniel Lacson, bemüht sich nach wie vor um eine Zwischenlösung. Lacson, der selber eine große Plantage besitzt, hat den Pflanzern angeboten, ihre immensen Schulden zu erlassen, falls sie zehn Prozent ihrer Fläche den Arbeitern zum Anbau von Gemüse überlassen, damit diese nicht weiter hungern. Einige der Hacienderos sind widerwillig auf den Vorschlag eingegangen, andere erklärten sich sofort einverstanden, weil sie eine Chance sahen, von ihren Verbindlichkeiten herunterzukommen und sich von Flächen zu trennen, die ohnehin nichts einbrachten.

Gouverneur Lacson besitzt ein gutes Druckmittel, weil die Banken sich in staatlicher Hand befinden. Aber die Reform selber kommt nur langsam voran.

Auch die Zuckerarbeiter-Gewerkschaft versucht, eine Veränderung auf freiwilliger Basis zu erreichen. 3 000 Hektar, die brachlagen, wurden den Arbeitern zur Verfügung gestellt. Insgesamt sind es jedoch über 100 000 Hektar, die nicht genutzt werden.

Unmut und Verzweiflung der Hungernden auf Negros haben sich bei vielen Gelegenheiten entladen. Sie demonstrierten vor den Landgütern der Hacienderos und verlangten, was ihnen rechtlich seit langem zusteht: einen Mindestlohn, Zuschüsse zur Reparatur ihrer Bambushütten, Reisrationen auch außerhalb der Saison.

Seit Aquino an der Macht ist, haben die Menschen auf Negros immerhin mehr Mut, ihren Protest vorzubringen und dem Haciendero, den sie sonst nie zu Gesicht bekamen, auf den Leib zu rücken. Und die Großgrundbesitzer können nicht mehr ungehindert wie früher ihre Privatarmeen einsetzen.

Das zumindest hat sich geändert. Ansonsten ist wenig auf Negros geschehen. Die Dumaan leben wie seit Generationen schon am Rande der großen Plantagen und sind dem Eigentümer letztlich auf Gedeih und Verderb ausgeliefert. Ihr Leben besteht aus einem Teufelskreis von Armut und Schulden. Während der Erntesaison bekommen sie einen kärglichen Lohn. In der übrigen Zeit des Jahres hält der Haciendero sie mit Reis und Gemüse am Leben. Die Kosten muß der Dumaan später durch zusätzliche Arbeit abgelten.

Die Dumaan, zuständig für Pflanzen, Düngen und Unkrautjäten, existieren nicht einmal auf der niedrigsten Stufe der Zuckerhierarchie. Ganz unten gibt es noch die Sacadas, die Zuckerrohrschneider. Das sind Wanderarbeiter, die zum Teil von außerhalb zur Erntesaison nach Negros kommen, um bei sengender Hitze die ausgewachsenen Rohre zu schlagen, zu bündeln und für den Transport zur Zuckermühle zu verladen. Sie ernähren sich nicht zuletzt von den vielen Ratten auf den Feldern, die sie jagen, schlachten und auf Holzkohle braten. Die Saison ist die einzige Zeit des Jahres, in der sie Fleisch bekommen, Rattenfleisch.

Für ihre Schwerstarbeit erhalten die Sacadas weniger als einen Hungerlohn. Sie werden regelmäßig Opfer ihrer Vermittler, die die

Zuckerrohrschneider, die häufig nicht lesen und schreiben können, schamlos betrügen und wie Blutsauger jeden Peso aus ihnen herausholen – fast immer in Kenntnis und mit Billigung des Haciendero.

One day – one eat

An diesem von den spanischen Kolonialherren geschaffenen Ausbeutungssystem hat sich bis heute wenig geändert, außer daß die weltweite Zuckerkrise sich für die Betroffenen noch brutaler auswirkt. Diese Realität zeigt sich etwa auf der Hacienda San Lucas in der Nähe der Stadt Kabankalan. Der Besitzer hat knapp 300 der insgesamt 500 Hektar umfassenden Plantage mit Zuckerrohr bepflanzt. Der Rest liegt brach. Die Dumaan von San Lucas dürfen jedoch dieses Land nicht nutzen. Ihnen bleibt wie seit eh und je ein schmaler Streifen am Rand, auf dem ihre windschiefen Hütten aus Nippapalmen stehen.

Einer von ihnen, Antonio, berichtet, die Lage werde von Monat zu Monat schlechter. Gute Zeiten habe er in seinem Leben noch nie erlebt. Aber jetzt sei er nicht mehr in der Lage, den Unterhalt für seine sechsköpfige Familie aufzubringen. »One day – one eat«, eine Mahlzeit pro Tag, sagt Antonio, und die Umstehenden nicken. Die Frage, wann er das letzte Mal Fleisch gegessen habe, macht ihn verlegen. Er weiß es nicht. Und wann gab es eine Dose Bier? Antonio schüttelt den Kopf.

In einer anderen Siedlung einer nahegelegenen Hacienda wurde kürzlich Fleisch verteilt. Wochenlang hatten die Arbeiter den Großgrundbesitzer gedrängt, endlich ihren Lohn auszuzahlen. Dieser vertröstete sie immer wieder mit dem Hinweis, er habe kein Bargeld; die Zuckerkrise treffe auch ihn. Als die Arbeiter keinen Ausweg mehr wußten, holten sie sich einen Wasserbüffel des Haciendero und schlachteten ihn.

Der Großgrundbesitzer alarmierte die Armee. Die Dumaan erklärten den Soldaten ihre Lage und luden sie zum Essen ein. Die Armeeangehörigen bekamen den Kopf des Wasserbüffels, eine Delikatesse, und verzichteten auf weitere Ermittlungen.

Das Verhältnis zwischen Plantagenbesitzern und Arbeitern verändert sich unter dem Eindruck der Krise: Einige Hacienderos sprechen zum erstenmal in ihrem Leben mit den Dumaan, entdecken, daß auch sie Menschen sind, und stellen ihnen einige Hektar Land zur Verfügung, damit sie für den Eigenbedarf Gemüse und Früchte anbauen können. Andere Grundbesitzer verweigern jeden Kon-

Zuckerarbeiter und ihre Kinder auf Negros

takt, igeln sich in ihren Landhäusern ein und warten auf »bessere« Zeiten. Wiederum andere verfolgen mit großem Argwohn die Aktivitäten der unabhängigen Zuckerarbeiter-Gewerkschaft, die von Sergei Cherniguin geleitet wird, einem unerschrockenen Mann, dessen Vorfahren väterlicherseits aus der Sowjetunion stammen.

In seinem Wohnhaus, das Gewerkschaftsmitgliedern gleichzeitig als Büro, Werkstatt, Unterkunft und Schulungsraum dient, beschreibt Cherniguin die Folgen gewerkschaftlichen Engagements auf Negros: »In den eineinhalb Jahrzehnten, in denen unsere Gewerkschaft besteht, haben wir schon viele Organisatoren verloren. Zum Beispiel 1984 wurden sechs Anführer umgebracht. Zwei fand man treibend im Fluß. Mehrere Mitarbeiter werden seit Jahren vermißt, sind spurlos verschwunden.«

Nach Ansicht von Cherniguin laufen die Dinge auf Negros auf eine klare Entscheidung zu. Es werde eine Landreform geben, entweder auf friedliche Weise oder mit Gewalt.

Koalition von Kirche und KP

Auf Negros sind es zwei gesellschaftliche Kräfte, die über diese Frage wesentlich mitbestimmen, die Katholische Kirche und die Kommunistische Partei. Beide arbeiten im »Movement« zusammen, in der »Bewegung«, was die Umschreibung für das ungewöhnliche Bündnis zwischen Kirche und KP ist. Etwa 40 Prozent der Priester und 60 Prozent der Ordensschwestern auf Negros bekennen sich offen zur »Bewegung«. Einer davon ist Pater Felix Pasquin, der eine kleine Pfarrei in der Nähe von Bacolod leitet.

In der Sakristei seiner Kirche spricht der 1948 geborene Geistliche über die Landreform, die unumgänglich sei. Allerdings handele es sich um ein langfristiges Ziel. »Daneben gibt es mittel- und kurzfristige Aufgaben«, sagt Pasquin. »Das Problem, das besondere Aufmerksamkeit verdient, ist der Hunger. Wir haben in fast jeder Pfarrei unserer Provinz Ernährungszentren eingerichtet. Dort wird Essen verteilt. Auch wenn die Regierung in Manila ausgewechselt wurde, an den tatsächlichen Verhältnissen hat sich hier noch wenig verändert.«

Unter dem Eindruck der Krise hat sich vor allem die Katholische Kirche gewandelt. Sie wurde auf Negros zur Kirche der Armen und Verfolgten. Sichtbarster Ausdruck dafür ist die Entstehung der christlichen Basisgemeinden. Diese von der Theologie der Befreiung beeinflußten Selbsthilfegruppen haben ihren wichtigsten Fürsprecher in dem Bischof von Bacolod, Antonio Fortich.

Der Kirchenführer hat sich während der Marcos-Diktatur den Übergriffen der Streitkräfte mutig entgegengestellt. Die Militärs revanchierten sich unter anderem mit Morddrohungen und mit einem Brandanschlag. Sie stehen in dem dringenden Verdacht, 1985 den Bischofssitz in Bacolod in Brand gesteckt zu haben, um die von Fortich gesammelten Dokumente über Menschenrechtsverletzungen zu vernichten.

Der Bischof, 1914 geboren, trägt wegen seiner häufigen Kontakte mit NPA-Rebellen, die er von der Notwendigkeit eines friedlichen Eintretens für die Landreform zu überzeugen versucht, den Spitznamen »Commandante Tony«. Fortich hatte Präsidentin Aquino vergeblich gedrängt, die seit langem überfällige Landreform per Dekret durchzusetzen, so lange sie die Macht dazu noch besaß. Weil es diese Reform offenbar auf absehbare Zeit nicht geben wird, kommen den Selbsthilfeorganisationen wie den christlichen Basisgemeinden in Zukunft noch größere Bedeutung zu. Bischof Fortich nennt drei Voraussetzungen für einen Erfolg dieser Gemeinschaften:

»Wenn eine christliche Basisgemeinschaft Erfolg haben will, dann muß sie mit einem lebendigen Glauben an Gott beginnen. Das ist ganz wichtig. Zweitens: Die Basisgemeinschaft muß befreiend wirken. Das heißt, ihre Mitglieder überwinden die Strukturen der Unterdrückung beziehungsweise bekämpfen sie, damit sie in Freiheit leben können. Denn der Kolonialismus ist ja noch nicht überwunden.

Der dritte Punkt heißt Entwicklung. Jeder wird ermutigt, sich selber voranzubringen, sich selber zu helfen. Das kann zum Beispiel durch die Schaffung von Kooperativen und autonomen Absatzgenossenschaften geschehen. Es geht nicht einfach nur darum, Leute zusammenzubringen. Sie sollen sich treffen und kennenlernen und dann herausfinden, was in ihrer Situation für sie das Beste ist.

Diese neue Form christlicher Gemeinschaft hat den Massen die Hoffnung zurückgegeben. Sie wissen, daß sie nicht auf sich allein gestellt sind. Sie wissen, daß es Wege zum Überleben gibt.

Allerdings, das Militär wurde argwöhnisch und meinte, die Loyalität der Menschen in den Basisgemeinden gehöre der Kirche und nicht ihnen, den Streitkräften. Nun, im Prinzip stimmt das. Schließlich waren wir diejenigen, die sie aufgebaut haben. Wir haben die Militärs eingeladen und ihnen gesagt: Wenn euch das Ganze nicht geheuer vorkommt, weshalb nehmt ihr nicht an unseren Versammlungen teil. Es steht euch frei, bei den christlichen Basisgemeinschaften mitzumachen.«

Natürlich kamen die Soldaten nicht. Die Streitkräfte blieben auch unter Präsidentin Aquino skeptisch. Seit dem Machtwechsel in Manila herrscht jedoch noch mehr Argwohn seitens der katholischen Amtskirche. Konservative Bischöfe möchten das Rad am liebsten wieder zurückdrehen und die Entwicklung zu neuen Basisgemeinden stoppen.

Commandante Emilio

Seit dem Machtwechsel in Manila besteht auf Negros eine Art Patt zwischen den Regierungstruppen und der Neuen Volksarmee. Die NPA verzeichnete in den letzten Jahren der Marcos-Herrschaft einen kaum noch zu verkraftenden Zulauf. Der militärische Führer für die Zentralphilippinen, der sich Commandante Emilio nennt, beschreibt bei einem Treffen in einem bürgerlichen Wohnhaus am Stadtrand von Bacolod die Schwierigkeiten einer immer größer werdenden Untergrundarmee:

»Auf Negros haben wir vier Guerillafronten. Und jede Front besitzt ein reguläres Unternehmen, das die kämpfenden Einheiten unterstützt. Ein solcher Betrieb umfaßt 120 bis 150 Leute. Wir müssen die kämpfende Truppe mobil halten und auch aufteilen können in kleine Formationen. Die Gründe dafür liegen nicht nur im Militärischen, sondern auch im Wirtschaftlichen.

Nehmen wir das folgende Beispiel: Etwa 100 Kämpfer betreten ein Barrio, ein Dorf. Der gesamte Lebensmittelvorrat dieses Ortes ist leicht innerhalb eines Tages aufgebraucht. Wir befinden uns also in einer Situation, daß eine beachtliche Zahl von bewaffneten NPA-Mitgliedern durch Anbau und Produktion gebunden ist. Die Leute in den Dörfern unterstützen uns, klar. Aber wir müssen ihnen ebenfalls helfen, zum Beispiel ihre Anbaumethoden zu verbessern. Wir können uns keine parasitäre Armee leisten, die nichts tut, außer hier und dort herumzuschießen.«

Die Lage der Zuckerinsel Negros veranschaulicht den Grad der Schwierigkeiten, die auf dem Weg zu Verbesserungen und zu Reformen überwunden werden müssen. Zwischen einer gestärkten NPA, zwischen Streitkräften, deren schlimmer Ruf noch längst nicht ausradiert ist, einer Kirche, die sich immer klarer auf die Seite der Armen stellt, zwischen verstockten Grundbesitzern und entschlossenen Gewerkschaftern und den nach Nahrungsmittel rufenden Hungernden muß es noch Hoffnung geben, sagt Bischof Fortich, Hoffnung auf eine bessere Zukunft.

Partisanen: »Wir kontrollieren fast alle Haciendas«

»Welcome!« grinst Kasama Dads (22) beim Anblick des vom Regen durchnäßten Besuchers, der sich keuchend endlich am Ziel befindet, nachdem er zunächst durch die Gassen von Bacolod City und später, zumeist zu Fuß, auf steinigen Pfaden durch unendlich scheinende Reihen von Zuckerrohrfeldern geführt worden ist.

Diskret nimmt Dads die große, etwas rostige 45er Pistole vom Tisch und versteckt sie unter dem einen der beiden Räume des kleinen Pfahlbaus, der zwischen Palmen und dem hohen Zuckerrohr steht. »Wie du siehst, ist das ein idealer Platz. Nicht einmal mit Helikoptern können die uns entdecken«, erklärt der 34jährige Ka Andy, der den Fremden als Begleiter durch die gut 20 Kilometer lange Fahrt und den darauffolgenden Anmarsch geographisch bewußt verwirrt hat. »Wir können dir nicht mehr sagen, als daß wir uns auf einer Hacienda befinden, die östlich von Bacolod liegt.«

Die elterliche Hütte des Partisanen Ka Art, die zusammen mit der Lichtung und den winzigen Äckern mit für den Eigenverbrauch angepflanzten Reis und Mais aus einem Abenteuerroman stammen könnte, ist Stützpunkt, Versammlungsstelle und Wohnstätte zugleich für die kleine Partisanengruppe unter der Leitung von Ka Andy. Er ist Kommandant und ideologischer Lehrmeister der Gruppe, die eine überaus wichtige Funktion im Rahmen der Gesamtstrategie der NPA ausübt.

»In den meisten Haciendas haben wir solche Einheiten, wir nennen uns ›Armed City Partisans‹, bewaffnete Stadtpartisanen«, erläutert Art, der soeben aus der »Waffenkammer« unter der Hütte hervorkriecht. Ein paar M-16-Sturmgewehre, einige alte Schießeisen und eine Kollektion Pistolen und Revolver samt der bunten Palette Munition für das Kriegsgerät lagern da im Schatten unter dem Wohn- und Schlafraum.

Dads, Art, Frank, Tuting und sechs andere Kasamas der Partisaneneinheit sind allesamt in Zuckerarbeiter-Familien geboren worden. Wie alle Kinder von Dumaans haben die Kämpfer bereits in jungen Jahren (meist mit dreizehn) die Härte der Arbeit ihrer Eltern und Vorfahren kennengelernt. Ka Dads war mit vierzehn als Träger beschäftigt und schleppte geschnittenes und gebündeltes Zuckerrohr auf seinen nackten Schultern vom Feld zu den wartenden Lastwagen.

Art und Tuting kämpften sich mit der Machete als Schneider durch die messerscharfen Zuckerrohrblätter, bevor sie 18jährig in Kontakt mit der lokalen Propagandaeinheit der NPA und KPP kamen. »Damals begriffen wir langsam, daß wir ausgebeutet wurden. Für einen Tag Arbeit gab es selten mehr als 15 Peso. Selbst wenn Kleinkinder mitgearbeitet hätten, wäre die Summe nicht ausreichend gewesen, um unsere Familien zu ernähren«, erinnert sich der 24jährige Ka Mike.

Nach dem ersten politischen Unterricht wurden sie in die Lokalmiliz eingegliedert, jene kaum bewaffneten Einheiten der NPA, die direkt in den Dumaan-Siedlungen politische Propaganda betreiben und für die Sicherheit der Arbeiter vor willkürlichen Gewaltausschreitungen der Civil Home Defence Forces (CHDF) verantwortlich sind.

Der ideologische Unterricht wird während der ersten Jahre fortgesetzt. Bei Kundgebungen und Demonstrationen hat die Lokalmiliz auch organisatorische Aufgaben zu übernehmen. »Wer sich in mindestens zwei Jahren Milizarbeit bewährt, als politisch verläßlich gilt und genügend motiviert ist, wird entweder zu den Partisanen oder den Guerilleros in den Bergen zugelassen«, schildert Ka Andy den Werdegang der meisten NPA-Mitglieder auf Negros. Dort beginnt die Vorbereitung für den eigentlichen Kampf um eine gerechtere Gesellschaft.

»Auf Negros haben wir 1973 mit der Organisation unserer Bewegung begonnen. Damals zeichnete sich die Krise in der Zuckerindustrie bereits ab. Im Süden der Insel war die Ausbeutung der Dumaan besonders brutal«, erinnert sich Andy, der sich als Sohn eines Angestellten in Bacolod im selben Jahr der KPP anschloß. 1975 war die NPA stark genug, um zum ersten Mal gegen »schlechte Elemente« (rücksichtslose Großgrundbesitzer, Informanten etc.) vorzugehen.

Bis 1981 dauerte die Konsolidierungsphase. Dabei wurde auch das Arsenal der lokalen NPA-Einheiten angereichert. Andy dazu: »Unser größtes Problem bleiben Waffen. Bis jetzt haben wir einige erfolgreiche Überfälle auf die schlecht bewachten Waffenkammern der Armee gemacht. Oder wir holen sie uns von den Großgrundbesitzern, die gezwungen werden, ihre meist reichhaltigen Sammlungen an Gewehren und Pistolen herzugeben.«

1985, vier Jahre nach der Expansion über die gesamte Insel Negros, gelangen der NPA erstmals größere Beutezüge. Bei zwei Überfällen beschafften sie sich Hunderte nagelneuer M-16-Sturmgewehre und sonstige Waffen wie das M-203 (Granatwerfer und Maschinengewehr). Überfälle auf Bergwerke haben die Feuerkraft der Guerilleros um einige Zentner Dynamit verstärkt.

Militärische Unterstützung aus dem Ausland wünscht sich die NPA sehnlichst - allerdings ohne politische Bedingungen durch den Lieferanten. Bisher ist sie mit inländischen Quellen zurechtgekommen.

»Heute arbeiten wir hauptsächlich in drei Gruppierungen: Da sind einmal die Guerilleros, die in den Bergen trainieren und die für militärische Operationen zuständig sind«, erklärt Andy. Im Juni und Juli 1986 brachten solche NPA-Einheiten einigen Armee-Bataillonen im Süden der Insel große Verluste bei, als diese mit schweren Haubitzen und plumper Strategie versuchten, ein NPA-Trainingslager zu vernichten. Der Kampf dauerte zwei Wochen. Ein Guerillero und 25 Regierungssoldaten wurden getötet. »Die Angaben stimmen«, gab ein Mitglied des Heeres in Bacolod zu.

Partisaneneinheiten wie die Gruppe unter Andys Kommando besorgen Operationen, für die die NPA berühmt und berüchtigt geworden ist. In sogenannten »Sparrow Units« (Spatzen-Einheiten) vollstrecken sie von der NPA und der lokalen KPP getroffene »Todesurteile« an korrupten und rücksichtslosen Regierungsbeamten, Hacienderos oder Informanten, die selbst nach mehrmaliger Warnung, wie es heißt, »keine Anzeichen der Besserung oder Reue« zeigen. »Sparrow Units bestehen nie aus mehr als drei Partisanen. Ebenfalls in gleicher Stärke operieren wir bei Sabotageaktionen gegen die Armee, vor allem aber gegen die CHDF und ihre Verbündeten, die Philippine Constabulary (PC).«

»Hier auf Negros kontrollieren wir fast alle Haciendas, selbst wenn PC und Militär nur ein paar Kilometer weiter ihre Kasernen haben«, versichert Frank. Er ist 28 und arbeitet hauptsächlich in den sogenannten Basisorganisationen in der Stadt.

Arts Mutter hat inzwischen auf einem Holzfeuer Reis gekocht und getrocknete Fische gegrillt. »Den Reis haben wir auf unseren eigenen Feldern gepflanzt«, sagt Mike stolz.

»Ich hoffe, du ißt mit uns. Viel gibt es nicht«, meint Andy mit etwas unsicherem Blick, während seine Partisanen bereits fleißig in den gemeinsamen Topf greifen und scharfen, selbstgegorenen Reisessig auf die wenigen Fische gießen. »Wir haben es besser als die meisten Dumaan: Wir besitzen unser eigenes kleines Stück Land, das wir dem Haciendero abgerungen haben. Trotzdem: Wir wissen nicht, wie wir die Flut von neuen Mitgliedern in Zukunft ernähren können«, berichtet Andy während der Zigarette nach dem Essen. Durch die Notlage der meisten Land- und Slumbewohner auf Negros hat die NPA heute mehr Zulauf, als sie verkraften kann. 100 bewaffnete Kämpfer kosten monatlich mindestens 30 000 Peso. Viel Geld für eine Guerillaarmee ohne regelmäßiges Einkommen und ohne nennenswerte Unterstützung aus dem Ausland.

Bisher genügten die »NPA-Steuern«, die von Mitgliedern der KPP, NPA und NDF wie von Sympathisanten auf freiwilliger Basis kassiert, den Hacienderos und Unternehmern jedoch unter Androhung von Gewalt abverlangt werden.

»Wir wollen nicht mehr als Gerechtigkeit. Das Militär und die Hacienderos versuchen, uns als eine Plage für die öffentliche Sicherheit, als blutrünstige Schießer darzustellen. Sie haben Unrecht!« betont Andy. »Unser Kampf ist an erster Stelle ein nationaldemokratischer und erst an zweiter Stelle ein sozialistischer.«

Es ist eine Tatsache, daß die psychologische Offensive der Armee besonders auf Negros, aber auch in den meisten anderen Landesteilen weitgehend fehlgeschlagen ist. Um »Herz und Seele« der Bevölkerung für die New Armed Forces of the Philippines (NAFP) zu gewinnen, reisen Offiziere und Generäle von Stadt zu Stadt, um vor der Bedrohung durch den Kommunismus zu warnen und die »volksfreundlichen« und »aufrechten« NAFP vorzuführen. Außer wenigen Hacienderos und Unternehmern schenkt ihnen jedoch kaum jemand Glauben. Denn bisher wurde nur der Name der Streitkräfte geändert, nicht aber ihre moralische und taktische Qualität.

Filipinas: Endstation Japan

Für den großen Augenblick hatte sie sich speziell ein wunderschönes weißes Kleid aus Baumwollsatin schneidern lassen. Später, als wir mit ihr plauderten, gab sie stolz, zugleich etwas fassungslos zu, daß es 1 500 Peso gekostet habe – ein kleines Vermögen für die Studentin Rose Maria »Chat« Bantigue aus Bacolod.

Doch das Ereignis war die Investition wert. Schließlich heiratete an diesem heißen Apriltag ihre beste Freundin. Der Festsaal des »Sugarland Hotel« war schon am Nachmittag geschmückt worden. Reihen von elegant gedeckten Tischen ließen auf einige Großfamilien schließen, die zur Feier erwartet wurden. Eine aus Goldpapier geschnittene Aufschrift über den Tischen verriet in großen Lettern die Herkunft des Bräutigams: »Leila und Hiroshi« heirateten da, eine Filipina also ihren japanischen Boyfriend.

Im kleinen Pool nebenan glitt ein aus Styropor geschnitzter Riesenschwan über das trübe Wasser an der abgeschlagenen grünen Beckenwand entlang. Am Ende des Pools, dort, wo sonst allabendlich die Sängerinnen auftreten, war eine kleine Festtribüne hergerichtet worden, komplett mit Plastikblumen.

Um sieben Uhr abends verwandelte sich die sonst eher melancholisch leere Eingangshalle des heruntergekommenen Hotels in einen Rummelplatz. Mit unverhohlener Neugier verfolgten die Mädchen an der Rezeption die Festgäste, begutachteten ihre Garderobe, kommentierten das Make-up. Eine angenehme Abwechslung für die sonst so langen, heißen und ereignislosen Tage, an denen die wenigen Hotelgäste ein- und ausgingen oder die jungen Zuhälter (oft arbeitslose Studenten) in der Nacht für 50 oder 100 Peso »Vermittlungsgebühr« Mädchen zu Gästen auf die Zimmer brachten. Die Schickeria von Bacolod war da erschienen, alle in ihren besten Sachen. Rostende Mercedes-Limousinen und amerikanische Schlitten aus den fünfziger und sechziger Jahren, zum hundertsten Mal repariert und aufgemöbelt, füllten den kleinen Wagenpark. Die Ruinen aus Blech erinnerten sie an bessere Zeiten auf Negros.

Chat zog als Brautjungfer ein, strahlend weiß und mit Blumen im schwarzen Haar. Charmant und zurückhaltend warf sie ihr sanftes Lächeln in die Runde, sich der Aufmerksamkeit wohl bewußt. Die Menge zog in den Saal, wo die Hotelküche das Beste vom Besten auffahren ließ. Mitten am langen, erhöhten Quertisch saß das glückliche Paar. Die Gäste eine Ebene tiefer aber waren noch glücklicher, denn wie Chat uns später erklärte: »Hiroshi muß für alles aufkommen. Sonst könnte sich hier niemand mehr eine solche Hochzeit leisten.«

Nach dem Festmahl hieß es neben dem Pool auf der Tribüne für die offiziellen und privaten Fotografen zu posieren. Auf dem Styropor-Schwan ergänzten Blumengirlanden die romantische Kulisse.

Für jeden, der eine Zeitlang in Japan gelebt hat, verriet Hiroshis Erscheinung sofort, woher er das Geld hatte, zehn oder mehr Großfamilien zu einer gewaltigen Hochzeitsfeier einzuladen. Kurzgeschoren, mit Schnurrbart und ganz der japanische Macho-Typ, war Hiroshi schon von weitem als führendes Mitglied der *Yakuza*, der japanischen Mafia, zu erkennen. Er mochte Mitte vierzig sein. Seine Braut brachte es an diesem verheißungsvollen Tag auf Mitte zwanzig.

Der japanische Gangsterboß und seine Filipina

»Natürlich wissen wir alle, daß er meine Freundin nur als Lockvogel geheiratet hat«, erzählte Chat am nächsten Tag, als wir sie zum Abendessen einluden. »Leila hat schon länger in Japan gelebt und gearbeitet. Hiroshi half ihr dabei, organisierte ihr gute Lokale und Verdienstmöglichkeiten. Denn wenn niemand da ist, die Mädchen zu schützen, kann es oft schlimm ausgehen.«

»Aber wofür diese feierliche Hochzeit? Warum heiratete ein Mädchen aus Bacolod einen Yakuza-Boß?« wollten wir wissen.

»Leila hat Schwestern, Cousinen, Freundinnen. Sie alle kommen aus armen Familien, in denen die Väter und Brüder keine Arbeit mehr haben und auch keine mehr finden werden. Da heißt es, Geld verdienen – und in Japan kann man das als Tänzerin und Sängerin. Leila wird organisieren, Hiroshi und seine Organisation kümmern sich dann um den Rest.«

Verdammt noch mal, Sängerinnen und Tänzerinnen! Wissen denn die Mädchen hier nicht, daß sie allesamt in Japan als Prostituierte landen? Seit 1984 leben und arbeiten an jedem Tag zwischen 50 000 und 80 000 Filipinas in japanischen Bars, von den verlassenen nördlichen Städten in Hokkaido angefangen bis zu den Marinestützpunkten im südlichen Okinawa!

»Natürlich weiß ich das«, antwortete Chat gelassen, während sie etwas lustlos in der Sinigang-Suppe mit dem sauren Tamarind-Geschmack löffelte. Schließlich war sie Studentin des angesehenen privaten Lasalle-College in Bacolod. »Und wenn ich nach meinem Universitätsabschluß keine Arbeit hier in Bacolod oder in Manila finde, werde ich auch nach Japan gehen müssen. Leila und Hiroshi haben schon alles für mich oder meine Schwester vorbereitet. Aber meine Schwester ... sie ist so jung! Sie darf nicht gehen«, meinte Chat plötzlich in beinahe leidenschaftlichem Ton.

Chat war damals 22, ihre Schwester, die sich dank der üppigen Märchen der Zuhälterorganisationen in Manila und Bacolod als Ballerina von japanischen Fans umjubelt sah, war in jenem April 1986 ganze 17 Jahre alt.

Später am Meer in einem der drei Terrassencafés, die in Bacolod noch den Betrieb aufrechterhalten, erzählte uns Chat mehr aus ihrem Leben. Wir erfuhren, weshalb Chat, ihre Schwester und so viele andere Menschen aus Bacolod nach Japan gehen wollen oder müssen.

Chats Vater, der ein bescheidenes, aber erfolgreiches Handelsunternehmen geführt hatte, war im Dezember 1985 nach einer finanziellen Auseinandersetzung von seinem Konkurrenten erstochen worden. Zwei seiner Söhne nahmen Rache: Sie erschossen den Mörder ihres Vaters – und mußten fliehen, statt für die Familie sorgen zu können. Zurück blieb die Mutter mit sieben eigenen und fünf verwandten Kindern in einem schäbigen Viertel der Stadt.

»Die Firma meines Vaters ist bankrott gegangen. Und das kleine Fischereigeschäft meiner Mutter kann die Familie nicht ernähren. Also müssen wir irgendwie arbeiten. Aber heute eine Stelle zu finden, ist eigentlich unmöglich«, bemerkte Chat mit einem melancholisch-resignierten Lächeln. »Meine Mutter will, daß meine Schwester geht. Wenn nicht sie, dann muß ich gehen. Eine von uns muß nach Japan, um die Familie zu erhalten, versteht ihr?«

Chat, bevor sie nach Japan ging

Ein halbes Jahr später traf ich Chat wieder – in Japan. Nach dem Studium der Volkswirtschaft, das sie mit Auszeichnung abgeschlossen hatte, bemühte sie sich vergeblich um Arbeit: »Zuerst habe ich es in Bacolod versucht, dann zwei Monate lang in Manila. Das Beste, was ich gefunden habe, war ein Sekretärinnenjob mit 1200 Peso im Monat. Da hätte ich meiner Mutter nichts schicken können...«

Anfang September war sie über die Vermittlung Hiroshis und seiner Gangsterbande, die auch in Manila ihre philippinischen

Aufreißer arbeiten läßt, zuerst nach Tokyo gekommen. Wie allen Mädchen wurde auch ihr erzählt, daß sie in der Hauptstadt, mindestens jedoch in der Metropole Osaka landen würde. Doch Chat wurde zwei Tage nach ihrer Ankunft nach Kumano südlich von Nagoya verfrachtet. Dort begann die Routine, die der Halbjahresvertrag von ihr verlangte.

»Ab sechs Uhr abends sitz ich in der kleinen Bar. Dann kommen nach und nach Angestellte, Fischer und Lokalgrößen herein. Und wenn die dann angetrunken sind, haben sie erst den Mut, mich in ein Hotel zu bringen«, erzählte Chat lakonisch. Laut Vertrag verdiente Chat in Japan umgerechnet 1 000 Mark im Monat, für sieben Nächte die Woche. Anderthalb Monate bekam sie keine Bezahlung. Das war für den Flug und die Vermittler. »Wir verdienen nur, wenn wir mit den Typen ins Hotel gehen.« 375 Mark mußte der »Freier« auf den Tisch legen. Chat sah davon nur ein Drittel.

Nach zwei Monaten in Kumano bekam Chat Ärger. Eifersüchtige Kolleginnen, ebenfalls Filipinas, neideten ihr die vielen Gäste der Nacht und das dementsprechende Einkommen (das Chat fast vollständig ihrer Mutter nach Bacolod übermittelte). Heimlich stopften sie ein Säckchen Marihuana in Chats Handtasche - und klagten sie beim Lokalbesitzer an. Der glaubte an das Märchen und sperrte ihr ganzes Einkommen für die restliche Zeit des Vertrags.

Chat floh im November 1986 und suchte für zwei Tage Unterschlupf. Ich sah einen anderen Menschen vor mir. Der melancholische Glanz der dunklen Augen war einer matten Ausdruckslosigkeit gewichen. Sie war müde, selbst die dick aufgetragene und bunte Schminke, die ihre Haut zu zerstören begann, konnte die dunklen Ringe unter ihren Augen nicht verbergen. »Ich muß aber weitermachen. Meine Mutter bringt mich sonst um! Was soll aus meinen Geschwistern werden, wenn ich kein Geld mehr nach Hause schikken kann?« brach sie weinend in einer Sushi-Bar nach ein paar Happen zusammen.

Chat rief ihre alte Freundin an. Es wurde verhandelt. Hiroshi erklärte sich bereit, eine neue Arbeitsstelle zu vermitteln. Zwei Tage später hatte ich die einst fröhliche Studentin aus Bacolod in das abgemachte Hotel im Stadtzentrum von Tokyo zu bringen. Wir tranken wortlos Kaffee. Dann sagte sie nur: »Geh jetzt. Hiroshis Leute werden bald kommen, und ich will nicht, daß du sie triffst.« Chat ist seitdem verschwunden.

Mindanao: Eine Schatzinsel wird geplündert

Glenn zog an seiner Zigarette und blickte mit verschmitztem Lächeln über den Bartisch. Seine junge Frau saß ein wenig schüchtern neben ihm. Hinter den beiden spielte der beste Saxophonist Mindanaos ein schnelles Solo, das die dicken Rauchschwaden im Nachtklub des Hotels Apo View in Davao City schrill durchschnitt.

»Weißt du«, sagte Glenn plötzlich, »Mindanao sollte ein eigener Staat werden. Wir brauchen die Philippinen nicht. Wir haben hier alles: Bodenschätze, Wald, Früchte, Reis und Menschen, die gerne arbeiten und sich auch einsetzen. Was wollen wir mehr? Die vom Norden kommen ja doch nur her, um sich die guten Sachen unter den Nagel zu reißen.«

Glenn ist kein moslemischer Separatist, er ist auch kein Untergrundkämpfer der lokalen NPA. Glenn ist ein 28 Jahre alter Abenteurer und Geschäftsmann aus Davao City. Und er ist vor allem stolz darauf, auf der größten Schatzinsel der Welt geboren und aufgewachsen zu sein. Glenn kennt diese Insel wie kaum ein anderer der gut 13 Millionen Einwohner Mindanaos, das mit seinen 95 600 Quadratkilometern um einiges größer ist als Ungarn.

Wer nur ein wenig von Mindanao gesehen und erlebt hat, versteht Glenns Gefühle. Kein anderes Gebiet Ostasiens in vergleichbarer Größe bietet eine so umwerfende Vielfalt an Kulturen, Völkern und Landschaften. Kaum eine andere Region (außer vielleicht das viel kleinere Grenzgebiet zwischen Thailand, Laos und Birma) kann von sich behaupten, niemals wirklich von einer zentralen Regierung kontrolliert worden zu sein.

Die Spanier hatten während ihrer 300 Jahre langen Kolonialherrschaft über die Philippinen vergeblich versucht, Mindanao mit dem Schwert zum Christentum zu bekehren und wie den Rest des Archipels ihrem Diktat zu unterwerfen. Die westliche Hälfte der großen, südlichen Insel wurde von moslemischen Stämmen beherrscht, die die Spanier »Moros« nannten und die jedem Versuch der Eroberung heftigen Widerstand leisteten. Im Osten dominierten andere Stämme, viele von ihnen Kopfjägerkulturen und mit Völkern auf Kalimantan, Sabah und Sarawak (zusammen als Borneo bekannt) verwandt.

In einigen Städten errichteten die Spanier Forts. Doch dabei blieb es. Bis zur Ankunft der Amerikaner um das Jahr 1902 blieb Mindanao mehr oder weniger sich selbst überlassen.

Die neuen Herren des Landes waren nüchterne Pioniere, denen es um die wirtschaftliche Nutzung der Kolonie ging. Mindanao hat viel zu bieten. Die Insel liegt außerhalb des Taifungürtels. Der Regen verteilt sich gleichmäßig über das Jahr. Und wie erste Untersuchungen damals ergaben, bargen die dicht bewachsenen Berge gewaltige Bodenschätze.

Das große Problem: Wie konnte man diese Möglichkeiten nutzen? Wenn es die Spanier in drei Jahrhunderten nicht geschafft hatten, die Einwohner Mindanaos gefügig zu machen, wie sollte es dann den Amerikanern gelingen?

Das Erbe der US-Politik

Die sozioökonomischen Probleme, der Konflikt zwischen Christen und Moslems, all die Spannungen, die auch heute noch auf Mindanao vorherrschen, sind Erbe jener amerikanischen Politik, die damals zur Erschließung der Schatzinsel entworfen worden war. Zunächst wurden zwei Regierungsabteilungen geschaffen, das Department for Non Christian Tribes (für nicht christliche Stämme) und das Department for Muslim Affairs (für muslemische Angelegenheiten).

Zugleich begann eine großangelegte Umsiedlungspolitik. Aus den dicht bewohnten Gebieten auf Luzon und auf den Visayas wurden ganze Familien nach Mindanao gebracht, die sich dort in den bereits bestehenden kommerziellen Zentren eine neue Existenz aufbauen sollten. Diese Pioniere bekamen Prämien für ihren Start. Erste Plantagen wurden angelegt, Fischereibetriebe aufgebaut. Die Erschließung der Schatzinsel hatte begonnen.

Heute noch zeugen relativ wohlhabende Städte von dieser Politik: Davao City, Cotobato, Zamboanga, Pagadian, Iligan, Cagayan de Oro und Butuan waren ökonomische Stützpunkte entlang der Küste, von denen aus ins Landesinnere vorgedrungen wurde. In ihrer Umgebung entstanden die größten Plantagenbetriebe der

Welt, Fabriken wurden errichtet, Straßen gebaut. Weiter weg von der Küste in den unwegsamen und zum Teil gebirgigen Regionen herrscht jedoch bis heute der jeweils stärkste Banditenführer, die bestbewaffnetste Rebelleneinheit oder der lokale Sultan mit seiner privaten Armee.

Agrarkonzerne

Motor der Erschließung von Mindanao war ein amerikanisches Unternehmen. Die weltbekannte Firma Del Monte errichtete bereits im Jahr 1926 ihre erste Ananas-Großplantage in Nord-Mindanao. In den vergangenen 61 Jahren ist der Landbesitz der Philippine Packing Corporation (PPC), wie sich die 100prozentige Del-Monte-Tochterfirma auf den Philippinen nennt, auf über 25 000 Hektar in den Provinzen Bukidnon und Misamis Oriental angewachsen.

1979 wurde Del Monte vom amerikanischen Tabakgiganten R. J. Reynolds Industries aufgekauft, der auf den Philippinen seine Zigaretten Camel, Winston und More erfolgreich vermarktet. Reynolds Industries besitzt auch die Fast-Food-Kette Kentucky Fried Chikken, die sich fast in jeder größeren Stadt des Archipels niedergelassen hat.

Das Beispiel Del Monte fand bald Nachahmer. Nach der Unabhängigkeit im Jahre 1946 forcierte die Zentralregierung in Manila die Siedlungspolitik auf Mindanao. Neue Plantagen wurden angelegt, weitere Industrien aufgebaut. Die schon auf Luzon und auf den Visayas reich gewordenen Oligarchen wie die Ayalas und Cojuancos, die sich überdies amerikanischer Unterstützung und der nötigen Verbindungen zu Regierungskreisen erfreuten, rafften ihrerseits Land an sich, um darauf Plantagen oder Bergwerke zu errichten. Gold, Nickel, Erdöl und zahlreiche andere Rohstoffe wirkten wie ein Magnet. Da spielte es keine Rolle, wenn der Boden seit Jahrhunderten Moslems oder Eingeborenenstämmen gehörte. Was die Unternehmen an Land nicht durch Überreden, Bestechung oder Verlockungen aller Art sich aneignen konnten, nahmen sie den ursprünglichen Besitzern mit Gewalt.

Landraub

In den meisten Küstengebieten Mindanaos hatten die Siedler aus dem Norden kleine Familienplantagen angelegt, die im Schnitt vier bis neun Hektar groß waren und auf denen Kokosnüsse, Mais,

Gemüse und Bananen gepflanzt wurden. »Es begann, uns gut zu gehen. Das Land war fruchtbar. Wäre die Firma nie gekommen, so wären wir heute reich«, erzählt ein ehemaliger Landbesitzer, der die Abgabe seines Landes an ein Plantagenunternehmen heute bitter bereut.*

Anwerber wurden und werden von den Agrarkonzernen in die Barrios geschickt, um die Bauern zur »Verpachtung« ihres Landes an den Betrieb zu überreden. Zur Überzeugungstaktik gehörten große Geschenke, Alkoholgelage und Fahrten mit ausländischen Luxuswagen. Wer nach Monaten der »Freundschaft« mit diesen Strohmännern und nach Anhäufung von so viel »Utang na loob« dennoch nicht verpachten wollte, wurde bedroht und eingeschüchtert.

300 bis 500 Peso erhielt ein Landbesitzer pro Jahr für einen Hektar. Und noch bevor die Bulldozer kamen, wurden ihm zwei bis fünf, manchmal sogar mehr Jahre dieses Pachtzinses im voraus bezahlt. Für das Großunternehmen waren das lächerliche Summen. Die Bauern jedoch hatten keine Erfahrung mit soviel Geld. Außerdem wurden fast nie Verträge unterschrieben, und ein Teil der Anzahlung mußte als Steuer (meist 14 Prozent) wieder abgegeben werden.

Wer von den ehemaligen stolzen Grundbesitzern sein ganzes Eigentum an die Großplantage verpachtet hatte, mußte sich schnell nach Arbeit umsehen. Die nächstgelegene Möglichkeit bot sich auf der Plantage selbst, wo auf Mindanao etwa zwischen 30 und 50 Peso am Tag bezahlt wird. Jene, die kein Land besaßen, landeten ebenfalls auf den Plantagen als Arbeiter – sofern sie Glück hatten. Eine wenn auch nicht reiche, so doch relativ zufriedene Landbevölkerung wurde auf diese Weise in 20 bis 30 Jahren in eine Schar unterbezahlter Industrie- und Plantagenarbeiter verwandelt.

Auch wenn sich Unternehmen wie PPC rühmen, die »Lebensqualität der Einwohner Nord-Mindanaos verbessert« zu haben, die Tatsachen sprechen gegen sie. Wie Umfragen ergaben, sind heute weit weniger Menschen mit ihrem Einkommen zufrieden als zu der Zeit, als sie eigenständige Pflanzer waren. Die Wirtschaftskrise der vergangenen fünf Jahre und der Zusammenbruch der Rohstoffpreise (Zucker, Kopra) haben das Ihre zum allgemeinen ökonomischen Niedergang Mindanaos beigetragen.

---

* Mindanao Focus, August 1983

Alles für den Export

PPC ist heute der größte Lebensmittelhersteller des Landes. Dennoch werden über 90 Prozent der Produktion exportiert. Nur jene Waren, deren Qualität den Anforderungen des Weltmarktes nicht entspricht, werden auf den Philippinen verramscht. Ebenso verhält es sich in fast allen anderen Bereichen.

- Bananen von den Ayala-Plantagen in Davao-Norte werden über das Handelshaus Sumitomo ausschließlich für den japanischen Markt produziert.
- Beispiel Fischerei: In der Nähe von Davao City verarbeiten einige Betriebe den in dieser Region besonders guten und häufig vorkommenden Thunfisch vom Fang bis zur Dose, die dann ausgeführt wird.
- Holzverarbeitungsunternehmen haben ganze Gebiete kahlgeschlagen. Ein großer Teil des sonst wenig verwendbaren Weichholzes landet als Eßstäbchen auf japanischen, taiwanesischen und koreanischen Tischen.
- Bergwerksunternehmen räumen die Bodenschätze ab. Unter Marcos wurden in Städten wie Iligan und an der Küste der Provinz Misamis Oriental riesige Industriekomplexe (vor allem Stahl- und Zementwerke) mit ausländischer »Hilfe« aufgebaut, die in den jeweiligen Ursprungsländern wegen Umweltverschmutzung verboten waren.

Den Philippinen haben solche Unternehmen außer schlechterer Luft und katastrophalen Arbeitsbedingungen für die Beschäftigten nur wenig, wenn überhaupt etwas gebracht. Denn das Know-how bleibt vorwiegend in Händen der Investoren, und die Produkte sind vor allem für die Ausfuhr bestimmt.

Der sogenannte »Trickle Down Effect« (Sickereffekt), den auch heute noch multinationale Unternehmen im Verein mit der Regierung predigen, hat praktisch nie stattgefunden. Die Theorie besagt, durch die Schaffung von Arbeitsplätzen und neuer Infrastruktur werde der Lebensstandard der Bevölkerung verbessert. Ein beachtlicher Teil der guten Profite, die ausländische Plantagen- und Industriebesitzer auf den Philippinen machen, würde auf diese Weise der Bevölkerung zugute kommen.

Für die meisten Filipinos waren und bleiben das leere Versprechungen und Hoffnungen, die nie eingelöst werden können. Ein dicker »Filter« von korrupten Beamten und Cronies hat kaum etwas »durcksickern« lassen.

Die Schatzinsel gehört heute weder ihren eigenen Einwohnern noch den Filipinos insgesamt. Die Regionen, in denen sich die ursprünglichen Einwohner mit aller Kraft gegen die Einwanderer aus dem Norden zur Wehr gesetzt haben, sind unterentwickelt geblieben und - wie zur Strafe - von der Regierung vernachlässigt worden. Die Moslem-Gebiete, die noch dazu vom verheerenden Bürgerkrieg verwüstet wurden, sind das beste Beispiel dafür.

Wenn sich Glenn heute wundert, welchen Weg »seine« Schatzinsel gegangen ist, so steht er mit seiner Unzufriedenheit nicht alleine. Verschiedene Interessengruppen außer den Moslems drängen auf ein unabhängiges Mindanao, in dem sie, die Einwohner der großen und reichen Insel, bestimmen können, was mit ihr geschehen soll. »Aber das wird, fürchte ich, wohl ein Wunschtraum bleiben«, sagte Glenn resigniert, als das Saxophon-Solo zu Ende ging und sein Glas Rum on the Rocks leer war.

Moslem-Slum in Zamboanga City

M. J. Arce

Waffen

Du hast ein Gewehr
Und ich habe Hunger.
Du hast ein Gewehr,
Denn ich habe Hunger.
Du hast ein Gewehr,
Deshalb habe ich Hunger.

Habe dein Gewehr
Und tausend Kugeln dazu,
Und dann noch einmal tausend,
Du magst sie alle
An meinen armen Leib verschwenden,
Du kannst mich töten,
Einmal, zweimal, dreimal,
Zweitausend-, siebentausendmal,
Aber letztendlich
Werde ich immer besser bewaffnet sein als du,
Solange du ein Gewehr hast
Und ich einfach Hunger.

Aus: Günter Reese/Gert Rüppel (Hg.): Hunger und Durst nach Gerechtigkeit, Hamburg 1987

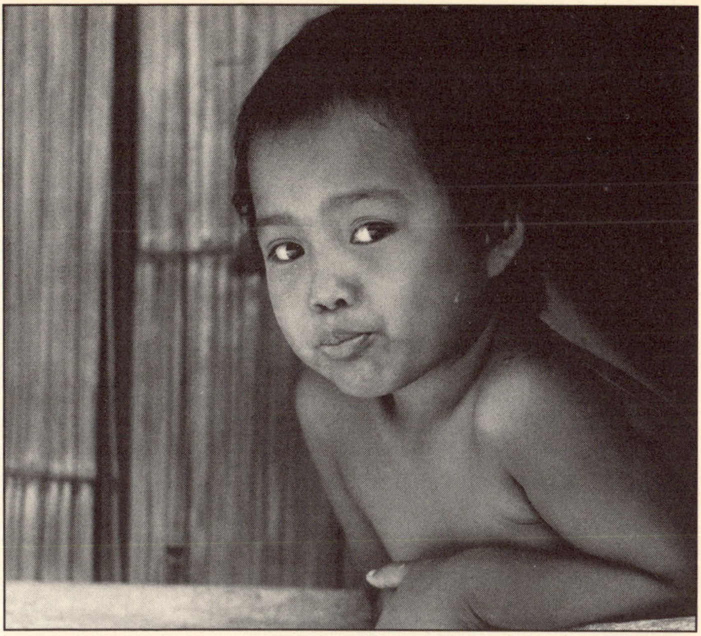

Killerbanden: Der Wahnsinn einer Stadt

Das kleine Holzhaus und sein Garten mit den milden Schatten unter tropischen Bäumen im Stadtteil Buhangin hatten etwas ungemein Friedliches, Idyllisches an sich. In Hanfnetzen baumelten Blumentöpfe von den langen, schweren Ästen, in denen gepflegte Blüten wucherten.

Auf der Veranda, die als Vorraum für die zwei einfachen Zimmer und die Küche diente, saßen wir zusammen mit Anna und ihrem Sohn bei Kaffee und Keksen in der wohligen Wärme der frühen Morgensonne. Um halb sieben hatten wir sie mit unserem Besuch überrascht.

An jenem strahlenden Apriltag war es ein gutes halbes Jahr her, daß wir Anna kennengelernt hatten. Als wir uns im Herbst 1985 trennten, gab uns Anna, die Anfang vierzig war, ihren Leitspruch mit auf den Weg. »If you cannot be good, be careful«, wenn du nicht brav sein kannst, sei vorsichtig, hatte sie mit einem verschmitzten Lächeln gesagt. In der Zwischenzeit war Anna vorsichtig gewesen – denn brav konnte sie nicht sein.

Wie kaum jemand anderes in Davao City, mit rund einer Million Einwohnern die flächenmäßig größte Stadt der Philippinen (über 1000 Quadratkilometer), wußte sie um die Geheimnisse und Methoden, die hier das Überleben sichern. Sie kannte jeden – und alle kannten sie: in Buhangin, ihrem Heimatbezirk und wegen seiner vielen Grünflächen der »Garten-Slum« genannt; in Agdao, einem der größten und gefährlichsten Elendsviertel des Landes; in Boulevard am Meer, wo die katastrophalen Lebensumstände nur durch die Nähe der kühlen Wellen und des breiten Strandes etwas gemildert werden; in Sasa beim Flughafen, wo sich große philippinische und transnationale Unternehmen niedergelassen haben; unten am Hafen, wo Kinder in Bruchbuden auf Pfählen über einer stinkenden Lagune aufwachsen, deren Dünste durch die morschen Bretter sickern; und in den großen Plantagen in den beiden Nachbarprovinzen Davao del Sur und Davao del Norte.

Aber Anna war auch bei den Großen der Stadt bekannt. Die Polizei, das Militär, der Bürgermeister und die Reichen, die PC – alle kannten sie, respektierten sie. Anna war diesen Leuten ein Dorn im Auge, aber sie war eben »careful«.

Die mutige Frau hat uns nie verraten, für wen sie arbeitete oder welcher Organisation sie angehörte. Ein solch verbales Eingeständnis war auch nicht nötig. Denn Anna arbeitete für die, die vom System und seinem Regime unterdrückt, die ausgebeutet und vernachlässigt wurden. Sie war die Leiterin der sogenannten Community Workers, die sich um den Aufbau von Selbsthilfeorganisationen in den Elendsvierteln kümmerten.

Zusammen mit den Young Christian Workers, die den christlichen Basisgemeinden angehören, formte Anna ein Team, ohne dessen Hilfe manche Familie in den Slums nicht überlebt hätte. Flavio, Kenny, Dory und viele andere bekamen jeweils ein Gebiet zugeteilt, in dem sie über die Not der Bewohner Bescheid wußten, ihnen halfen und sie in den Methoden gegenseitiger Hilfe unterwiesen.

Diese freiwillige Arbeit wurde vor allem mit dem ständigen Verdacht seitens der Armee und der PC belohnt, alle Helfer gehörten der Linken oder der NPA an. Denn nur Kommunisten konnten den Armen helfen, so die Argumentation. Der 24jährige Kenny, auch unter düstersten Umständen immer zu Späßen aufgelegt, gab seine »Antwort« so: Stolz wanderte er mit einem weiß-roten T-Shirt durch die Stadt, auf dem in riesigen Lettern »I AM RED« (Ich bin rot) zu lesen war.

Schmuggler, Sekten und Soldaten

Ob Anna selbst Mitglied der NPA war, haben wir nie erfahren. Doch sie arbeitete mit ihr eng zusammen. Ihr 16jähriger Sohn war ein Teilzeit-Stadtpartisan. Ihr Mann lebte schon seit Jahren im Untergrund, deutete sie einmal an.

Bis 1986 war Davao die einzige Stadt des Landes, in der die NPA direkten und bedeutenden Einfluß ausübte. Das Terrain für den Kampf an der Basis war ideal. Die Einwohnerschaft selbst bot überdies beste Voraussetzungen als Testmodell für spätere Infiltration in anderen urbanen Zentren. Denn Davao City war und ist eine Pionierstadt.

»Als die meisten von uns nach Davao kamen, zu Beginn der sechziger Jahre, herrschte hier eine traumhafte Atmosphäre«, berichtete der Geschäftsmann Vicente Pichon Ende 1984. Seine Familie baute in Davao City ein kleines Firmenimperium auf. Mehrere Plantagen in der Umgebung brachten schöne Gewinne – bis die allgemeine Krise zuschlug. »Doch jetzt? Hier herrschen Schmugglerbanden, verrückte Sekten, die NPA und betrunkene Soldaten!« klagte Pichon anderthalb Jahre vor dem Sturz von Marcos.

Seither haben sich die Fronten etwas verschoben, ansonsten ist alles so geblieben, wie es war. In Davao City herrscht auch heute noch die Waffe vor der Vernunft. Der große Boom der Pioniere vor über 20 Jahren degenerierte schon Mitte der siebziger Jahre dank der »Neuen Gesellschaft« und den Monopolen zum allgemeinen Chaos.

Für die vielen Einwanderer, die sich in Davao City den Erfolg ihres Lebens erhofften, sah die Realität bald ganz anders aus. In Elendsvierteln mußten sie ihre Kinder großziehen und froh sein, überhaupt irgendwo Arbeit zu finden. Als wichtige Hafen- und Industriestadt Mindanaos (neben Cagayan de Oro und Iligan) verlockte das Image von Davao dennoch viele, die auf Luzon oder den Visayas wegen der beginnenden Krise noch weniger Arbeitsmöglichkeiten hatten als zuvor.

In wenigen Jahren war es soweit: Agdao, Boulevard, Buhangin, Harbour Area, Mandug und die anderen ursprünglich oft dörflichen Gemeinden der großen City verwandelten sich in Slums, in denen ein halbindustrielles Proletariat dahinvegetierte. Nicht, daß Elendsviertel in anderen Städten besser gewesen wären. Doch der brutale Kleinkrieg, der sich bald entwickelte und seinen bisherigen Höhepunkt in den Jahren 1984/85 erreichte, hat enorm viele unschuldige Opfer gefordert. Niemand hat Statistiken geführt, oft blieb und bleibt die Identität der Toten unbekannt. Doch als wir Davao City im September 1985 besuchten, sprachen alle von durchschnittlich fünf bis sieben Ermordeten am Tag im Stadtbereich.

Nicaragdao

Alleine in Agdao lebten im Jahr 1984 an die 126 000 Menschen* in den verschiedenen Barrios des Bezirks. Barrio Patay war damals das Zentrum der Fehden, die sich Schmugglerbanden, Berufskiller, von

* Bericht des Polizeikommandos von Davao City, 17. 10. 1984

der Armee geheuerte und als Schlächter trainierte Geheimsekten sowie die NPA lieferten. Es hieß deswegen bei den Davaonesen »Nicaragdao«.

Im November 1984 kam es zu einem der grausamsten, aber für Davao typischen Massaker. Vier Männer sowie etliche Jugendliche und Kinder, die sich nach der Messe in einer Wellblechkapelle zum Tratsch auf eine Holzbank gesetzt hatten, wurden von bis heute Unbekannten buchstäblich in Stücke geschossen. Die trockenen Kommentare der Polizei oder der PC klangen vertraut: Das war eben die NPA. Oder irgendwelche anderen Killer. Gibt es ja genug in Barrio Patay und in Agdao.

Im Jahre 1985 wurde es Mode, die erschossenen Opfer zu köpfen. Rumpf und Glieder wurden meist in Kanälen entdeckt, mit ein wenig »Glück« später auch der Kopf. »Salvaging« nannte man das auch hier.

Von den Rechtsanwälten, die sich in Davao City um Menschenrechtsfragen kümmerten, war 1985 nur mehr ein einziger übriggeblieben: Silvestre Bello, der nach dem Machtwechsel von Aquino als Belohnung nach Manila geholt und zum stellvertretenden Justizminister gemacht wurde. Bello konnte sich nur deswegen über Wasser halten, weil er früher einmal ein bekannter Politiker der Marcos-Partei KBL gewesen war und über die richtigen Kontakte verfügte. 1982 wechselte Bello zur PDP-Laban über, weil er »die Nase voll hatte von der Korruption und der Schweinerei im Regierungsapparat«, wie er uns erzählte.

Alle anderen Anwälte, die sich mit heiklen Fällen von politisch Verfolgten auseinandersetzten, landeten hinter Gittern.

Das alltägliche Massaker

Der Kaffee war eben ausgetrunken, als Anna mit ernstem Gesicht sagte: »Kommt, ich muß euch was zeigen.« Sie führte uns aus ihrem Garten hinaus auf die Sandstraße knapp 300 Meter durch die Reihen kleiner Häuser. An einer Ecke zeugte ein schwarzer Haufen zum Teil noch glühender Trümmer und verkohlter Habseligkeiten von einem grausamen Massaker. »Sie sind in der Nacht gekommen. Die Kinder haben geschlafen. Nur eine alte Tante war bei ihnen, die Eltern suchten in Cebu Arbeit. Da haben sie einfach in Benzin getauchte Strohmatten an die Fenster geheftet und diese angezündet«, gab Anna wieder, was ihr die aufgeregten Nachbarn erzählt hatten. Damit ja niemand zur Hilfe eilen oder die Kinder etwa ihrem grausamen Schicksal entfliehen konnten, wurde das brennende Haus mit Schnellfeuerwaffen beschossen. Ein durchlöcherter Wassertank neben den glimmenden Resten zeugte vom abermaligen Wahnsinn Davaos.

»Das war Rache. Vorgestern ist ein Soldat bei seiner Patrouille nicht weit entfernt von den Sparrows (sogenannte Spatzeneinheiten der NPA) erschossen worden. Der Familienvater hier wird verdächtigt, ein Mitglied der NPA zu sein. Da zündet man eben sein Haus an ...«, erklärte Anna die Zusammenhänge mit verbittertem Gesicht.

Alltag in Davao City. Alltag, gegen den sich mutig Menschen wie Anna mit aller Kraft zu wehren versucht haben. Als dann endlich wirkliche Chancen bestanden, Marcos durch die Präsidentenwahlen im Februar 1986 zu stürzen, half Anna dem Lager Corazon Aquinos bei der Kampagne - obwohl die gesamte Linke zum Boykott der Wahlen aufgerufen hatte. »Natürlich bin ich nicht für diese Großgrundbesitzertochter. Doch jetzt heißt es einfach, zusammenzuhalten«, sagte sie in ihrem gelben »Cory«-T-Shirt.

Seither hat sich in Davao City nur eines geändert. Die Killerbanden, die einst insgeheim vom Militär in die Armenviertel geschickt wurden, um die NPA aufzuspüren und Chaos und Leid zu stiften, sind dank des verstärkten Counterinsurgency-Programms der neuen Regierung zu offiziellen Bürgerwehren avanciert. Die NPA hat ihrerseits gerade in der Gegend von Davao City und in den umliegenden Provinzen große Fehler begangen. Internen Säuberungskampagnen gegen Regierungsagenten, die die lokale KPP und die NPA zu zerrütten begannen, sind vor allem »echte« Guerilleros und Partisanen zum Opfer gefallen. Mehrere hundert sollen hingerichtet worden sein.

Cesar Climaco: Die alltägliche Gewalt

Wenn Cesar Climaco, der Bürgermeister von Zamboanga City, sich mit seinem Motorrad auf den Weg machte, steckte er meistens eine Tüte Bonbons ein. Denn wo Climaco auftauchte, sammelten sich nicht nur Erwachsene, sondern auch Kinder. Für sie waren die Süßigkeiten bestimmt.

Climaco, geboren am 28. Februar 1916 in Zamboanga City, dem Zentrum des Sulu-Archipels im Südwesten der Philippinen und dort am 14. November 1984 ermordet, gehörte zu den Berühmtheiten des Landes. Seinen Namen kannte und kennt noch immer fast jedes Kind.

Seinen ungewöhnlichen Ruf verdankte Climaco mindestens zwei Tatsachen. Kaum ein anderer Filipino hat Präsident Marcos so ungeniert kritisiert und verhöhnt wie er. Außerdem war er mit jedem Zoll ein Original. Er hatte sich mit der Würde eines Clowns umgeben. In seinem Büro im Rathaus von Zamboanga City hat Climaco mir am 24. September 1984 ein längeres Interview gegeben. Es war eines seiner letzten und zugleich eines der ungewöhnlichsten, das ich je gemacht habe.

Climaco saß hinter einem großen Schreibtisch, umringt von Mitarbeitern und Besuchern. Ein Schild machte den Besucher darauf aufmerksam, daß der Bürgermeister kein »schlüpfriger alter Mann« sei, sondern »a sexy senior citizen«, also ein älterer Bürger mit Sexappeal. Der weiß-graue Haarkranz um seinen Kopf wurde durch einen Ventilator unter der Decke ständig in Bewegung gehalten. Seit der Verhängung des Kriegsrechts über die Philippinen im Jahre 1972 hatte Climaco aus Protest keinen Friseur mehr an sich herangelassen.

Auch als der Notstand 1981 formell aufgehoben wurde, lenkte der Bürgermeister nicht ein. Schließlich behielt der Diktator in

Moslem-Slum in Zamboango City

Manila seine Vollmachten, und gegen die begehrte Climaco mit allen Mitteln auf. So schrieb er dem Präsidenten in seiner Eigenschaft als Bürgermeister am 12. September 1984 ein Telegramm, das auf den Aberglauben der Filipinos zielte und in dieser Form wohl nur von Climaco formuliert werden konnte. Es lautete:

»Sehr geehrter Herr Präsident! Bitte, glauben Sie keinen Geheimdienstberichten, die Ihnen weismachen wollen, daß – wie bei der Ermordung von Senator Aquino – der Ausbruch des Mayon-Vulkans an Ihrem Geburtstag das Werk der Kommunisten oder der Opposition sei. Weder Kommunisten noch die Opposition sind verantwortlich für den verheerenden Taifun, der die Philippinen in der Woche nach Ihrem Geburtstag heimsuchte; auch nicht für die Erdbeben, die den Taifunen folgten. Glauben Sie mir; all dieses Unglück ist das Werk einer Opposition, die im Himmel ist und hart bestraft für die Missetaten, Grausamkeiten, Habgier, Korruption und Exzesse, die auf der Erde begangen werden. Deshalb sollten wir einen Lebenswandel führen, der dem Schöpfer aller Geschöpfe Freude bereitet.«

Climaco gehörte zu den Menschen, die mindestens vier Dinge gleichzeitig erledigen können. Er telefonierte, zeichnete Vorlagen ab, er diskutierte, und zwar auf Chabacano, einem kastilischen Dialekt, in dem sich spanische Wörter mit einer regionalen Mundart mischen. Und fast zur gleichen Zeit gab er das erwünschte Interview, jedenfalls den Anfang dazu.

Es überraschte nicht, daß zunächst er die Fragen stellte. »Haben Sie sich schon unsere Stadt angesehen?« wollte er von mir wissen.

Ich erwiderte zögernd, einiges hätte ich schon gesehen, aber leider fehle wie immer die Zeit.

»Waren Sie schon in unserem neuen Park?« insistierte Climaco.

Ich mußte passen, denn ich hatte noch nichts von einem neuen Park in Zamboanga City gehört.

»Nein?!« rief Climaco mit gespielter Entrüstung, »also das müssen wir sofort nachholen.«

Kaum hatte er das gesagt, erhob sich Climaco von seinem Sitz und wies alle auf ihn einströmenden Besucher mit dem Hinweis ab, er müsse diesem Ausländer schnell mal den Park zeigen. Climaco drängte zum Ausgang des Rathauses und steuerte draußen auf sein Motorrad zu, das offenbar einen festen Parkplatz hatte. Mit diesem Gefährt dirigierte er meinen philippinischen Begleiter und mich, die wir mit einem Mietwagen gekommen waren, durch den dröhnenden Stadtverkehr bis zu einem Gelände, das tatsächlich sehenswert ist.

Zwischen tropischer Berglandschaft hatte der Bürgermeister einen Park anlegen lassen, der mit christlichen, moslemischen und

und anderen Insignien versehen ist. Ein Kreuzweg gehört genauso dazu wie ein Monument für den ermordeten Benigno Aquino, den Climaco wie einen politischen Heiligen verehrte. Mit Schalk in den Augen erläuterte er, wie sehr der Park sich auch für Liebespärchen eigne, die gern einmal für ein paar Stunden allein sein wollten.

Erst nach diesem Ausflug konnte das eigentliche Interview beginnen. Climaco wurde von einer Sekunde zur anderen ernst, als er auf die sozialen und wirtschaftlichen Probleme von Zamboanga zu sprechen kam. »Wir haben hier nur ganz begrenzte Beschäftigungsmöglichkeiten«, sagte er. »Es gibt eine große Armee von arbeitslosen und unterbeschäftigten Menschen. Wir sind noch längst nicht soweit wie die Japaner und Deutschen, weil wir uns zum Beispiel keine teure Forschung leisten können. Aber vielleicht ist es letztlich für uns sogar besser, zur Agrarwirtschaft zurückzukehren und Lebensmittel herzustellen.«

Der Bürgermeister sprach über Ansätze einer neuen Wirtschaftspolitik. Er half den Armen, Land zu erwerben und zu bebauen. Er verwies darauf, daß die klimatischen Verhältnisse auf den Philippinen zum Anbau von Früchten äußerst günstig seien und daß das Land innerhalb weniger Jahre zu einem wichtigen Agrarexporteur aufsteigen könne. »Wir haben die Möglichkeit, zwölf Monate im Jahr etwas anzupflanzen. In Ihrem Land, der Bundesrepublik Deutschland, geht das nur im Verlauf von sechs oder acht Monaten. Wenn wir moderne Technologien zur Verfügung hätten, könnten wir mit unseren Nahrungsmitteln sogar weltweit Hungergebiete mitversorgen.«

Ein Molekül Asiens

Climaco war sich bewußt, daß er von einer Zukunft sprach, die keineswegs greifbar nahe war. Die Gegenwart war es, die ihn immer wieder daran hinderte, seine Pläne in einem großen Maßstab zu verwirklichen, die Gegenwart der Stadt Zamboanga, in der sich die Probleme der Philippinen wie in einem Brennglas kristallisierten. Die Wochenzeitung »Asiaweek« schrieb in einer Serie über Climaco und die Stadt Zamboanga:

»Der Bürgermeister betrachtete die Stadt vorzugsweise als einen Mikrokosmos der Philippinen. Aber seine Stadt ist noch mehr. Man sagt, kein Puls schlägt heftiger, keine Leidenschaft wird wilder entfacht, keine Hoffnung ist größer, keine Loyalität stärker, kein Zorn mächtiger als in Zamboanga. Es ist ein Molekül eines Großteils von Asien, gefiltert von den alten Handelsströmen, zusammengefügt von Eroberern, Siedlern und Klerikern, und das Ganze auf stolze Distanz von der Hauptstadt.«*

Mit einer Fläche von über 140 000 Hektar gehört Zamboanga zu den ausgedehntesten Metropolen der Welt. Aber die Stadt zählt nur etwa 400 000 Einwohner. Sie ist vom Klima fast verwöhnt. Die Taifune machen einen weiten Bogen um Zamboanga. Die Jahrestemperatur liegt bei etwa 27 Grad Celsius, eine ideale Voraussetzung für eine üppige Vegetation.

Zamboanga ist berühmt für seine Blumen. An Tagen, an denen alles schiefging, pflegte Climaco sich mit der Schönheit der Blumen zu trösten. »Auch wenn alles schwarz aussieht«, sagte er im Gespräch, »diese bunte Pracht entlang der Straßen macht mich immer noch glücklich.«

Als die Spanier in der ersten Hälfte des 16. Jahrhunderts kamen, war der Hafen von Zamboanga bereits ein wichtiger Umschlagplatz für Kopra, Perlen, Porzellan, Seide und Parfüms. Händler aus dem Fernen Osten, China und dem benachbarten Südostasien trafen sich an diesem südwestlichen Zipfel Mindanaos. Zamboanga wurde unter dem Einfluß der spanischen Conquistadores eine überwiegend christliche Stadt in einer Umgebung, die sich allen Bekehrungsversuchen widersetzte und moslemisch blieb.

Anfang der siebziger Jahre dieses Jahrhunderts begannen die Moros, wie die Spanier die Moslems im Süden nannten, einen blutigen Sezessionskrieg, der im Laufe von über zehn Jahren 60 000 Tote forderte und auch Zamboanga und den Sulu-Archipel zum Schauplatz blutiger Kämpfe machte. Der am Ende vergebliche Unabhängigkeitskampf unter der Führung der Moro National Liberation Front hatte vor allem für die Region im Südwesten verheerende Folgen. Die Regierungstruppen kamen nicht nur, um die Moros zu bekämpfen, sondern auch um Geschäfte zu machen.

Der im Januar 1973 per Marcos-Dekret legalisierte steuerfreie Tauschhandel mit Singapur und Malaysia, der eigentlich den minderbemittelten Moslems zugute kommen sollte, geriet fast über Nacht unter die Kontrolle von Polizei- und Armeeoffizieren sowie von wohlhabenden Chinesen. Die Rivalitäten führten bald zu einer Explosion von Korruption und Gewalt.

Im Gefolge von Krieg und Chaos war der wirtschaftliche Niedergang unvermeidlich. Davon wiederum profitierte die NPA, die es zuvor im Süden gar nicht gegeben hatte.

---

* Asiaweek, 7. Dezember 1984, Seite 91

Zamboanga wurde zum Zufluchtsort für Geldmacher, Gangster und Guerilleros, eine Stadt, in der praktisch Gesetzlosigkeit herrschte.

Die »Stadt der Blumen«, die eigentlich für den Tourismus ausersehen war, versank in einem Meer von Gewalt. Spektakuläre Entführungen schädigten den Ruf der Stadt, vor allem auch im Ausland. Die neuen Luxusherbergen wie das Plaza-Hotel, das 1982 errichtet worden war, standen die meiste Zeit halbleer. Die wenigen Touristen, die sich in den Südwesten wagten, erhielten gelegentlich Polizeischutz. Aber was nützte letztlich eine Polizei, die selbst korrupt war und mit dem Gangstertum zusammenarbeitete.

Als Cesar Climaco 1981 das Bürgermeisteramt übernahm, in das er bereits Mitte der fünfziger Jahre einmal gewählt worden war, wußte er, was er sich vorgenommen hatte. Schon bald gehörte zu seinen geflügelten Sätzen der Hinweis auf die Gefahr, die jedem drohte. »In Zamboanga City ist niemand sicher«, sagte er oft, »nicht einmal der Bürgermeister.«

Nur jemand wie Cesar Climaco konnte den Versuch unternehmen, sich der alltäglichen Gewalt, der Korruption und dem Gangstertum entgegenzustellen. Er tat es mit einem unerschöpflichen Mut und mit ungewöhnlichen Mitteln. Rivalisierende Moslem-Fraktionen beeindruckte er beispielsweise dadurch, daß er im Verlauf einer gewalttätigen Auseinandersetzung sich mitten zwischen sie stellte und sie aufforderte, ihn zu erschießen oder endlich Frieden zu schließen. Bei Entführungen suchte er nach Möglichkeit die Kidnapper selber auf und handelte die Bedingungen für die Freilassung der Geiseln aus.

Um den Bürgern das Ausmaß der Gewalt zu demonstrieren, führte er am Rathaus eine öffentliche Strichliste. Als die Statistik bei 899 unaufgeklärten Morden angelangt war, riß er das Papier von der Wand. Climaco war verzweifelt. Denn er erkannte, daß er diese Schlacht nicht mehr gewinnen konnte.

Dabei hatte gerade Climaco so viele Einzelerfolge aufzuweisen. Zum Beispiel gelang es ihm, moslemische Rebellenführer zum Aufgeben und zu gewaltfreien politischen Aktivitäten zu bewegen.

Einer von ihnen war Muarip Candu von der Sulu-Insel Basilan, der 1984 sogar in die Nationalversammlung gewählt wurde. Er hielt am 30. August 1984 eine bewegende Jungfernrede, die bald in Tausenden von Exemplaren in Zamboanga und im Sulu-Archipel kursierte. Sie enthielt unter anderem folgende Absätze:

Herr Präsident!

Als ich diese große Halle der Nationalversammlung zum ersten Mal betrat, konnte ich beim Anblick der illustren Klasse von Leuten, mit denen ich dank der göttlichen Gnade Allahs die nächsten sechs Jahre verbringen sollte, mich des Gefühls nicht erwehren, fehl am Platze zu sein. Mein erster Gedanke war, zurückzugehen in meine Provinz Basilan. Aber dann dachte ich, meine Leute haben mich hierhergeschickt, damit ich sie repräsentiere.

Die Tatsache, daß ich als einziger Moslem vor Ihnen stehe, tröstet mich, und ich bin stolz darauf, daß ich als ehemaliger Untergrundführer der Opposition angehöre. Ich nehme die Gelegenheit wahr, einige wichtige Dinge von nationalem und internationalem Interesse vorzubringen. Als ehemaliger Kommandeur der Rebellen kenne ich die Leiden und Probleme meiner Moslembrüder und ihre Hoffnungen.

Wie Sie genau wissen, sind seit der Verhängung des Kriegsrechts im Jahre 1972 Hunderttausende von Menschen auf Mindanao und im Sulu-Gebiet umgesiedelt worden. Man hat uns gesagt, das Kriegsrecht sei aufgehoben und der normale Alltag zurückgekehrt ...

Dennoch hält die Regierung die Leute in Angst und Schrekken. Die Bevölkerung wird immer wieder von der Kasernenmentalität derer eingeschüchtert, die das Gesetz anwenden sollen. Ich habe Beispiele davon hier in Manila gesehen. Wenn Arbeiter, Studenten oder Hausfrauen auf die Straße gehen, um gegen den wirtschaftlichen Zustand der Nation zu protestieren, werden sie mit Tränengas bombardiert und von der Polizei mißhandelt. Diejenigen, die für höhere Löhne die Arbeit niederlegen, werden ins Gefängnis geworfen.

Diejenigen, die sich der Polizei entgegenstellen, müssen sich gefallen lassen, als Anhänger der Kommunistischen Partei oder der Neuen Volksarmee gebrandmarkt zu werden. Man hat uns gesagt, der Staat müsse diese Leute bekämpfen, weil sie von subversiven Elementen unterwandert seien. Wenn die Behörden wirklich wissen, daß Demonstrationen und Massenaktionen infiltriert sind, weshalb verhaften sie dann nicht die Unterwanderer? Oder handelt es sich bei diesen sogenannten Subversiven in Wirklichkeit um Infiltranten der Regierung und um Spione, die den Auftrag haben, dort auszuharren, um das Feuer in Gang zu halten?

Vor diesem Hintergrund können Sie leicht verstehen, weshalb die Rebellion unter den Moslems das Kriegsrecht überlebte. Um mit den Worten von Präsident Marcos zu sprechen, wie ihn die Zeitungen zitierten: »Die Subversion in diesem Lande nimmt zu.« Ich möchte dem etwas hinzufügen: Die NPA ist heute auf Mindanao. Vor dem Kriegsrecht gab es nur eine sehr kleine Armee. Die Untergrundkämpfer operierten lediglich in einigen Teilen Luzons. Aber heute hat trotz Hunderttausenden von Soldaten die Untergrundbewegung längst Mindanao erreicht und ist – nach den Worten des Präsidenten – »im Anstieg«.

Die ganze Nation wird mir zustimmen, wenn ich sage, daß wir vorher im Süden keine NPA hatten.

Ist das, was wir jetzt haben, die sogenannte »Neue Gesellschaft«, die als Vision verkündet worden ist?

Die Regierung bleibt dabei, der Welt zu erzählen, auf den Philippinen herrschten Frieden und öffentliche Sicherheit. Wenn die vertriebenen moslemischen und christlichen Bauern nicht auf ihr Land zurückkehren können, wenn gewöhnliche Bürger weiterhin in Angst leben und unschuldige Frauen und Kinder sich in ihren Häusern nicht sicher fühlen, wie können wir behaupten, es herrsche Frieden?

Das Attentat

Von Frieden konnte im Süden wirklich keine Rede sein. Und ein Opfer des Krieges wurde schließlich auch Cesar Climaco, der legendäre Bürgermeister von Zamboanga. Das Szenario für den Mord schrieb er gewissermaßen selber, jedenfalls ahnte er die Umstände. Sie erinnern stark an das Attentat auf Benigno Aquino, bei dem ein gewisser Rolando Galman die Rolle des mutmaßlichen Attentäters spielen mußte, damit die wahren Mörder unerkannt blieben.

Climaco hatte sich beim amtierenden Generalstabschef Fidel Ramos für die Versetzung des Polizeioffiziers Abdurasal Alih eingesetzt, der in dunkle Geschäfte verwickelt war und seinen Polizeiberuf offenbar nur als Deckmantel benutzte. Alih wurde am 10. Oktober 1984 an einer militärischen Kontrollstelle unweit des Wohnsitzes von Climaco erschossen.

Schon kurze Zeit später kursierten Gerüchte, der Bürgermeister habe mit dem Tod des Polizisten etwas zu tun. In einem Brief vom

29. Oktober 1984 an General Ramos teilte Climaco mit, das Militär bringe ihn bewußt mit dem Tod an Alih in Verbindung, um später im Fall eines Attentats auf ihn, den Bürgermeister, die mit Alih liierte Gruppe beschuldigen zu können. Genau so geschah es am Mordtage, am 14. November.

Climaco war morgens zu einem Großbrand gerufen worden. Wie immer bei solchen Ereignissen machte er sich mit seinem Motorrad auf den Weg und sah nach dem Rechten, kümmerte sich um den Fortgang der Löscharbeiten und stand den Betroffenen mit Rat und Tat zur Hilfe. Anschließend fuhr er wieder nach Hause, um zu frühstücken und sich auf den neuen Arbeitstag vorzubereiten. Dabei erreichte ihn ein zweiter Anruf einer Frau, die meinte, der Bürgermeister müsse noch einmal zum Brandort zurückkehren. Seine Hilfe sei notwendig. Climaco fragte nicht lange, wieso und weshalb. Er fuhr noch einmal in die Gouverneur Alvarez Avenue, wo das Unglück geschehen war, besprach mit den Leuten weitere Dinge und wollte gerade auf sein Motorrad steigen, um zum Rathaus zu fahren, als sich von hinten ein Mann näherte und ihm eine Pistole ins Genick hielt. Der Täter feuerte einen Schuß in den Hinterkopf von Climaco, der auf sein Motorrad stürzte und zusammenbrach.

Der unbekannte Mann entfernte sich ruhig von der Stelle und verschwand kurze Zeit später in der Menschenmenge. Ein Polizist, der den Brandherd sichern sollte und sich in der Nähe aufhielt, griff nicht ein. Er sorgte lediglich dafür, daß der Bürgermeister in ein Krankenhaus eingeliefert wurde. Dort konnte nur noch sein Tod festgestellt werden.

Das Attentat auf Cesar Climaco löste überall auf den Philippinen Bestürzung und Empörung aus. Nach Benigno Aquino war ein weiterer Kritiker und erklärter Gegner von Marcos am hellichten Tage brutal ermordet worden, dazu ein Mann, der wegen seines Mutes in der Bevölkerung beliebt und geachtet war, der höchstens eine Wasserpistole bedienen konnte, aber nicht in Mord- oder Korruptionsgeschichten verwickelt gewesen war.

Präsident Marcos schickte, nicht zuletzt aus Furcht vor einer neuen Eskalation der Gewalt zwischen Christen und Moslems, General Ramos nach Zamboanga, um die Wogen zu glätten und eine Untersuchung einzuleiten. Die Ermittlungen blieben ergebnislos.

Der zuständige Ausschuß der Nationalversammlung machte drei Anläufe, um die Hintergründe aufzuklären. Das einzige, was diese Recherchen ergaben, waren Erkenntnisse über unbeschreibliche Zustände bei der Polizei. Die Beamten waren weder ausgebildet noch interessiert an Selbstverständlichkeiten wie Spurensiche-

Totendenkmal für Cesar Climaco

rung oder Sicherung des Tatortes. Es gab nicht annähernd genug Polizeifahrzeuge, und wenn es sie gab, dann fehlte es an Benzin. Die Polizisten waren mit vielen Dingen beschäftigt, nur nicht mit der Wahrung der Ordnung in Zamboanga City. In der Stadt herrschte offenkundig ein gesetzloser Zustand. Die Polizei, das Militär, einzelne Privatarmeen - sie alle verfolgten eigene Interessen, die notfalls mit Gewalt durchgesetzt wurden.

Der Tod von Cesar Climaco änderte an diesem katastrophalen Zustand letztlich nichts. Die Stadt verkündete eine zehntägige Trauer um ihren Bürgermeister. Über 50 000 Menschen folgten seinem Sarg. Beigesetzt wurde Climaco in dem von ihm selbst angelegten Park am Stadtrand, den er über alles geliebt hatte. »Hier kann man seine Ruhe finden, die Blumen betrachten und sich zurückziehen«, sagte er, als er mir die eigenwillige Anlage zeigte. Cesar Climaco, dieser Filipino aus dem Süden, der eine unregierbare Stadt zu regieren versuchte, mit dem Mut eines Helden und der Würde eines Clowns, hat hier seine Ruhe gefunden.

Moslems: Kampf gegen das »System des Nordens«

»Erschrick nicht! Die Stadt sieht aus, als wäre gerade der Dritte Weltkrieg zu Ende gegangen.« Datu Nurdin Alonto Lucman, 31 Jahre junger Sultan von Marawi und von seinen Freunden »Nur« genannt, gibt dem Fahrer des Jeeps ein Zeichen. Drei Krieger der Bangsa Moro Liberation Organisation (BMLO) springen auf den Wagen und zwängen sich auf den äußersten Rand der Sitzbänke, die Läufe ihrer M-16-Sturmgewehre ragen aus der im Fahrtwind flatternden Plane hervor.

Die beinahe unwirklich schöne Landschaft rundum verrät keineswegs, daß hier in der südlichen Provinz Lanao del Sur auf Mindanao noch vor zehn Jahren einer der blutigsten Bürgerkriege der Philippinen ausgefochten wurde. Wie auf einer Ansichtskarte reihen sich dicht bewachsene Berge am Horizont und ragen gegen den klaren, blauen Himmel, der sich in den ruhigen Wassern des Bergsees Lake Lanao spiegelt.

Die Gegend um die 54 000 Einwohner große Hauptstadt der Provinz, Marawi City, wird nicht umsonst die »Schweiz von Mindanao« genannt: 712 Meter über dem Meeresspiegel werden die Tropen erträglich, die milden Winde des »ewigen Frühlings«, wie der islamische Volksstamm der Maranaos sein Klima nennt, wehen das ganze Jahr hindurch.

Der Jeep hat inzwischen die paar Kilometer von der Mindanao State University (MSU), in der Gäste untergebracht werden, und ihrem 1000 Hektar großen Gelände bis zur Stadteinfahrt von Marawi zurückgelegt. Die tiefen Schlaglöcher auf der nur stellenweise asphaltierten Straße erinnern eher an Bombenkrater als an die Arbeit von Regen und Taifunen.

»Islamic City of the Philippines« wird die heute chaotische und zu 92 Prozent von den islamischen Maranaos bewohnte Ansamm-

BMLO-Rebellen

lung von Hütten, verfallenen Häusern, verdreckten Sandstraßen und offenen Kanälen am nördlichen Ufer des zweitgrößten Sees der Philippinen offiziell genannt. Viele nennen sie zynisch »I-slum-ic City«.

Wer sich dem Zentrum nähert, begreift die warnenden Worte Nurs: »Als ich ein Kind war, vor dem Krieg und bevor meine Familie ins Exil ging, war Marawi fast paradiesisch. Das ist heute davon übriggeblieben«, sagt er mit traurigem Blick über das in den vergangenen Jahren als »Stadt der Entführungen« bekanntgewordene Marawi, während der Jeep mit den grimmigen Kriegern der BMLO weiter über Schlaglöcher und Dreckhaufen in Richtung Herrenhaus der Alontos und Lucmans holpert.

Wer vom Küstengebiet von der pulsierenden Stadt Cagayan de Oro her über das Industriezentrum Iligan in gut vier Stunden kurviger Autoreise nach Marawi fährt, taucht in eine andere Welt ein, die mit dem bekannten Image der Philippinen wenig zu tun hat. Überall die Spuren des Krieges, der Vernachlässigung, der Jahre ungehinderter Ausbeutung des Gebiets durch ein paar Schurken: verkommene Dörfer, Armut und Gesichter, die sich nicht einmal mehr zum so bekannten und in Reiseprospekten breit abgebildeten »Lächeln der Philippinen« zwingen können.

Die Maranaos bilden den größten unter den vier moslemischen Hauptstämmen, die zusammen die etwa vier Millionen große Minorität islamischen Glaubens ausmachen. Stolz auf ihre Traditionen und verbittert über die brutalen Feldzüge, die gegen sie unter den Spaniern und bis ins vorige Jahrzehnt unter Ferdinand Marcos unternommen worden sind, kämpfen die Maranaos genauso wie die Maguindanaos in Cotabato und Maguindanao sowie die Tausug und Samal auf Zulu und Palawan um einen eigenen, unabhängigen Staat.

»Unsere Landsleute fragen oft, warum die Moslems denn überhaupt Autonomie wollen oder gar einen eigenen Staat. Die Antwort ist einfach: Wir sind von Manila und dem ›System des Nordens‹ zu oft betrogen worden. Es hat uns nur Schaden gebracht«, erklärt Nur im geräumigen und baufälligen Haus seiner Familie bei einer Tasse Kaffee.

In den über 300 Jahren spanischer Herrschaft gelang den Conquistadores aus Europa in den Gebieten der Maranaos und der Maguindanaos lediglich die Gründung einzelner Forts. Wirklich erobert wurde das Ahnenland der Moros niemals. Als die USA nach dem Spanisch-Amerikanischen Krieg von 1898 die Philippinen als Siegesbeute erhielten, schlossen die Amerikaner im selben Jahr ein Abkommen mit dem damaligen Sultan von Zulu. Darin wurden die Insel Zulu und das dazugehörige Archipel lediglich als US-Protektorat bezeichnet, nicht jedoch als Kolonie.

In den darauffolgenden Jahren wurden die übrigen moslemischen Gebiete unter Kontrolle gebracht und durch das »Department of Moro and Zulu« sowie jenes für »Non-Christian Tribes« regiert. Die Moros genossen also unter den Amerikanern jenen Sonderstatus, der ihnen ihrer eigenen Einschätzung nach zustand.

Bevor die USA 1935 das »Philippine Commonwealth« einführten und eine neue Verfassung für das gesamte Land verfügten, baten die Datus (Edelmänner) und Imams von Marawi die Amerikaner, dem Moro-Land, Zulu und Palawan die Unabhängigkeit zu garantieren oder aber es weiterhin als US-Protektorat zu verwalten. Grund für diesen überraschenden Brief an Präsident Franklin D. Roosevelt war die nur allzu berechtigte Befürchtung, daß Land, Schätze und Freiheit der Moros abenteuerlustigen christlichen Siedlern aus dem Norden zum Opfer fallen würden.

Jabidah-Massaker

Die eigentliche Katastrophe begann mit der Ausrufung des Kriegsrechts am 21. September 1972. Einer der Schwerpunkte dieses Eingriffs: Ordnung schaffen in den Moslemgebieten Mindanaos, wo sich die Moros zunehmend mit Waffengewalt gegen die Oberherrschaft Manilas und nördlicher Siedler zur Wehr setzten und nach der Gründung eines eigenen, autonomen Gebietes verlangten.

In den fünfziger und sechziger Jahren waren verschiedene Versuche einer friedlichen Beilegung des Konflikts gescheitert, ebenso Bemühungen islamischer Abgeordneter des bis 1972 existierenden Kongresses, die politischen Ziele der Moros auf friedliche Weise zu erreichen. Dafür war nicht zuletzt das 1968 geschehene Jabidah-Massaker verantwortlich.

68 von 240 jungen Moslems waren nach Monaten des speziellen Trainings für Geheimaktionen im malaysischen und von den Philippinen bis heute reklamierten Sabah (Nord-Borneo) auf grausamste Weise von ihren christlichen Offizieren geschlachtet worden, weil sie sich geweigert hatten, gegen ihre Moslem-Brüder in Sabah ins Feld zu ziehen. Zwei überlebten das Massaker und konnten als Zeugen auftreten.

Im gleichen Jahr bildeten sich die ersten Widerstandsgruppen unter der Leitung des Kongreßabgeordneten, Herrschers von Marawi und Lanao und »Sultan aller Sultane«, Rashid Lucman,

Vater von Nurdin Alonto Lucman. Einer seiner Schützlinge: Der Tausug Nur Misuari aus Jolo, späterer Vorsitzender der 1972 gegründeten Befreiungsorganisation MNLF. Rashid Lucman selbst hatte ein Jahr zuvor die BMLO formiert.

»Das waren grausame Jahre«, erinnert sich der 29jährige BMLO-Kommandant Jalil Razzak an den vierjährigen Krieg, der offiziell mit dem Abkommen von Tripoli im Dezember 1976 endete, jedoch bis heute weiter schwelt und inzwischen schon über 100 000 Todesopfer gefordert hat.

Jalil führt seine Spezialeinheit in einer der neun Zonen in Lanao del Sur, die die BMLO unter Kontrolle hat. »Die Armee vernichtete ganze Dörfer. Frauen und Kinder wurden massakriert. Die Parole der Regierungssoldaten lautete: ›Nur ein toter Moslem ist ein guter Moslem‹«, berichtete Razzak mit düsterer Miene. Wie die meisten seiner Kampfgenossen ist er bereits mit 14 Jahren in den Krieg für seine Heimat gezogen.

Der heutige BMLO-Vorsitzende Datu Nurdin, der 1984 seinem im gleichen Jahr im saudi-arabischen Exil verstorbenen Vater Rashid Lucman als BMLO-Kommandant nachfolgte, hat endlose Listen anfertigen lassen, die genau alle Vernichtungsaktionen der Regierungstruppen dokumentieren. Große Teile von Marawi wurden gleich dreimal niedergebrannt.

Dem Bürgerkrieg folgte der Verfall

Den blutigen Jahren, die MNLF-Führer Nur Misuari und BMLO-Vorsitzender Rashid Lucman ins Exil im Nahen Osten zwangen, von wo aus sie die politische Leitung des Kampfes fortsetzten, folgten elf Jahre des ökonomischen wie sozialen Verfalls. Ferdinand Marcos hat das Tripoli-Abkommen zwischen Moros und der Regierung in Manila zwar unterzeichnet, sich aber niemals an die Abmachungen gehalten. Weder wurden den Moslems 13 versprochene Provinzen in Mindanao als eigenes Gebiet zugestanden, noch wurden andere Verfügungen respektiert. Statt dessen gelang es Marcos, in den Moro-Gebieten ihm ergebene und durch Bestechungsgelder gefügige Moslems als Verwalter und Gouverneure einzusetzen. Diese verhalfen dem bereits ausgebluteten Moro-Land durch schamlose Bereicherung zu jenem Image, von dem es die neuen Führer wie Nur befreien wollen: Gebiete wilder Anarchie, wo entführt, geraubt und erschossen wird.

Regionale MNLF- und BMLO-Führer wurden unter anderem mit großzügigen Holzkonzessionen dazu verlockt, zur Regierungslinie in Manila zurückzukehren. Der Erfolg: Ganze Regionen in Mindanao sind ohne Aufforstung abgeholzt worden, besonders in Lanao del Sur, wo der Wasserspiegel des Lanao-Sees in den vergangenen Jahren aus eben diesem Grund um über einen Meter gesunken ist.

Deshalb kann das großartig propagierte Agus-Staudammprojekt in Lanao nicht genügend Strom für Mindanao produzieren. Der damalige Bürgermeister von Marawi allerdings hatte sich bereits die vier Millionen Peso der Konzession für das Agus-Projekt unter den Nagel gerissen. Dafür haben die Maranaos heute kein Entscheidungsrecht mehr über die vier Staudämme in ihrem eigenen Gebiet. »Wir müssen ganz neu anfangen, alles neu aufbauen. Das geht aber nur, wenn wir autonom werden, über uns selber mit Hilfe der Sharia (islamisches Recht) entscheiden können. Denn schließlich wissen wir besser als die Herren in Manila, was für uns gut ist«, betont Datu Nurdin.

Datu Nurdin mit seinen Generälen und Mitarbeitern

Moslemischer Mini-Marcos

Von 1974 bis kurz nach dem Sturz Marcos' war Ali Dimaporo nicht nur Gouverneur von Lanao del Sur, sondern auch zugleich Direktor der Staatsuniversität MSU. Das Budget (1985 umgerechnet etwa 16,7 Millionen Mark) der 1961 gegründeten Hochschule war unter Marcos die hauptsächliche Finanzquelle der Provinz, nicht zuletzt auch, weil sich die Regierung mit dem Etat von ihren Verpflichtungen gemäß dem Tripoli-Abkommen loskaufen wollte. Dimaporo sah zu, daß ein Maximum davon in seine Taschen floß, während in den Unterrichtssälen auch heute noch weder genügend elektrische Birnen noch Stühle vorhanden sind. Die einst 100 000 Bände zählende Bibliothek wurde auf ein paar tausend Bücher reduziert, und die neue Regierung überlegt bereits ernsthaft, die einzige lokale Möglichkeit höherer Erziehung für junge Moslems zu sperren.

»Wer wagte, Dimaporo zu kritisieren, mußte mit dem Schlimmsten rechnen. So ließ der ›Mini-Marcos‹ 1981 einen Journalisten aus Iligan City umbringen, der über die korrupten Machenschaften des Gouverneurs berichtet hatte«, erinnert sich Nonong Tumada, Manager des durchwegs leeren Marawi-Resort-Hotels auf dem Universitätsgelände.

»Das Ergebnis dieser Jahre des Terrors und der Korruption siehst du heute in Lanao, aber auch auf den Zulu-Inseln und in Maguindanao. Verzweiflung, Armut, abgeforstete Berge, geraubte Bodenschätze und besoffene Soldaten. Und Banditen unter unseren eigenen Leuten wie Dimaporo haben sich alles selber eingesteckt!« empört sich BMLO-Kommandant Rudi, der im BMLO-Dokumentationszentrum der Familie Lucman mitarbeitet.

Inzwischen hat Prinzessin Tarhata Alonto Lucman, Mutter von Datu Nurdin, die Regierung der Provinz übernommen. Ihr Bruder war Mitglied jener Kommission in Manila, die im Sommer 1986 die neue Aquino-Verfassung ausgearbeitet hatte. Und ihr Cousin steht jetzt der Universität als Direktor vor. »Für die Maranaos, wie für alle Muslims, müssen ihre Herrscher drei Voraussetzungen mit sich bringen: einmal die Familie, dann die Religiosität und drittens das zivile Amt«, erklärt der aus Luzon stammende Tumada. »Die Alontos und Lucmans haben hier als Sultane seit Generationen geherrscht, gut, daß sie es wieder können. Vielleicht wird jetzt alles besser.«

Weniger optimistisch gibt sich der Amerikaner Robert McAmis, der seit 24 Jahren bei den Maranaos lebt und einer der wenigen ausländischen Kenner des philippinischen Moslemproblems ist: »Das hier ist eine zutiefst kaputte, untereinander zerstrittene Gesellschaft. Es wird Jahre, wenn nicht Jahrzehnte dauern, bis wir hier wieder Frieden haben.«

Nurdin muß zugeben, daß »sich die Tausug und Maranaos eigentlich nicht mögen«. Doch hofft er auf die neue Zeit, die auf den Philippinen mit der Regierung Aquinos angebrochen ist. McAmis dazu: »Die Moslems glauben, die Autonomie werde alle Probleme lösen. Ich bezweifle es, da ja nur in Lanao del Sur (95 Prozent von 750 000 Einwohnern) und auf den Zulu-Inseln eine islamische

Mehrheit lebt. Zunächst müssen die meist konkurrierenden Stämme zueinander finden. Dann kann man von Fortschritt reden.«

Moslemische Studentinnen an der Marawi State University

Die unvollendete Revolution

Symbol fürs Land: verkommene Eisenbahnlinie

Die ersten Monate: Demokratisierung und Demontage

Während seines Exils in den USA pflegte Benigno Aquino seine Reden gegen den Diktator Marcos mit einer düsteren Prognose zu beenden: Wer immer in die Fußstapfen von Marcos trete, müsse zwangsläufig scheitern. Denn das Land, das der Präsident hinterlasse, sei korrupt, bankrott und am Boden zerstört.

Die bittere Ironie der Geschichte wollte es, daß Aquinos Frau das traurige Erbe des Diktators übernehmen sollte. Mit Hilfe des Militärs und vor allem von »People Power« gelangte Corazon Aquino an die Macht. Und kaum hatte sie das Gästehaus von Malacañang als ihren Amtssitz bezogen, prophezeiten ihr viele ein baldiges Scheitern. Eine politisch gewiß gebildete, aber in der politischen Praxis völlig unerfahrene Hausfrau an der Spitze dieser zerrissenen Nation – das könne nicht gutgehen.

Am 5. Juni 1986 waren die ersten 100 Tage der Aquino-Regierung verstrichen. Das Bemerkenswerteste an diesem Datum war: Corazon Aquino hatte noch nicht das Handtuch geworfen, und trotz mehrerer Putschversuche war sie noch nicht gestürzt worden.

Der soziale und wirtschaftliche Zustand der Nation war Anfang Juni 1986 mehr oder weniger unverändert geblieben. Aber politisch hatte sich einiges getan. Der Schwung der unblutigen Revolution hielt die Filipinos noch in Bewegung. Die neuen Verantwortlichen in den Fernsehstationen legten die Filme vom Aufstand der Massen immer wieder auf, damit sie nur ja nicht in Vergessenheit gerieten. Videokassetten, die die heranrückenden Panzer, die rosenkranzbetende Menge und die Vereidigung der Präsidentin zeigten, wurden weitergereicht. Fliegende Händler verkauften am Straßenrand T-Shirts mit der Aufschrift »I stopped a tank« (Ich brachte einen Panzer zum Stehen).

Der Herausgeber der »Manila Times«, Alejandro Roces, dessen Blatt während der Marcos-Diktatur 14 Jahre lang nicht erscheinen durfte, fühlte sich an das Ende des Pazifischen Krieges erinnert, als die Filipinos mit Hilfe der Amerikaner das Joch der Japaner abschüttelten und einen Freudentaumel erlebten.

Die neue Präsidentin bewies gleich in den ersten Wochen, daß sie durchaus Führungsqualitäten besitzt. Gegen den Widerstand der Militärs setzte sie die Freilassung von politischen Gefangenen durch, darunter die Spitze der verbotenen Kommunistischen Partei. Deren Gründer José Maria (»Joma«) Sison durfte sogar seine Lehrtätigkeit an der University of the Philippines wieder aufnehmen.

Die Präsidentin forcierte ferner den Rücktransfer der von Marcos ins Ausland geschafften Dollar-Milliarden, ließ deren Konten einfrieren und Güter beschlagnahmen, soweit die von ihr eingesetzte Sonderkommission ihrer habhaft werden konnte.

In einem erstaunlichen Kraftakt zog die Präsidentin vier Wochen nach ihrer Machtübernahme einen radikalen Schlußstrich unter die Marcos-Diktatur. Sie schaffte das Parlament ab und stattete sich selbst mit Vollmachten aus, die denen ihres Vorgängers durchaus ebenbürtig waren. Sie besaß damit das Recht, Gesetze zu erlassen, Bürgermeister, Gouverneure und Richter zu nominieren und zu feuern. Sie allein bestimmte über den Termin für die nächste Wahl. »Aquino-Diktatur« hieß es daraufhin in der philippinischen Presse, die sich schon unter Marcos ihre Freiheit zurückerobert hatte und der neuen Präsidentin kaum eine Schonfrist gönnte.

Mit der Einsetzung einer Kommission, die innerhalb von etwa 90 Tagen eine neue Verfassung ausarbeiten sollte, wurde der Fahrplan zur Demokratisierung des Landes eingehalten. Daß die Präsidentin von Anfang an entschlossen war, die bürgerlichen Grundrechte wiederherzustellen und den Philippinen eine freiheitliche Verfassung zu geben, daran bestand kein Zweifel. Das entsetzliche Schicksal ihres Mannes erinnerte sie ständig daran, wozu ein Diktator fähig sein konnte.

Die katholische Wochenzeitschrift »Veritas« schrieb über die ersten 100 Tage der Präsidentschaft von Corazon Aquino, niemand könne die Reinheit ihrer Absichten und die Lauterkeit ihrer Beweggründe in Frage stellen. Aber aus lauteren Absichten würden noch keine Taten. Auf den beiden entscheidenden Gebieten, der Bekämpfung des massenhaften Elends der Bevölkerung und der Beendigung des Bürgerkrieges, kam die Präsidentin kein Stück voran.

Kein Konzept für die existenziellen Probleme des Landes

Bereits die ersten Monate ihrer Amtszeit machten deutlich, daß Aquino für die Lösung dieser existenziellen Probleme ihres Landes so gut wie keine Voraussetzungen mitbrachte. Ihr Lernprozeß beschränkte sich auf den unmittelbar politischen Bereich, den Sektor der Demokratisierung und der Wiederherstellung der elementaren Rechte und Freiheiten der Bürger. Aber noch wichtiger als eine neue Verfassung war für Millionen von Filipinos das tägliche Brot, der Existenzkampf.

Was die Überwindung der bittersten Not ihrer Landsleute anging, so verfügte Corazon Aquino weder über entsprechende Ideen noch über ein radikales Konzept und bald auch schon nicht mehr über den nötigen Handlungsspielraum, den ihr am Anfang ihre ungeheure Popularität beschert hatte. Sie schaffte es nicht einmal, ein Zeichen der Hoffnung zu setzen und einen Slum aufzusuchen, um dort mit den Menschen zu reden.

Nach der »Revolution der Rosenkränze« gab es vermutlich für mehrere Monate die historische Chance, den Wandel zu vollziehen und die Revolution in Gang zu setzen, die den Filipinos eines Tages wieder Lohn und Brot und auch Würde zurückgegeben hätte. Die Präsidentin wurde, auf ganz andere Weise gewiß als Marcos, zur Gefangenen von Malacañang, wo vor allem die Militärs sie einkreisten.

Die Militärs waren es auch, die dafür sorgten, daß die von Aquino versprochene Aussöhnung scheiterte. In einer ihrer wichtigsten Reden zum Thema »Kommunistische Rebellion« hatte Corazon Aquino vor ihrer Machtübernahme am 16. Januar 1986 in Davao City den Zusammenhang zwischen Armut und Aufstandsbewegung deutlich gemacht: »Die sozialen und wirtschaftlichen Reformen, die ich beabsichtige, werden uns der Lösung des Rebellenproblems ein ganzes Stück näher bringen. Sollten Sie mich zur Präsidentin des Landes wählen, werde ich sofort einen Waffenstillstand mit den Aufständischen erklären, alle politischen Häftlinge freilassen, mit den Kommunisten verhandeln und mich um ihre legitimen Beschwerden kümmern.«

Die politischen Gefangenen kamen frei, aber die versprochene Feuerpause sollte noch Monate auf sich warten lassen. Zwar gab es vereinzelt Kontakte zwischen Regierung und KP, die Kämpfe gingen jedoch unvermindert weiter.

Die Führung der Streitkräfte, Verteidigungsminister Enrile und Generalstabschef Ramos, unterlief alle Bemühungen um eine politische Lösung des Aufstandsproblems. Die Truppen, die zuvor zum Schutz von Marcos in Manila eingesetzt worden waren, operierten unter Aquino in der Provinz. In der Vergangenheit waren die Grenzlinien zu den Gebieten, die die Neue Volksarmee kontrollierte, stillschweigend respektiert worden. Von dieser Praxis ging die Armee ab, indem sie gezielte Vorstöße gegen die von Rebellen beherrschten Zonen unternahm. Bei einem dieser Einsätze wurden Ende Mai 1986 zwei philippinische Reporter getötet.

Die Demontage Aquinos durch das Militär

Enrile und Ramos machten bei vielen Gelegenheiten klar, wie wenig sie von Waffenstillstandsverhandlungen mit den Kommunisten hielten. Ihre Taktik lief vielmehr darauf hinaus, die Guerillabewegung zu verunsichern und zu spalten. Und kurzfristig hatten sie damit in einigen Gebieten sogar Erfolg, zum Beispiel in Nord-Luzon.

Vor allem Enrile gebärdete sich immer mehr als der eigentliche Machthaber der Republik. Bei der Rebellion Anfang Juli 1986 erlebte Präsidentin Aquino ihren empfindlichsten Prestige- und Machtverlust, und zwar durch ihren Verteidigungsminister. Im vornehmen und ehrwürdigen Manila-Hotel verschanzten sich Marcos-Loyalisten aus den Streitkräften. Wie bei fast allen Putschen schwankte das Ganze tagelang zwischen Posse und ernster politischer Krise. Anführer der Rebellen war der frühere Außenminister Arturo Tolentino, der unter Marcos zuletzt noch Vizepräsident werden wollte, aber dann nicht einmal zu der vom Diktator inszenierten Vereidigung erschienen war. Wie sich nach dem Hotel-Aufstand herausstellte, hat der zu diesem Zeitpunkt 75 Jahre alte Tolentino während des Putsches die meiste Zeit geschlafen. Seine Leute machten sich unterdessen über die Bestände des Nobelhotels her. Der Manager konstatierte später, der Alkoholvorrat und die Cocktailnüsse seien restlos verputzt worden. Insgesamt habe es einen Schaden von einer halben Million Dollar gegeben.

Es war wieder einmal Johnny Enrile, der die Lage klärte. Als die Präsidentin noch mit ihrem Kabinett beriet, ob Tolentino und die anderen Teilnehmer des Putsches wegen Rebellion vor Gericht gestellt werden sollten, hatte Enrile den Militärs längst Straffreiheit versprochen. Die 500 Soldaten und Offiziere dürften keinesfalls »in Verlegenheit« gebracht werden, verlangte der Verteidigungsminister und gab intern die Devise aus: »Wir tun so, als ob nichts passiert wäre.«

Generalstabschef Ramos mochte jedoch zumindest von einer symbolischen Geste des Unmuts nicht absehen. Als die Soldaten in ihre Kaserne Fort Bonifacio zurückgekehrt waren, verordnete Ramos ihnen 30 Liegestütze. Anschließend bekamen sie ein kräftiges Frühstück. Die Präsidentin durfte nach tagelangem Zögern, was den Eindruck erweckte, sie habe die Zügel gar nicht mehr in der Hand, die Farce auch noch im Fernsehen erklären.

Der seltsame Putsch wäre eine ausgezeichnete Gelegenheit gewesen, sich von Enrile zu trennen und endlich die versprochene Säuberung der Streitkräfte zu beginnen. Aber davon war nicht einmal mehr die Rede. Statt dessen gaben Leute wie der »Reformoberst« und Sicherheitsoffizier von Enrile, Gregorio »Gringo« Honasan, den Ton an: »Warum sollen wir gegen Kollegen vorgehen, die wie wir gegen die Kommunisten kämpfen«, erklärte er. Und Brigadegeneral Jaime Echeverria, einer der Aufständischen, erwiderte Reportern, die von ihm wissen wollten, wen er als Präsidenten und Oberbefehlshaber ansehe, das wolle er dem Urteil von Enrile und Ramos überlassen.

Der Verteidigungsminister hatte sich während des Putsches pro forma zur Präsidentin bekannt, in Wahrheit jedoch betrieb er ihre Demontage. Der Verfall der Macht von Corazon Aquino, die doch gerade erst an die Macht gekommen war, nahm beängstigende Züge an. Es gelang ihr nicht einmal, die ständigen Übergriffe und Menschenrechtsverletzungen seitens der Militärs zu unterbinden. Es gab weiterhin Folter, Zwangsumsiedlung und Terror, die mit der Notwendigkeit der Kommunismusbekämpfung begründet wurden.

Es blieb vieles so, wie es gewesen war

Im Bereich der Wirtschaftspolitik unternahm die Präsidentin in den ersten Monaten keinen Versuch, das Steuer herumzureißen. In ihrem Kabinett bestimmte die sogenannte Makati- oder Jesuiten-Mafia die ökonomische Richtung. In den USA geschulte Minister und Bankiers hielten an den alten Rezepten fest, die sich schon unter Marcos als falsch und verhängnisvoll erwiesen hatten. So propagierte Finanzminister Jaime Ongpin von Anfang an den traditionellen Weg der Umschuldungspolitik, anstatt dem Beispiel einzelner lateinamerikanischer Länder zu folgen und einen radikalen Einschnitt zu versuchen, der den Philippinen einen neuen Start ermöglicht hätte. Ongpin blieb der »Darling der Amerikaner«, vor allem der US-Banken.

Die Umstrukturierung der philippinischen Volkswirtschaft, die von einigen Ministern der Aquino-Regierung angestrebt wurde, blieb schon bald im Kompetenzstreit und in den ideologischen Differenzen stecken. Den progressiven Ministern schwebte vor, den auf Export getrimmten Agrar-Sektor aufzulösen und durch eine dezentrale Landwirtschaft zu ersetzen. Vorbedingung dafür wäre eine Landreform, die die Landarbeiter und Pächter zu Grundeigentümern macht. In einem Land, in dem noch etwa 70 Prozent der Bevölkerung von der Landwirtschaft abhängig sind, ist dies vermutlich der einzige Weg, Hunger und massenhaftes Elend zu überwinden.

Hinter diesem Konzept witterten die Konservativen jedoch Kommunismus und Verrat an den Amerikanern. Präsidentin Aquino konnte sich für keine der beiden Richtungen entscheiden. »Wenn sie doch endlich regieren würde«, klagten Mitarbeiter und Freunde der Präsidentin. Regiert wurde nur in einigen wenigen Bereichen, die der Präsidentin besonders am Herzen lagen: Die unter Marcos verbotenen Arbeitskämpfe wurden wieder zugelassen. Der berüchtigte Nisa-Geheimdienst wurde per Dekret beseitigt und das Recht des Habeas Corpus wieder eingesetzt, wonach ohne richterlichen Befehl niemand verhaftet beziehungsweise über eine bestimmte Zeit hinaus ohne Anhörung in Haft gehalten werden darf. Ansonsten blieb Unentschlossenheit das Merkmal der Präsidentschaft von Aquino.

Nicht nur ihre Mitarbeiter, sondern auch die philippinische Presse, selbst die ihr gewogene, verzweifelte manchmal am Führungsstil von Aquino; zum Beispiel, wenn sie nach Hausfrauenart vom Sofa aus Besucher empfing und Amtsgeschäfte abwickelte. Mit Erleichterung nahmen einige Blätter zur Kenntnis, daß die Präsidentin inzwischen wenigstens manchmal die Farbe ihrer Garderobe wechselte. Gelb, das Erkennungszeichen der gemäßigten Marcos-Gegner, war vor dem Machtwechsel ein wichtiges Symbol gewesen. Danach verblaßte es schnell, auch wenn Corazon Aquino in ihrer Begeisterung für gelb sich gelegentlich sogar eine gelbe Brille aufsetzte.

Daß die Präsidentin sich ansonsten in ihrer Bescheidenheit deutlich von ihrem Vorgänger abhob, empfanden viele Filipinos als positiv. Trotz der offenkundig gewordenen Schwächen und Unentschlossenheit genoß sie weiterhin eine hohe Popularität. Das Ansehen war ihr politisches Kapital, das sie für die wirklich wichtigen Reformen jedoch ungenutzt ließ. Und das hatte zur Folge: Es blieb vieles so, wie es unter Marcos gewesen war.

Das brüchige Fundament der Herrschaft: Dialog und Putschgerüchte

Im Café Orfeo hatte sich an jenem schwülen Septemberabend eine bunte Menge eingefunden. An drei, vier Tischen unter der hohen Decke des alten Hauses spanischen Stils plauderten Stammgäste bei einem Glas Rum oder einer Tasse Kaffee über ihre letzten Werke und die Entwicklung der Kunst unter der neuen Regierung. Wie immer waren es Dichter, Maler und andere Künstler, die es aus dem Chaos der Hauptstadt in die fast unberührte Idylle des Cafés im Stadtteil Malate zog.

Weiter hinten, in der Ecke, die direkt in den üppigen Garten mündet, feierte die Dichterin, Filmproduzentin und legendäre Mäzenin der Manila-Kunstszene, Virginia Moreno, als Dame des Hauses ein erstaunliches Wiedersehen mit alten Freunden und Jugendbekanntschaften. Am langen Glastisch hatten sich immerhin ein Mitglied des Zentralkomitees der KPP, ein millionenschwerer Geschäftsmann, eine philippinische Schauspielerin aus New York, zwei lokale Maler, ein Dichter und eine revolutionäre Studentenführerin eingefunden.

Virgina ließ ihren Koch hart arbeiten: Zu Ehren dieses seltenen Ereignisses servierte sie Köstlichkeiten ihres Landes, die im Café Orfeo nicht unbedingt auf der regulären Speisekarte stehen. Nervös hinter ihrer großen, runden Brille zwinkernd, zuckte sie mit ihren zarten Schultern und meinte nur: »Wie herrlich, wenn die Politik einmal keine Rolle mehr spielt. Ihr wißt ja, hier seid ihr sicher. Ich bin ja nur Poetin!«

So leicht war die Politik jedoch nicht durch die Poesie zu ersetzen, vor allem an jenem Abend nicht. Zu verschieden waren die Weltanschauungen und zu angespannt die Lage in Manila. Und trotzdem waren sich alle einig, daß die Februarrevolution weit mehr versprochen hatte, als sie bis jetzt zu halten vermochte.

Seit dem possenhaften Putsch des Arturo Tolentino im Manila-Hotel Anfang Juli 1986 überstürzten sich Ereignisse und Entwicklungen. Noch wichtiger: Die als Retterin der Nation gefeierte Corazon »Cory« Aquino und ihr Kabinett bunt konkurrierender Minister zeigten eindeutige Schwächen, vor allem gegenüber dem Militär. Gegen die Putschisten wurde erstaunlich milde vorgegangen. Verteidigungsminister Juan Ponce Enrile gab deutlich zu verstehen, daß er mit der Regierung, die er durch seinen Seitenwechsel vor einem guten halben Jahr möglich gemacht hatte, immer weniger einverstanden war.

Auf der Seite der linken Opposition war nicht minder Aufregendes geschehen. Am 5. August trafen sich endlich Vertreter der NDF und der Regierung zu einem ersten Gespräch. Es war noch lange nicht die Rede von einem Waffenstillstand. Der Ablauf möglicher Friedensverhandlungen wurde besprochen, und das mit nur beschränktem Erfolg.

Am 30. August wurde eine neue Partei gegründet: Partido ng Bayan, die Partei des Volkes (PNB), war die erste legale Linkspartei seit 1946, die sich in die Arena philippinischer Politik wagte. José Maria Sison beteiligte sich maßgeblich am Aufbau der PNB, was die Regierung und vor allem das Militär sofort veranlaßte, PNB als Frontorganisation der KPP abzustempeln. Doch Parteien waren nunmehr legal, solange sie nicht offen den Umsturz der Regierung propagierten.

Ganz aus der Luft gegriffen war der Vorwurf gegen die PNB nicht. Denn in der neuen Partei profilierte sich außer Sison eine ganze Anzahl einst dem Untergrund angehörender Mitglieder. Auf den Philippinen, wo scharfe Trennungslinien zwischen schwarz und weiß nur ganz selten existieren und politische Lager ineinander übergehen, erstaunte dies auch niemanden. PNB brachte jedenfalls Bewegung in die traditionellen Parteien der Großbürger und Oligarchen.

Zunächst stand die neue Partei vor dem Problem, mit einem sozialistischen und demokratischen Konzept in einer Gesellschaft zu überleben, der 20 Jahre und länger eingebleut worden war, alles, was mit Sozialismus zu tun hat, könne nur Teufelswerk sein.

Die Führung von PNB übernahm Rolando Olalia. Er war Vorsitzender der linken Gewerkschaftsvereinigung Kilusang Mayo Uno (KMU, Erste-Mai-Bewegung), die immerhin eine Mitgliedschaft von 650 000 Arbeitern aufweisen konnte. Olalia genoß in allen politischen Lagern Respekt.

Rolando Olalia, Partei- und Gewerkschaftsführer

Imageverluste

Die Regierung schien es mit ihren Bemühungen der Versöhnung ernst zu meinen. Das war eines der großen Wahlversprechen Aquinos gewesen. Die polarisierte, terrorisierte und leidende Nation sollte wieder eins werden. Am 5. September flog Cory höchstpersönlich nach Jolo auf dem südlichen Zulu-Archipel, um sich mit dem MNLF-Kommandenten Nur Misuari zu treffen und einen vorläufigen Waffenstillstand auszuhandeln.

Butz Aquino, der Schwager der Präsidentin, war von ihr als Unterhändler nach Saudi-Arabien geschickt worden, um Misuari zu einer Heimkehr aus seinem libyschen Exil und zu einem Abkommen mit der neuen Regierung zu bewegen. Wie so viele andere, die durch Marcos verfolgt worden waren, glaubte auch Misuari an einen entscheidenden Wandel in der Politik des Landes.

Über diesen kurzen Lichtblicken lag der schwere Schatten, den der erste echte Putschversuch und seine Folgen geworfen hatten.

Als sich Filipinos aller Gesellschaftsschichten endlich entschlossene Schritte ihrer neuen und schließlich durch die Macht des Volkes eingesetzten Regierung erhofften, geschah nichts. Statt Landreform, statt dringend nötiger sozialer Verbesserungen gab es immer schärfere Auseinandersetzungen im Kabinett, bei denen das Militär, nunmehr als »New Armed Forces of the Philippines« (NAFP) bekannt, eifrig mitmischte.

Zugleich wartete das Land angespannt auf die neue Verfassung, um deren Entwurf sich die von Aquino im Juni einberufene und im August schon total in Fraktionen aufgesplitterte Verfassungskommission bemühte. Die Kombination aus Putschgefahr, einem zerstrittenen Kabinett, einen ungeduldiger werdenden NAFP und unerfüllt gebliebenen Versprechungen kratzte kräftig am Image Corys.

Die erste Auslandsreise

Die erste Auslandsreise als Präsidentin führte im August nach Singapur und Indonesien. Die großteils corymanischen Medien feierten die eher belanglose Reise, bei der sich Aquino vom indonesischen Präsidenten Suharto Lektionen in der Bekämpfung der Kommunisten anhörte, als triumphalen Erfolg. Unterschwellig war nicht zu überhören, daß die große Freude vor allem der Tatsache galt, daß während ihrer Abwesenheit kein Putsch geschehen war, daß sie also als Präsidentin zurückkehren konnte.

Juan Ponce Enrile verschärfte inzwischen seine Attacken gegen die Regierung. Der Nationalheld vom Februar nützte seine Stellung als »Retter der Nation«, um sich abermals als populärer Politiker zu profilieren. Er reiste durch das Land, hielt Ansprachen, traf mindestens einmal in der Woche Vertreter der internationalen Presse in Manila zum vertraulichen Gespräch und entwickelte eine eigene Politik, die immer klarer von der der Regierung abwich. Seine Verachtung galt vor allem jenen liberalen Kabinettsmitgliedern, die vom Militär gerne als verkappte Kommunisten betrachtet werden.

Hinter Enrile stand die Gruppe der RAM-Offiziere, die maßgeblich an der »Revolution der Rosenkränze« mitgewirkt hatten. RAM-Mitglieder sahen in der Versöhnungspolitik Aquinos eine Gefahr und eine Unterschätzung der Kommunisten durch die Regierung. Diese Meinung teilten jene, die Angst haben mußten, unter der neuen Regierung mehr verlieren als gewinnen zu können. Alte Marcos-Cronies, die im Land geblieben waren und deren Betriebe nun offiziell untersucht wurden; Großgrundbesitzer, Oligarchen, Lokalgrößen und Warlords.

Der Exekutivsekretär Joker Arroyo, ein ehemaliger Menschenrechtsanwalt, der Benigno Aquino gegen das Kriegsgericht verteidigt hatte, genoß neben dem Arbeitsminister Augusto Sanchez und dem Minister für Lokalregierung, Aquilino Pimentel, die tiefste Verachtung jenes Lagers von Konservativen (nicht unbedingt Marcos-Loyalisten), das sich um Enrile bildete. Die alten Mitglieder und Abgeordneten der Marcos-Partei KBL, die in der von Aquino aufgelösten Nationalversammlung die absolute Mehrheit besessen hatten, gruppierten sich um den ehemaligen Arbeitsminister der alten Regierung, Blas Ople.

Obwohl formell nicht mit der Gruppe um Enrile kooperiert wurde, war nicht zu übersehen, daß sich beide Lager gegenseitig unterstützten und ihre Parolen gegen die Regierung Aquinos anglichen. Der Verteidigungsminister warf seiner Chefin vor allem eine viel zu tolerante Politik gegenüber der Linken vor. Wie angespannt die Stimmung bei Kabinettssitzungen war, zeigte Pimentel in einem Gespräch mit Journalisten im September: »Ich laß dem Verteidigungsminister sagen, er soll gefälligst seinen Mund halten oder die Regierung verlassen.« Enrile wurde nur noch lauter und blieb Verteidigungsminister.

Aquilino Pimentel forderte Enriles Rücktritt – und verlor sein Ministeramt

Am 15. September machte sich Aquino zu ihrer bisher wichtigsten außenpolitischen Mission, einer Reise in die USA, auf. Bis zum

24. September blieb sie in den Vereinigten Staaten, wo es galt, Unterstützung für ihre Regierung und ihre Politik zu gewinnen. Die Präsidentin hatte Erfolg. Der Kongreß in Washington war voll des Lobes für die tapfere Witwe.

Hinter den Kulissen allgemeinen Wohlwollens für die Lady aus Manila wurde hart verhandelt. Washington ließ wissen, man sei im Prinzip mit der Friedenspolitik gegenüber der Linken und den Moslems einstweilen einverstanden. Doch sollte Cory auch Stärke zeigen.

Wieder feierte die Nation durch ihre Medien den Triumph ihrer Präsidentin beim so wichtigen Verbündeten und halben Kolonialherren. Daß Kongreßabgeordnete nach der Ansprache Aquinos geweint hätten, wurde vermeldet.

Die transpazifischen Tränen halfen jedoch zu Hause nicht viel. Eine Verfassung mußte her, um die Regierung zu legalisieren. Am 15. Oktober endlich legte die Verfassungskommission einen umfangreichen Entwurf vor, der in seinem Gerüst - wie erwartet - mehr oder weniger der Verfassung aus dem Jahr 1935 entsprach, die Marcos durch sein Grundgesetz von 1973 aufgehoben hatte. Ein Parlament mit zwei Kammern sollte wieder eingeführt werden und Aquino bis zum Juni 1992 Präsidentin bleiben. Spezielle Klauseln verfügten die Gründung autonomer Gebiete für die Moslems und die Minderheiten in Nord-Luzon. Und zum Erstaunen Washingtons sollten weitere Verträge zur Verlängerung der amerikanischen Rechte über die beiden Stützpunkte in Zukunft nur durch eine Volksabstimmung und Gesetzesvorlagen möglich gemacht werden.

In einem Referendum, das auf den 2. Februar 1987 festgesetzt wurde, sollte das Volk über die neue Verfassung entscheiden. Noch im Oktober begann die Regierung ihre Kampagne für das »Ja«, das sie sich für die Verfassung erhoffte - und damit auch für Aquino und ihren Verwaltungsapparat.

»Go, Rambo, go«

Nur elf Tage nach der Bekanntgabe des Verfassungsentwurfs brach der Streit zwischen der Präsidentin und ihrem Verteidigungsminister voll aus. Enrile forderte Neuwahlen nach der Absegnung der Verfassung durch die Volksabstimmung und legte ein politisches Programm vor, das eine Absage an »linke Tendenzen« im Kabinett vorsah. Jener Mann, der die Präsidentschaft Aquinos mit ermöglicht hatte, verlangte jetzt ihren Rücktritt. »Go, Rambo, go!« brüllten ihm seine Fans in Anlehnung an den amerikanischen Primitiv-

Filmhelden zu, als er mit beiden Daumen heftig nach unten zeigte, um das Ende der kurzen Ära Aquino anzuzeigen.

Eine Serie von Bombenangriffen in Manila, die unaufgeklärt blieb, schürte Angst und Ungewißheit. Es verging kaum ein Tag, an dem nicht über Putschpläne und politische Intrigen spekuliert wurde. Die Zeitungen schienen nur noch dieses eine Thema zu kennen. Darüber wurden die wirklich entscheidenden Fragen politischer, sozialer und ökonomischer Reformen fast ganz vergessen. Die Verhandlungen zwischen Regierung und NDF machten keine Fortschritte mehr, so daß der Hoffnungsschimmer auf einen Durchbruch immer schwächer wurde. Erst als die NDF und die NPA am 1. November ihren Vorschlag für einen 100tägigen Waffenstillstand ab 10. Dezember bekanntgaben, winkten zum ersten Mal Aussichten auf ein Abkommen mit dem Untergrund.

Am 10. November brach die Präsidentin zu einem dreitägigen Staatsbesuch nach Japan auf. Die Streitkräfte wurden in höchste Alarmbereitschaft versetzt. Generalstabschef Fidel Ramos mußte der Präsidentin garantieren, daß er jeden Putschversuch verhindern werde.

Ganz so sicher waren sich die Filipinos der Macht des Generals jedoch nicht. Das Lager um Enrile wurde immer aufmüpfiger. Hinter ihm standen die Jungoffiziere der RAM-Gruppe. Ramos hatte kurz zuvor klargestellt, daß er im Kampf zwischen Enrile und Aquino eindeutig zu seiner obersten Befehlshaberin stünde.

In Tokyo konnte Cory einen mäßigen Erfolg verbuchen. Japan hatte die Februarrevolte mit großer Aufmerksamkeit verfolgt, aus eigenem Interesse. Schließlich hatten nipponsche Handelshäuser und Großunternehmen kräftig von Marcos und seinem korrupten System profitiert. In den Monaten seit der Machtübernahme durch Aquino waren japanische Handelspraktiken mit den Cronies um Marcos aufgeflogen und im Parlament in Tokyo heftig diskutiert worden. 15 Prozent schien als Kommission für die Cronies und letztlich Marcos üblich gewesen zu sein, wenn neue Verträge ausgehandelt werden konnten. Und da dieses Geld oft aus der Kasse japanischer Entwicklungshilfe gezahlt worden war, hatte die Angelegenheit für genügend Wirbel gesorgt.

Aquino konnte dennoch mit dem versprochenen Millionen-Kredit nach Hause fliegen. Noch vor ihrer Ankunft in Manila ereilte sie eine entsetzliche Nachricht. PNB- und KMU-Vorsitzender Rolando Olalia war entführt, gefoltert und auf grauenhafte Weise verstümmelt tot aufgefunden worden. Es war kein Putsch, der wie erwartet die Regierung erschüttert hatte, sondern der Tod einer der wenigen integren und aufrichtigen Politiker auf den Philippinen.

Die Rettung der Präsidentin: Katastrophen und Zustimmung

»Alle Kräfte der legalen demokratischen Bewegung müssen sich erheben, um den ungeheuerlichen Mord an Rechtsanwalt Olalia zu verurteilen und Massenaktionen zu starten. Es darf nicht sein, daß dieses Verbrechen unbeachtet und ungestraft vorübergeht. Die revolutionären Kräfte wissen, wie sie auf Provokationen zu antworten haben.«
(José Maria Sison am 14. November 1986 in Tokyo bei einer improvisierten Pressekonferenz einen Tag nach der Entdeckung des Mordes an Olalia)

Der Aufruf, den Sison in einem vollen Sitzungsraum der Sozialistischen Partei Japans an jenem schönen Herbsttag mit vor Wut zitternder Stimme vorlas, fand in Manila Gehör. Erschüttert, sprachlos und bestürzt strömten Hunderte ins Leichenhaus, um die bis zur Unkenntlichkeit verstümmelte Leiche des Arbeiterführers noch einmal zu sehen.

Draußen auf den Straßen begannen die ersten Demonstrationen. Das Angriffsziel: Juan Ponce Enrile, dem die Verantwortung für den Mord angelastet wurde. Der Verteidigungsminister, noch bis vor kurzem lautstarker Kritiker der Regierung, verstummte plötzlich. Er ließ lediglich in einer kurzen Stellungnahme wissen, er habe mit dem Mord an Olalia nichts zu tun. Diese Erklärung konnte die allgemeine Empörung jedoch nicht dämpfen, auch nicht die Einberufung einer Untersuchungskommission »Aktionsgruppe Olalia« durch Corazon Aquino, der vor allem Militärs angehörten.

NDF, PNB, KMU und BAYAN riefen zu Großkundgebungen auf. Das Begräbnis wurde für Montag, den 17. November, anberaumt. Der Leichenzug sollte zugleich Massenprostest gegen die Regierung und ihre Minister werden. Und was die angespannte

Lage noch schwieriger machte – die NDF suspendierte aus Protest gegen den Mord ihre Waffenstillstandsverhandlungen mit der Regierung.

Der Tod Olalias war bei weitem nicht die einzige Herausforderung für Aquino. Am 15. November, nur zwei Tage nach der Rückkehr der Präsidentin aus Tokyo, von wo sie relativ großzügige Zusicherungen für weitere Kredite mit nach Hause gebracht hatte, wurde der japanische Geschäftsmann Noboyuki Wakaoji von Gangstern entführt. Wakaoji leitete das Manila-Büro des japanischen Handelshauses Mitsui Bussan. Er war gerade zu einer Golfpartie südlich von Manila unterwegs gewesen, als die Entführer zuschlugen.

Das Kabinett wußte nicht mehr ein noch aus. Auch die Serie der Bombenanschläge in Manila von Oktober war noch immer nicht geklärt. Zusammen mit Mord und Entführung brachten sie die Gerüchteküche auf Hochtouren. Ein Putsch stände bevor. Die Regierung schien ohnmächtig. Man mußte sich auf das Schlimmste gefaßt machen.

Der Aufmarsch vom 17. November war nicht vergleichbar mit dem Leichenzug für Benigno Aquino. Allerdings die Menge war nicht unbedingt ausschlaggebend. Was zählte, waren prominente Führer der linken Bewegung, die da zusammen mit etwa 100 000 Menschen hinter dem Sarg von Ka Lando (wie Olalia genannt wurde) Aufstellung nahmen, um ihm die letzte Ehre zu erweisen.

Das NDF-Triumvirat Anton Zumel, Satur Ocampo und Boby Malay, das mit der Regierung den Waffenstillstand auszuhandeln hatte, marschierte mit. Trotz Gehstock und hohen Alters war der »Löwe der Opposition« und ehemalige Vorsitzende von BAYAN, Lorenzo Tanada, gekommen. Die gesamte Leitung der PNB und KMU, Intellektuelle, Ordensschwestern, Universitätsprofessoren, Arbeiter, Bauern und Angestellte. Sie alle sammelten sich zu dem bis dahin größten und beeindruckendsten Aufmarsch der Linken in Manila. Die Botschaft war nicht zu überhören: Die breite Palette des revolutionären Lagers brachte sich zu Gehör. Auf Fahnen und Transparenten, die den Sarg begleiteten, wurde der Rücktritt Enriles und die Eindämmung der Macht des Militärs gefordert.

Die Reaktion des Verteidigungsministers blieb erstaunlich kühl. Johnny-Boy, bis dahin Fahnenträger der Opposition gegen die schwache Politik der noch immer populären Cory, blieb erstaunlich defensiv.

»Save the Queen«

Die Nachricht, die die Filipinos am Morgen des 23. November in ihren Funkmedien sahen oder hörten, zählte abermals zur Serie politischer Überraschungen, die in diesem ersten Jahr nach »People Power« nicht aufhören wollte. Juan Ponce Enrile trat zurück. Das ganze übrige Kabinett reichte ebenfalls seine Demission ein.

Enrile sei in einen Putschversuch involviert gewesen, den Generalstabschef Ramos rechtzeitig entdeckt und vereitelt habe, hieß es. Enrile war noch am Morgen desselben Tages von Aquino durch seinen Stellvertreter, den ehemaligen General und späteren Botschafter in Thailand, Rafael Lleto, ersetzt worden. Lleto, wie Ramos Absolvent der US-Militärakademie Westpoint, hatte 1972 als einziger General gegen die Verhängung des Kriegsrechts protestiert.

Enrile schwieg sich weiter aus. Etwas gebeugt und mit dem bekannten zynischen Lächeln auf den Lippen verließ er nach der Entlassung den Malacañang-Palast. Bis heute ist nicht eindeutig erwiesen, ob es den Plan »Save the Queen« (Rettet die Königin) überhaupt jemals gegeben hat. Angeblich sollte nach einem Putsch Aquino weiter Präsidentin bleiben. Enrile war nach dieser Version als Ministerpräsident vorgesehen. Die »Linken« im Kabinett – Arroyo, Saguisag, Sanchez und Pimentel – sollten verhaftet werden.

Als Hauptverschwörer galt der junge RAM-Offizier Gregorio »Gringo« Honasan. Honasan war in der Februarrevolte als engster Vertrauter und Leibwächter Enriles bekannt geworden. Sein gutes Aussehen hatte ihn in den Monaten danach zu einem Macho-TV-Helden gemacht. Unter den Mestizas Manilas gab es einen »Gringo-Boom«.

Nach offizieller Darstellung ist der Putschplan in letzter Minute entdeckt und von General Ramos vereitelt worden. Eine ganz andere Version wurde einige Wochen später bekannt. Danach soll Fidel Ramos den »Coup« inszeniert haben, um Enrile endlich kaltstellen zu können.

Ungeachtet der tatsächlichen Zusammenhänge – die meisten Filipinos waren heilfroh, daß Enrile endlich kaltgestellt war. Obwohl er außerhalb des Kabinetts weiterhin gefährlich blieb, besaß er keinen Einfluß mehr auf die Regierungspolitik. Das größte Risiko blieb lediglich die Formierung der KBL-Reste und der Marcos-Loyalisten um Enrile. In ihm hatten sie endlich jene Führungspersönlichkeit gefunden, die sie zum Aufbau ihres schwer angeschlagenen Images benötigten. Knapp zwei Monate später sollte sich die »Großallianz für Demokratie« bilden, die Enrile anführte und in der sich fast alle aquinofeindlichen Parteien vereinten.

Juan Ponce Enrile

Die USA, die an einer Stabilisierung der jungen Regierung in Manila interessiert waren, begrüßten unterdessen den Sturz Enriles - obwohl er neun Monate zuvor ihr wichtigster Mann beim erfolgreichen Aufstand gegen Marcos gewesen war.

Verhandlungen mit der NPA

Das Ausscheiden Enriles machte die Bahn frei für weitere Gespräche mit der NDF. Da ein anderer Verteidigungsminister in Camp Aguinaldo regierte, konnte die NDF nichts mehr gegen ein Abkommen mit der Regierung einwenden. Trotz der Meinungsverschiedenheiten zwischen Fidel Ramos und Landwirtschaftsminister Ramon Mitra, dem Unterhändler der Regierung, wurden die Hindernisse überwunden. Schließlich benötigte die Regierung dringend eine Erfolgsmeldung.

Am 27. November 1986 unterzeichneten beide Seiten das erste Waffenstillstandsabkommen zwischen dem Militär und der NPA nach 17 Jahren blutiger Kämpfe. Die Feuerpause sollte am 10. Dezember beginnen und zwei Monate in Kraft bleiben. Diese Zeit sollte genutzt werden, um die Basis für einen Friedensvertrag auszuhandeln. Einer fröhlichen und vor allem zum ersten Mal friedlichen Weihnachtszeit stand nichts mehr im Weg. Weihnachten bleibt auf den katholischen Philippinen die wichtigste Zeit zum Feiern und Schenken.

Das größte Weihnachtsgeschenk erhielten Manilas Fernsehstationen. Der Waffenstillstand bescherte ihnen neue Stars, die weidlich vorgeführt wurden: Persönlichkeiten der NDF, die dank ihrer von den Streitkräften ausgestellten Freipässe ohne Angst vor Verfolgung in der Öffentlichkeit auftreten konnten. Anton Zumel und Satur Ocampo gaben ungehindert Pressekonferenzen und wirkten bei politischen Talkshows mit - und nützten die friedliche Phase bestens zu Werbezwecken.

Die von der Regierungspropaganda stets als Inbegriff der Gefahr für die Nation dargestellte NDF erschien in einem neuen Licht. Ihre wichtigsten Vertreter entpuppten sich da via Fernsehen als ganz gewöhnliche Menschen, die lediglich ein radikaleres Programm zur Sanierung des Landes vorschlugen. Im ganzen Land fanden um den Jahreswechsel öffentliche Sitzungen und Kongresse der NDF statt. Im Dezember feierte die NPA das 18jährige Bestehen der KPP sogar mit einer Parade ihrer Guerilleros.

»Es ist ein komisches Gefühl. Seit 15 Jahren bin ich zum ersten Mal wieder in Manila und konnte bei meiner Familie Weihnachten feiern. Aber ganz traue ich dem Frieden noch nicht«, bemerkte die 31jährige Victoria »Vic Vic« Justiniani, Tochter einer alten Haciendero-Familie auf Negros, im Januar im luxuriösen Mandarin-Hotel in Makati. Vic Vic ist Führerin der NDF-Frauengruppe MAKIBAKA und zugleich Mitglied des Zentralen Führungsgremiums der nationalen NDF.

Die Idylle sollte jedoch viel kürzer währen, als sich alle erhofften. Am 14. Januar 1987 verkündete Corazon Aquino, am 11. Mai des Jahres würden die ersten Wahlen zum abermals aus zwei Kammern (Senat und Kongreß) bestehenden Parlament stattfinden. Am 2. Februar sollte das Plebiszit über die neue Verfassung stattfinden.

Die weiteren Verhandlungen zwischen Regierung und NDF blieben ohne Ergebnis. Die Unterhändler Aquinos boten einen »Frieden in Ehren« an, bei dem alle NPA-Kämpfer ihre Waffen niederlegen und Straffreiheit bekommen sollten. Die von der NDF als Voraussetzung für einen Frieden geforderten sozialen und politischen Reformen wurden zwar nicht abgelehnt, doch durch vage Formulierungen verwässert.

Bis dahin war auf dem Gebiet der Reformen praktisch nichts geschehen. Die Landreform, die an der Spitze der NDF-Bedingungen stand, ließ auf sich warten. Ebenfalls die Notprogramme für die immer größer werdende Zahl der Armen in den Städten.

Zugleich machte die Neubesetzung der Ressorts klar, welche Konzessionen Aquino zur Beschwichtigung der Streitkräfte gemacht hatte. Ihr Berater Joker Arroyo blieb auf seinem Posten als Exekutivsekretär, aber Arbeitsminister Augusto Sanchez und der Minister für Lokalregierung Aquilino Pimentel mußten gehen. Sanchez hatte die Unternehmerschaft mit seiner Toleranz gegenüber Streiks provoziert. Pimentel war für den systematischen Austausch aller unter Marcos eingesetzten Bürgermeister und Provinzgouverneure durch »Officers in Charge« (OIC) verantwortlich. Diese Maßnahme hatte für viel böses Blut gesorgt, zumal fast nur Mitglieder der PDP-Laban bei der Umbesetzung zum Zuge gekommen waren.

Das zweite Mendiola-Massaker

Als die linke Bauernorganisation KMP am 22. Januar eine Großdemonstration organisierte, um auf die Dringlichkeit der Landverteilung aufmerksam zu machen, kam es zur bisher größten Katastrophe für die Aquino-Regierung. Auf einige Tausend KMP-Angehörige, die mit roten Fahnen und Megaphonen über die Mendiola-Brücke in Richtung Malacañang-Palast marschierten, wartete ein Kordon Bereitschaftspolizei mit Stöcken und Schildern auf sie. Dahinter verbargen sich Einheiten der PC und der Marines, reguläre Soldaten also.

Ein kleines Handgemenge genügte, um die bewaffneten Einheiten in Aktion zu setzen. Die erste Polizeireihe wich zur Seite und machte die Schußbahn frei. Kaltblütig zielten PC und Marines in die unbewaffnete Menge. Auch als die meisten nach den ersten Schüssen vor Schreck wie angewurzelt stehenblieben, schossen sie weiter. Als kurz darauf die Demonstranten panikartig wegliefen, folgten ihnen zwei Militärjeeps. Erneut krachten Schüsse, und weitere Opfer brachen verletzt oder tot zusammen.

Die gespenstische Bilanz des »zweiten Mendiola-Massakers«: mindestens 19 Tote und über 100 zum Teil Schwerverletzte. Die politischen Folgen waren katastrophal. Die NDF kündigte jede weiteren Verhandlungen auf (diesen Schritt hatte sie allerdings schon vor dem Massaker beabsichtigt). Die von Aquino bei ihrem Amtsantritt eingerichtete Kommission für Menschenrechte unter der Leitung des Ex-Senators José Diokno trat geschlossen zurück. Bis dahin hatte die Kommission allerdings noch nichts erreicht: Kein einziger Angehöriger der Streitkräfte war wegen Menschenrechtsverletzungen vor Gericht gestellt worden. Das Militär war zu mächtig.

Zwischen dem Mendiola-Massaker und der Volksabstimmung über die Verfassung lagen nur zehn Tage. Also mußte das schlimme Ereignis ebenso wie andere dunkle Episoden der jüngsten Vergangenheit schnell aus dem Bewußtsein verschwinden. Die Medien spielten mit. In den Leitartikeln auf den Titelseiten der Zeitungen und im Fernsehen war eine Woche später kaum mehr die Rede vom Massaker. Aquino berief eine Untersuchungskommission ein, die sich nur lustlos an die heikle Aufgabe machte, die Schuldigen zu finden.

Der nächste Putschversuch

Fünf Tage nach dem brutalen Mord an den Bauern auf der Mendiola-Brücke schlug das Militär erneut zu. In den frühen Morgenstunden des 27. Januar stürmten meuternde Offiziere und Soldaten eine Fernsehstation in Manila, einen wichtigen Luftwaffenstützpunkt südlich der Hauptstadt und einige Einrichtungen der NAFP.

Bis auf die Studios des »Kanals sieben« wurden die von den Putschisten besetzten Gebäude innerhalb von Stunden von regulären Einheiten zurückerobert. Vier Tage lang hielten sich die etwa 200 marcostreuen Militärs im »Kanal sieben«, bevor sie aufgaben.

Regierungstreue Truppen bei der Belagerung von »Kanal sieben«

Gleichzeitig kursierten wilde Gerüchte, das Ehepaar Marcos werde noch vor dem Referendum am 2. Februar aus seinem Exil zurückkehren. Imelda habe zu diesem Zweck für 2 000 Dollar gebrauchte

Militäruniformen in einem Geschäft in Honolulu gekauft. Ein Jet stünde bereit.

Manila verfügte die sofortige Blockade des Flughafens von Laoag in Ilocos Norte, wo Marcos ungehindert hätte landen können.

Mit bis dahin noch nie gezeigter Strenge erschien Corazon Aquino, in Schwarz gekleidet, im Fernsehen und versicherte ihren Landsleuten, sie werde jetzt durchgreifen: »Alle, die sich an dem Putschversuch beteiligt haben – gleichgültig, aus welchem Lager sie kommen –, werden mit der Strenge des Kriegsrechts abgeurteilt.«

Die Ankündigung wurde nie wahrgemacht. Der verantwortliche Oberst erschien vier Tage nach dem mißglückten Unternehmen in einer Pressekonferenz zusammen mit Fidel Ramos und erklärte seine Motive. Das war alles.

Die Bilanz der zweiten Januarhälfte war katastrophal: ein Massaker an Zivilisten, ein Putschversuch und die endgültige Zerstörung aller Aussichten auf eine friedliche Beilegung des Konflikts mit der KPP. Jetzt konnte nur noch ein überwältigendes Ja zur neuen Verfassung die Situation für die Präsidentin retten.

Mitte Februar wußten es die Filipinos und die Welt: Über 78 Prozent der Stimmberechtigten hatten sich für das neue Grundgesetz und somit für die Regierung Aquino bis zum Juni 1992 entschieden.

Der Demokratie stand also nichts mehr im Wege, auch nicht der Erneuerung des Landes. Die »gelbe Madonna« hatte die entscheidende Prüfung als Staatsoberhaupt bestanden. Mehr jedoch nicht. Denn das erste Jahr ihrer Regierung hinterließ viele Wunden. Versprechen waren unerfüllt geblieben. Der Reformgeist hatte sich verflüchtigt.

Ein Ja zur neuen Verfassung wünscht sich sogar die Heilige Maria

Angriff von links: Nationalismus vor Sozialismus

»Im Kampf um nationale Befreiung und echte Demokratie (stehen wir) einem Feind gegenüber, der bewaffnet, fest verankert und mächtig ist. Deshalb kann das philippinische Volk diesen Feind nur durch einen Volkskrieg besiegen.«
(Erster Satz im zweiten Paragraphen des Grundsatzprogramms der National Democratic Front, NDF)

Im April 1986 war José Maria »Joma« Sison so etwas wie ein Star. Im März desselben Jahres von der neuen Präsidentin Corazon Aquino nach fast neun Jahren hinter Gittern (zum Großteil Einzelhaft) freigelassen, war Sison in sein »Stammhaus« zurückgekehrt: An der University of the Philippines (UP) gab er in jenem Frühjahr beinahe täglich Vorlesungen über die lange und mühsame Geschichte der Revolution auf den Philippinen. Klein, hager, mit ruhiger Stimme und sanft zynischem Blick hinter dicken Augengläsern über einem feinen Schnurrbart beantwortete der 47jährige begierige Fragen der Studenten. Kein anderer wäre dazu besser geeignet gewesen.

Die jüngere Geschichte der sozialistischen Bewegung auf den Philippinen ist ohne Sison undenkbar. Der ehemalige UP-Student und -Dozent war es, der am 26. Dezember 1968 die damals total versteinerte Kommunistische Partei der Philippinen (KPP) neu begründete. Schon am 7. November 1930 in Manila ausgerufen, war die erste KPP zusammen mit dem Hukbalahab-Aufstand* zugrundegerichtet worden. Interne Streitigkeiten der Huk-Führer hatten automatisch zu einer Desintegration der KPP geführt, die durch

* Siehe »20 Jahre Marcos«

die geschickten Propagandafeldzüge der Regierung unter Präsident Ramon Magsaysay und seinen Nachfolgern nur beschleunigt wurde. Wollte die Linke am Leben bleiben, so mußte eine Partei entstehen, die sich politisch an anderen Modellen orientieren sollte als an jenem der Sowjetunion.

Die Antwort war denkbar einfach. 1966 hatte in China die Kulturrevolution begonnen. Auf die jungen Intellektuellen der UP wirkten die Nachrichten aus China wie ein Elixier; einige machten sich auf, um die Ereignisse aus nächster Nähe zu beobachten – und kamen oft erst Jahre später aus der Volksrepublik zurück. Die Bauernrevolution, die Mao im Reich der Mitte an die Macht gebracht hatte, schien für die Situation der Philippinen wie maßgeschneidert zu sein. Ein Agrarland, in dem Landarbeiter und Bauern von feudalen Großgrundbesitzern und frühkapitalistischen Industriellen ausgebeutet werden und das noch dazu wirtschaftlich stark vom Ausland abhängig ist, schreit nach Gerechtigkeit.

Die im Dezember 1968 wiederauferstandene KPP nahm demnach nicht nur den Marxismus und Leninismus als leitende Ideologien auf, sondern auch »Mao Zidong Thought«, die Lehren des »großen Steuermannes«, dessen wahnsinniger Machtkampf in eben jenem Jahr und bis 1972 Millionen Chinesen das Leben kostete. Das Buch »Philippine Society and Revolution«, das Sison zugeschrieben wird und das unter dem Pseudonym »Amado Guerrero« (geliebter Krieger) zunächst im Untergrund erschien, wurde schnell zur Bibel der neuen und jungen Revolutionäre, die sich in der Anfangszeit vorwiegend aus Studenten und Lehrpersonal der UP rekrutierten.

Ein Bauernsohn aus der Provinz Tarlac in Zentral-Luzon (auch die Heimat der Aquinos und Cojuancos) namens Bernabe Buscayno hatte sich während des Huk-Aufstandes als junger »Kumander (Kommandant) Dante« im Kampf der »Hukbong Makbagpalaya ng Bayan« (HMB, Volksbefreiungsarmee) hervorgetan. Die HMB war von der ersten KPP und den Sozialisten 1950 als Partisanen- und Bauernarmee und bewaffneter Arm des Huk-Aufstandes und der Parteien gegründet worden. Nach vernichtenden Niederlagen gegen Regierungseinheiten in den fünfziger Jahren und nach dem Abwandern der Sympathisanten sprangen zahlreiche HMB-Kommandanten ab, andere desertierten, wurden verhaftet oder starben im Kampf. Die 4. Einheit des Kumander Dante war die einzige, die Ende der sechziger Jahre noch übriggeblieben war.

Sison, der mit der Gründung der neuen KPP Vorsitzender des Zentralkomitees (ZK) wurde, nahm Kontakte mit Buscayno auf. Drei Monate nach dem Entstehen der maoistischen KPP bekamen auch die Bauernpartisanen einen neuen Namen. Am 29. März 1969 wurde die New Peoples Army (NPA, Neue Volksarmee) gegründet. In nur 17 Jahren sollte sie von einer lächerlichen Bauerngruppe von ein paar hundert Kämpfern auf eine ansehnliche Streitmacht von über 20 000 voll bewaffneten Guerilleros anwachsen.

NPA-Partisanen auf Negros

Zwischen dem »First Quarter Storm«* Ende 1969 und Anfang 1970 und der Ausrufung des Kriegsrechts im September 1972 konnte die KPP ihre Basis zumindest soweit festigen, daß sie in der Verhaftungswelle bis in die achtziger Jahre hinein nicht zugrundegerichtet werden konnte. Als Marcos' Verteidigungsminister Juan Ponce Enrile auf Befehl seines Chefs zum Großangriff gegen die Opposition vorging, tauchten all jene, die den Häschern zunächst entkommen konnten, sofort unter. Unter ihnen befanden sich neben Sison auch die Journalisten Antonio (oder Anton) Zumel, bis 1972 Präsident des nationalen Presseklubs, und Satur Ocampo. Beide sollten 14 Jahre später neben dem NPA-Kommandanten Rodolfo Salas die entscheidendsten Rollen in ersten Waffenstillstandsverhandlungen zwischen der Regierung und dem Untergrund übernehmen.

Dem revolutionären Kampf war durch das Kriegsrecht und die großangelegte Verfolgung jeder Opposition ein schwerer Schlag versetzt worden. Um eine gänzliche Isolierung der KPP und der NPA vom Volk zu vermeiden und um zugleich den nationalistischen vor

* Siehe »20 Jahre Marcos«

dem sozialistischen Charakter des Befreiungskampfes hervorzuheben, begründeten die wichtigsten untergetauchten Führungspersönlichkeiten der Linken am 24. April 1973 die National Democratic Front (NDF, Nationaldemokratische Front) als Dachorganisation, der zunächst fast ausschließlich die zwei wichtigsten Gründerorganisationen KPP und NPA angehörten. Über die Jahre hinweg wurde die NDF jedoch zur politischen Sammelorganisation für all jene Gruppen, die sich dem Kampf - auch mit Gewalt - gegen das repressive und chaotisch tyrannische Regime verschrieben hatten. Priester, Nonnen, Facharbeitergruppen, Gewerkschafter und viele mehr schlossen sich der NDF an.

Im November 1977 wurde José Maria Sison verhaftet, im Jahr darauf wanderte auch Bernabe Buscayno hinter Gitter. Die Regierung feierte die »Köpfung« der Linken als kolossalen Triumph. Die kommenden Jahre sollten beweisen, daß sie sich zu früh gefreut hatte. In dieser kritischen Zeit, da die KPP ihr ZK reorganisierte (Rodolfo Salas übernahm die Führung) und vergangene Fehler korrigiert werden mußten, kam der NDF endlich jene einigende Rolle zu, die sie in die entscheidende Dachorganisation der Linken verwandelte.

»Als wir (1972) mit dem eigentlichen Kampf begannen, rechneten wir mit mindestens 30 Jahren bis zum Sieg. Also haben wir noch 15 Jahre Zeit«, meinte die Leiterin der NDF-Frauenorganisation MAKIBAKA, Victoria »Vic Vic« Justiniani 1987. Bis jetzt zumindest ist es der KPP/NPA gelungen, den Kampf ohne beträchtliche Hilfe aus dem Ausland erfolgreich weiterzuführen. Schlechte Bewaffnung der NPA-Guerilleros wird durch hohe Moral wettgemacht. Der desolate Zustand der philippinischen Streitkräfte hilft der NPA auf den Schlachtfeldern. Nationalismus ist bei der ideologischen Erziehung neuer Mitglieder mindestens ebenso wichtig wie Sozialismus. Jeder NPA-Kämpfer oder -Kommandant wird zuerst vom Ziel nationaler Befreiung sprechen, bevor er die ideologische Ausrichtung der Bewegung erläutert.

Während Sison maßgeblich an der Gründung der ersten legalen Linkspartei »Partido ng Bayan« (PNB, Partei des Volkes) im August 1986 beteiligt war und Anton Zumel wie auch Ocampo als offizielle Unterhändler der NDF mit der Regierung über einen Waffenstillstand verhandelten, wurde Rodolfo Salas am 29. September 1986 in einem Krankenhaus in Manila zusammen mit seiner Frau Josefina verhaftet. Die KPP wie auch die NPA verdankt Salas, daß sie die Verhaftungen von Sison und Buscayno überlebt hatten. Er war es gewesen, der in den schwierigen Jahren von 1977 bis 1985 Partei und Partisanenarmee zusammengehalten und beiden zu neuer Kraft verholfen hatte. Ein Antrag auf Freilassung Salas' gegen Kaution wurde im Juli 1987 zwar bewilligt, die Regierung suchte jedoch um »Verzögerung« an.

Über die internen Konfrontationen der KPP/NDF, über vergangene Fehler und Schwierigkeiten, über die bisher erfolglosen Waffenstillstandsgespräche und über zukünftige Strategien sprachen Anton Zumel (im Mai 1987) und Rodolfo Salas in seiner Zelle im Camp Crame in Manila (im August 1987).

Gespräch mit Anton Zumel

Nur ein paar Tage nach den ersten Kongreßwahlen vom 11. Mai 1987, den ersten seit 16 Jahren, erschien der 54jährige Anton Zumel, von seinem Leibwächter begleitet, in einer Nobelvilla, die in einem Vorort von Manila liegt. Der Besitzer des prunkvollen Gebäudes, ein Industrieller und Großgrundbesitzer, war außer Haus und wußte nichts von seinem Glück, Gastgeber in Abwesenheit zu sein für einen Mann, den er am liebsten auf der Stelle umgebracht hätte, und einen ausländischen Korrespondenten.

Wie so oft auf den Philippinen hat auch diesmal die Familie eine Rolle gespielt: Eine entfernte Verwandte des Hausbesitzers ist NDF-Sympathisantin und hat das Treffen organisiert. Folgendes Gespräch über die Aussichten unter der Präsidentin Aquino fand in angenehmen Lehnsesseln, bei Eistee und umgeben von üppigem Dekor statt. Zumel bestand darauf, wie immer in Gesprächen, »Toni« genannt zu werden.

Toni, zuerst einmal herzlichen Dank, daß Sie für heute »aufgetaucht« sind. Unter der neuen Regierung hat Ihr Land jetzt eine neue Verfassung, und bald wird es auch ein neues Parlament (Kongreß und Senat) geben. Sind das nicht alles positive Zeichen und bedeutet das nicht eine Art »Gefahr« für die NDF, da sich die Filipinos jetzt in einem demokratischen System wohler fühlen werden als bisher?

Die Aquino-Verfassung und jetzt das Parlament ändern nichts an der erschreckenden Lage, in der sich unser Land befindet. Einen Wiederaufbau kann es nur dann geben, wenn es Erneuerung gibt. Und Erneuerung bringen die Verfassung und ein abermals von Oligarchen beherrschter Senat sicherlich nicht. Das Volk muß endlich einsehen, daß es sich weder auf die Verfassung noch auf die neugewählten Vertreter der Elite verlassen kann, sondern nur auf eigene Bemühungen, auf den eigenen Kampf.

Soll das ein bewaffneter Kampf bleiben?

Ob bewaffnet oder nicht, ob legal oder illegal, nur eine kämpferische Auseinandersetzung mit der Brutalität des Systems kann ans Ziel führen.

Aber bedeutete der Sturz Marcos' nicht die Rückkehr eines gewissen Maßes an Demokratie?

Selbst vor der Ausrufung des Kriegsrechts herrschte so etwas wie Demokratie, zumindest die passenden »Dekorationen« waren vorhanden. Echte Demokratie konnte das jedoch niemand nennen. Ähnlich ist es heute. Wir haben wieder eine neue Verfassung, wir werden bald wieder ein Parlament haben. Sicher, die Grundrechte sind verfassungsmäßig verankert, der Präsident hat keine absolute Macht mehr. Doch Demokratie? Es sind ja wieder die alten Herrschaftscliquen, die sich von neuem etabliert haben. Das System bleibt feudal und semifeudal, die Politik bleibt ein Spiel für die Elite. Bei uns hat es noch nie eine ökonomische Demokratie gegeben.

Am 8. Februar 1987 ist der erste zweimonatige Waffenstillstand zwischen Regierungstruppen und NPA ausgelaufen, ohne Chancen einer Verlängerung. Sie, Toni, waren einer der hauptsächlichen Unterhändler der NDF. Wie sehen Sie die Aussichten auf einen neuerlichen Waffenstillstand und eventuell auf ein Friedensabkommen mit der Regierung?

Nur wenn die Regierung allen Ernstes bereit ist, die grundlegenden Probleme unseres Landes gerecht zu lösen, kann abermals über Frieden gesprochen werden. Bei bisherigen Verhandlungen ging es den Regierungsvertretern lediglich um einen »ehrenvollen Frieden«: Wir sollten unsere Waffen abliefern, aufgeben und uns der Gnade eines lächerlichen Amnestieprogramms ausliefern. Landreform, eine gerechtere Verteilung von Einkommen und eine Kündigung der Verträge mit den USA über die Militärstützpunkte kamen der Regierung kaum in den Sinn. Unter solchen Umständen bleibt ein neuerlicher Waffenstillstand oder gar Friede einfach Illusion.

Die Regierung hat ihren Kampf gegen die NPA intensiviert, in vielen Regionen wurden Bürgerwehren gebildet, die sich gegen Ihre Guerilleros und die »Spatzeneinheiten« (Scharfschützen-Einheiten) der NPA richten sollen. Helikopter werden von den USA geliefert. Kann sich die NPA unter diesen Umständen noch länger halten, vor allem mit ihrer schlechten Bewaffnung?

Wir haben unsere Reihen in den vergangenen Monaten konsolidiert, auch wenn wir die Angriffe der Armee jetzt stärker zu spüren bekommen. Selbst unter der angeblich so demokratischen und freien Aquino-Regierung laufen uns immer mehr Menschen auf dem Land und auch in den Städten zu. Wir müssen unsere Anstrengungen verdoppeln und den Leuten klarmachen, daß sich unter der neuen Regierung nichts ändern wird. Bis jetzt haben wir ja recht gehabt.

Weil Sie von Konsolidierung sprechen: Hat es nicht in der KPP und NPA enorme Machtkämpfe und Säuberungswellen gegeben? Vor allem auf Mindanao?

Ja, sicherlich. Besonders in der Gegend um Davao haben wir Fehler begangen. Da ist die lokale Führung gegen eigene Leute vorgegangen, weil das Militär Agenten (DPA, Deep Penetration Agents) in die Bewegung eingeschleust hatte. Da haben wir Fehler gemacht und oft die Falschen liquidiert. Aber jetzt ist das alles wieder in Ordnung, und das Kommando Mindanao baut von neuem auf.

Wird die NPA in Zukunft nicht doch gezwungen sein, Waffenhilfe aus dem Ausland anzunehmen, besonders dann, wenn die USA ihrerseits die Armee mit neuen Kampfsystemen ausrüsten und beraten?

Die Bewaffnung bleibt unser größtes Problem. Und wir sind auch nicht abgeneigt, Hilfe aus dem Ausland anzunehmen, das haben wir öfters wiederholt. Doch egal, von wo diese Unterstützung unseres Kampfes kommt: Wir nehmen keine Hilfeleistungen an, die mit Bedingungen verbunden sind. Unser Kampf bleibt ein nationaler, den wir selbst bestimmen wollen.

Kann die KPP/NPA/NDF eines Tages tatsächlich siegen und das Land und seine Gesellschaft verändern?

Ich bin ein revolutionärer Optimist, der zusammen mit all den anderen Genossen einen hinausgezögerten Volkskrieg (protracted people's war) führt. Ich bin sicher, daß wir gewinnen werden, auch wenn es noch länger dauert.

Gespräch mit Rodolfo Salas

Die Sicherheitszellen im Camp Crame in Manila sind alles andere als düstere Betonlöcher, in denen Gefangene unter unmenschlichen Umständen dahinvegetieren müssen. Die Philippine Constabulary (PC), die in dieser Ansammlung von halbverfallenen Versammlungsgebäuden und Baracken ihre Kommandozentrale aufgeschlagen hat, wacht im Gefängnisblock über gut zwei Dutzend Häftlinge, die allesamt Sonderstatus genießen. Sie schlecht zu behandeln wäre gefährlich, da hinter jedem Häftling eine mächtige Organisation steht, die Rache nehmen könnte. Rodolfo Salas, ehemaliger Vorsitzender des KPP-Zentralkomitees (ZK) und angeblicher Kommandant der NPA, hat jene etwa 40 Quadratmeter große Zelle übernommen, die bis zum März 1986 Bernabe Buscayno bewohnt hatte. In den Zellen nebenan schmoren als Putschisten identifizierte Offiziere unter der schwülen Sommerhitze.

Salas ist nicht frei, doch ansonsten geht es ihm bei weitem besser als einem »gehobeneren« Slumbewohner, ja selbst eine junge Sekretärin in einer Firma in Manila könnte von einigen Einrichtungen in Salas' Zelle nur träumen: Ein Personal Computer steht da auf einem wackeligen Tisch; gleich beim Eingang und im Vorraum der Zelle sorgen ein elektrischer Toaster und reichlich Geschirr und Besteck für eine fast vollständige Kücheneinrichtung; auf Wandregalen steht Buch neben Buch; eine kleine Duschecke garantiert die nötige Abkühlung.

Nach langen Vorbereitungen und nach relativ kurzen Irrwegen durch den bürokratischen Dschungel kam es im August 1987 zu folgendem Gespräch mit Rodolfo »Rudi« Salas in seiner Zelle im Camp Crame.

Kurz nach Ihrer Verhaftung kamen wilde Gerüchte auf, die behaupteten, daß Sie nicht nur Vorsitzender des ZK der KPP waren, sondern auch oberster Befehlshaber der NPA, und das seit Jahren. Ist das wahr?

Ich weiß nicht ... Sie wissen, daß gegen mich ein Verfahren wegen Rebellion und Aufruhr eingeleitet wurde, ich muß vorsichtig sein.

Ihre Verhaftung kam genau zu jenem Zeitpunkt, da ein erstes Waffenstillstandsabkommen (zwischen Regierung und NPA) schon fast fertig ausgehandelt war. Da gab es Leute, die behaupteten, daß Sie sich mit den übrigen NDF-Führern wie Zumel und Satur Ocampo zerstritten hätten, ja, daß sogar José M. Sison gegen Sie gesprochen habe. In der NDF sei man über Ihre Festnahme sogar froh gewesen. Wie erklären Sie sich Ihre Verhaftung (im September 1986)?

Diese Gerüchte sind alle Schwachsinn. Natürlich gab es öfters Auseinandersetzungen in der Führung der KPP/NDF. Aber mit Zumel und Ocampo habe ich nie Schwierigkeiten gehabt. Andere waren es, die Strategien vertraten, die ich nicht befürworten konnte. Als sie mich schnappten, war der Regierung an nichts anderem gelegen, als auf die NDF mehr Druck ausüben zu können. Das ist ja damals auch gelungen.

Können Sie das genauer erklären?

Corazon Aquino kam am 24. September aus den USA zurück. Ihr Besuch war ein Erfolg gewesen, zumindest wurde er als solcher gewertet. Nur der US-Senat blockte weitere 200 Millionen Dollar Finanzhilfe ab, die der Kongreß versprochen hatte. Die Begründung war ganz offensichtlich die amerikanische Unzufriedenheit mit der sanften Politik Aquinos gegenüber der KPP. Na ja, da war eben einigen in unserer Regierung Geld wichtiger als ein frühes Waffenstillstandsabkommen mit der NDF. Einen Tag nachdem gegen mich und meine Frau am 2. Oktober 1986 offiziell Anklage wegen Rebellion erhoben wurde, gab der Senat die Millionen frei. Und die NDF mußte mit ihren Verhandlungen von vorne anfangen.

Sie sind erst nach Ihrer Verhaftung als einer der offiziellen Unterhändler in Mitteilungen der NDF aufgetaucht. Davor waren Sie für die Öffentlichkeit so ziemlich unbekannt. Wie kommt das?

Schon im Herbst 1985 (noch unter Marcos) gab es geheime Kontakte zwischen (dem späteren Exekutivsekretär Aquinos) Joker Arroyo und mir. Im Falle eines Regierungswechsels sollte es endlich Frieden geben. Wir waren im Frühjahr 1986 bereit, doch die Regierung wollte mehr Zeit. Im Juli drängte die Regierung darauf, die Namen der Unterhändler von beiden Seiten zu veröffentlichen. Zuerst sollte ich genannt werden, doch dann entschloß man sich für Ocampo und später für Zumel. Das hatte mit irgendwelchen Streitigkeiten nichts zu tun. Und wenn sie mich nicht verhaftet hätten, wäre der Waffenstillstand viel früher unterschrieben worden.

Und wie hat die NDF auf Ihre Festnahme reagiert?

Die haben genauso gehandelt, wie die Regierung es wollte. Ich hatte im Frühjahr 1986 Verhandlungen in zwei Etappen vorgeschlagen: Zunächst sollte es zu einem fairen Waffenstillstand kommen, mehr nicht. Danach und langsam sollte man über ein Friedensabkommen reden, dem natürlich die wichtigsten Reformen und sozialen Neuerungen der Gesellschaft und Politik zugrundeliegen sollten. Die NDF wollte aber alles auf einmal – und hat (durch den Waffenstillstand zwischen Dezember 1986 und Februar 1987) bei weitem mehr verloren als gewonnen.

Aber die NDF hatte sich doch endlich in der Öffentlichkeit zeigen können. War das nicht ein Propagandabonus?

Vielleicht. Aber dafür hatte sie auf den Status einer kriegführenden Gruppe verzichten müssen; die Polizei und die PC waren weiterhin berechtigt, in NPA-Gebieten Operationen durchzuführen und zu patrouillieren. Und die Regierung war doch nur an diesem Abkommen interessiert, um noch vor der Volksabstimmung über die neue Verfassung (am 2. Februar 1987) die Öffentlichkeit vom Erfolg ihrer »Friedenstaktik« zu überzeugen.

Wie schätzen Sie die NDF, die KPP und die NPA heute ein, unter verstärktem Druck der Regierung und nach dem beendeten Waffenstillstand?

Die müssen erst einmal ihre Fehler korrigieren. Bis jetzt hat das ZK gebraucht, um die Richtigkeit des Boykotts der (Präsidenten-) Wahlen (im Februar 1986) einzusehen. Viel zu lange haben wir darum herumgeredet. Außerdem gab es enorme disziplinäre Probleme. In Davao hatten unsere Genossen aus lauter Angst vor den DPA(-Spitzeln) an die 300 der eigenen Leute gefoltert und umgebracht. Unter den Opfern waren gute Freunde von mir, ehrliche Gewerkschaftsführer und Revolutionäre. Und es gibt immer noch Mitglieder des ZK, die die Macht durch einen blutigen Umsturz erringen wollen.

Ist das denn nicht endgültiges Ziel der KPP?

1979 habe ich ein politisches Papier geschrieben, in dem ich klargemacht habe, daß auf den Philippinen keine politische Partei, Bewegung oder sonstige Gruppe die Macht alleine für sich erkämpfen, geschweige denn behalten kann. Unser Volk ist vielfältig, so ist unser Land. Es gibt einfach zu viele Interessengruppen, als daß hier jemand alleine und lange herrschen kann. Marcos hat es eine Zeitlang geschafft, aber was sind schon 20 Jahre in der Geschichte einer Nation? Und die Folgen sehen Sie heute!

Die KPP und die NDF müssen einsehen, daß sie nur in der Allianz mit anderen reformistischen und liberalen Kräften Chancen auf die Regierungsmacht haben. Das habe ich 1979 schon gesagt.

Und was für eine Relevanz hat diese Theorie für die Zukunft?

In den kommenden drei, vier Jahren werden sich alle politischen Gruppen und Lager neu formieren, eigene Streitkräfte ausrüsten und versuchen, die Macht für sich zu ergreifen. Großgrundbesitzer, Oligarchen, Industrielle, Marcos-Loyalisten, Linke, die Regierung und die KPP, sie alle werden es versuchen. Sie werden entdecken, daß das zu nichts führt. Und dann erst wird die Zeit für neuerliche und hoffentlich erfolgreichere Friedensverhandlungen reif sein.

In wieviel Jahren soll das etwa sein?

Ich weiß nicht. Vielleicht fünf, sieben oder mehr. Aber vielleicht ist es schon in vier Jahren soweit. Dann wird auch die Regierung einsehen müssen, daß eine grundlegende Land- und Sozialreform nötig ist, um unser Land neu aufzubauen. Bis jetzt zeigten Aquino und ihre Minister nur wenig Interesse; von den neuen Senatoren und Kongreß-Abgeordneten ist auch nicht viel zu erwarten.

Ist es nicht ganz entscheidend, wie die Vereinigten Staaten auf Entwicklungen auf den Philippinen reagieren? Die Fragen der Stützpunkte und der wirtschaftlichen Kontrolle bleiben ja bis heute unbeantwortet.

Die NDF/KPP ist nicht von vornherein gegen die USA. Uns geht es einfach darum, ein national unabhängiges und nicht mehr ausgebeutetes Land aufzubauen.

Und was soll aus den US-Militärstützpunkten werden, wenn die Linke ans Ruder kommt?

Das Ideal bleibt natürlich, daß keine amerikanischen Soldaten mehr auf den Philippinen stationiert sind. Doch ich kann mir eine Kompromißlösung vorstellen. Wir lassen über alles mit uns reden.

Der blutige Kampf wird also weitergehen, über Jahre hinweg, und viele werden noch sterben müssen. Ist das denn tatsächlich eine positive Entwicklung?

Wissen Sie, hier geht es nicht um Frieden, es geht um das Volk und seine Freiheit.

Rückkehr zur Tradition: Gewalt und Scheitern

»Filipinos haben sich dermaßen an Gewaltverbrechen gewöhnt, daß sie Morde und Entführungen nur mehr mit einem milden Lächeln zur Kenntnis nehmen ... Verbrechen – zusammen mit dem Blut und dem Aufsehen, die damit in Verbindung stehen – sind integrierter Teil des philippinischen Lebens geworden.«
(Der Kolumnist Luis V. Teodoro in der Tageszeitung »Manila Standard« im August 1987)

In ihren rotgelben T-Shirts unter den breiten Strohhüten schabte und kratzte die Heerschar von Straßenkehrern in den Tagen nach der Volksabstimmung an Wänden, Strommasten und Betonpfeilern. Wie nach jedem ausgestandenen Wahlkampf wurden beschäftigungslose Slumbewohner als »Manila Aids«, als »Helfer der Stadt« rekrutiert, um die Hunderttausenden Wahlplakate von allen möglichen Oberflächen zu entfernen.

Diesmal hatten sie nur die wenigen Poster mit dem »NO« und die unendlich vielen mit dem großen »YES« zu beseitigen. Diese drei magischen Buchstaben, für die an manchen Stellen sogar die Heilige Maria als Extradekor werben mußte, hatten ihren Dienst getan. Und was lediglich eine Wahl zwischen »Ja« und »Nein« zur neuen Verfassung hätte sein sollen, war zur »mehrheitlichen Bestätigung« der Aquino-Regierung degeneriert. »People Power, Teil 2!«, »Sieg der Demokratie!« und ähnlich jubelten Kommentatoren in den Medien.

Nach dem kurzen Alptraum der späten Januartage war der Sieg der Verfassung allerdings notwendige Erleichterung und zugleich willkommener »Beweis« für die Beliebtheit Aquinos. Nun lag es an der Präsidentin und ihrem Kabinett, die neue Demokratie so rasch wie nur möglich aufzubauen und zu konsolidieren. Die ernüchternden Rahmenbedingungen: Ein anhaltender Waffenstillstand oder gar Friedensvertrag mit der kommunistischen Neuen Volksarmee (NPA) oder den Moslemrebellen auf Mindanao war zur Illusion geworden (das Waffenstillstandsabkommen mit der NPA war am 8. Februar ausgelaufen); das Militär war gespaltener und ungeduldiger denn je; Reformen und ernsthafte Versuche zur Verbesserung des Lebensstandards ließen auf sich warten.

Geld und Politik

Noch während die »Manila Aids« an den »YES«- und »NO«-Plakaten schabten, begannen hoffnungsfrohe Politiker der alten Garde ihre Vorbereitungen auf den nächsten und hoffentlich letzten Schritt der »Rückkehr zur Demokratie«. Zum ersten Mal in 16 Jahren boten die Kongreßwahlen vom 11. Mai 1987 für die alten Familien Gelegenheit, sich ihre Einflußposten wenn möglich im Senat oder zumindest im Kongreß (Repräsentantenhaus) zu sichern. Denn 24 Senatoren und 200 Kongreßabgeordnete sollten gewählt werden.

Einige Familienmitglieder zweier Clans wollten nicht erst auf einen Sieg an den Urnen warten, um ihre wirtschaftliche wie politische Vorzugsstellung auszubauen. Im März häuften sich Berichte, daß die Aquinos und Cojuancos dank der mit ihnen verwandten Präsidentin diskret ihr neues »Crony-Imperium« aufzubauen begannen. Hauptverdächtiger war niemand anderer als José »Peping« Cojuanco Jr., Präsident der Aquino-Partei PDP-Laban und der Bruder jener Präsidentin, die endlich eine Regierung ohne Korruption versprochen hatte. Pepings Frau Margerita »Tingting« und die andere Schwägerin Corys, Tessie Aquino-Oreta, machten ebenfalls von sich reden.

Zu den lukrativen Finanzquellen, die sich vor allem das Ehepaar Cojuanco gesichert haben soll, zählen Seefrachtagenturen in Manila (die sogenannte Arastre-Gruppe), zollfreie Tauschhandelsabkommen zwischen Mindanao und Nachbarstaaten, die Führung eines staatlichen Casinos in Manila und anderer Regierungsmonopole sowie ein ganzes Netz illegaler Glücksspielhöllen im ganzen Land. Die Ironie der Anschuldigungen: Die meisten dieser goldenen Melkkühe waren in Marcos' Zeiten von seiner Frau Imelda und deren Familie kontrolliert worden.

Offizielle Dementis folgten den immer lauter werdenden Anklagen, die rasch im Wirbel des anlaufenden Wahlkampfes um Senats- und Kongreßmandate untergingen. Die neuen Mini-Cronies hatten sich auch schon zum Angriff auf die Wähler positioniert.

Die Geburt der »Aquino-Demokratie«

Vier Großallianzen zogen in die Schlacht um die Gunst der Wähler.

- Corazon Aquino hatte »ihre« Vorzugskandidaten in der »Lakas ng Bayan« (LABAN), in der »Stärke der Nation«-Koalition versammelt, die von der PDP-Laban dominiert wurde.
- Juan Ponce Enrile führte eine bunte Mischung enttäuschter ehemaliger Cory-Fans, wankelmütiger Demokraten der Salvador-Laurel-Dachorganisation UNIDO und antikommunistischer Großgrundbesitzer in der »Grand Alliance for Democracy« (GAD).
- Jene, die Marcos und seinem Regime noch immer nachtrauerten, nannten sich »Union for Peace and Progress/Kilusang Bagong Lipunan« (UPP/KBL).
- Die Linkspartei Partido ng Bayan (PNB) beherrschte die progressive Koalition der »Alliance for New Politics« (ANP).

An die 85 Senats- und knapp 1 000 Kongreßkandidaten feierten die Rückkehr zur Demokratie und ihren Möglichkeiten mit den üblichen enormen Geldspenden (der Wahlkampf um einen Senatssitz kostet über 500 000 Mark), leidenschaftlichen und hohlen Tiraden und einer Flut von Plakaten, die vermuten ließ, man wolle das Land damit tapezieren.

»Die friedlichsten und saubersten Wahlen in der jüngeren Geschichte des Landes!« wiederholten Zeitungen die Jubelmeldung, die die Präsidentin persönlich nach dem 11. Mai in Umlauf gebracht hatte. Tatsächlich waren nur 30 bis 40 Menschen im gesamten Archipel am Wahltag umgekommen. Berichte von Schwindeleien und gewaltsamem Urnenraub sickerten erst Wochen später aus entlegenen Provinzen in die Hauptstadt. Noch viel wichtiger für die Regierung: Die LABAN-Kandidaten hatten mit niederschmetternder Mehrheit gewonnen. Corys Wunsch nach einem reinen LABAN-Senat und einem ähnlich »sauberen« Kongreß, den sie während des Wahlkampfes im Namen der LABAN-Kandidaten geäußert hatte, war fast vollständig erfüllt worden. »In einer Demokratie brauchen wir eine Opposition. Aber wir haben die Demokratie erst gerade zurückgewonnen«, so die fadenscheinige Erklärung Aquinos.

Obwohl das endgültige Ergebnis erst Ende Juni bekannt wurde und bis in den August hinein Unklarheiten in einigen Wahlkreisen die Bekanntgabe von Teilergebnissen verzögerte, sorgten die »fairen« Wahlen noch im Mai für enormes Ressentiment unter den politischen Lagern. GAD-Führer Enrile startete Protestaktionen gegen den »Wahlschwindel«. Nur ein GAD-Kandidat, der Filmschauspieler Josef Estrada, hatte es nach der ersten Auszählung als

Wahlkampfveranstaltung der linken PNB in Manila

einziger Oppositioneller in den Senat geschafft. Enrile wurde als zweiter GAD-Senator erst im August bestätigt. Die PNB war vollkommen durchgefallen. Im Kongreß konnte sie ganze vier Mandate erringen; ihre Senatskandidaten waren vernichtet worden. Die »Aquino-Demokratie« war perfekt.

Bürgerkrieg

Die übliche überschwengliche Karnevalsstimmung, die den Wahlkampf begleitete, ließ die tatsächlich bedrohliche Situation im ganzen Land leicht vergessen. Der Kampf zwischen der Armee und der NPA war in fast allen Teilen des Landes zu einer bürgerkriegsähnlichen Schlacht ausgeartet. Die New Armed Forces of the Philippines (NAFP) litten dabei unter weit mehr Verlusten als die Rebellen.

Von der »ehrenhaften Amnestie«, die Aquino am 28. Februar ausrief und die ein halbes Jahr lang gültig sein sollte, wollte die NPA nichts wissen. Versuchte die Regierung, in Thailand erfolgreiche Methoden der Rückgewinnung der meist bäuerlichen Guerilleros durch eine mit wirtschaftlichen Verbesserungen gekoppelte Amnestie nachzuahmen, so fehlten auf den Philippinen sowohl die finanziellen Mittel dazu als auch der echte Wille.

Im Rahmen der Bemühungen um eine effektive Counterinsurgency-Strategie tolerierte die Präsidentin den Aufbau von antikommunistischen Bürgerwehren, die in ihren Regionen, Städten und Dörfern für eine Unterbindung der Unterstützung der NPA durch die Zivilbevölkerung sorgen sollten. Die berüchtigten Civil Home Defence Forces (CHDF) waren auch noch nicht aufgelöst worden.

So sorgt in Davao City seither die »Alsa Masa« (Aufstand der Massen) für allgemeinen Terror. Im Namen des Antikommunismus werden Gemeinden gezwungen, sich der Bürgerwehr anzuschließen. Wer nicht will, wird geschlagen, gefoltert, in Auffanglager deportiert oder umgebracht. Obwohl die Bürgerwehren offiziell nicht mit Schußwaffen ausgerüstet sein dürfen, nehmen Mitglieder der »Alsa Masa« und anderer Bürgerwehren regelmäßig und gerne Aufstellung für Fotografen - mit Pistolen, Handgranaten und Gewehren in Händen.

Auf Mindanao hat die Armee bis dahin vorwiegend im Untergrund lebende Sekten als Killer gegen Kommunisten und verdächtige Sympathisanten rekrutiert. Die »Tadtad«, die ihre Opfer gerne mit einem Langdolch in Stücke hauen, sind integrierter Teil der »Alsa Masa« von Davao und Umgebung.

»People Power« nannte der »Alsa Masa«-Aktivist und Radiosprecher Juan Pala die Bürgerwehren in Davao City. Das Volk sei eben aufgestanden, um die »Feinde der Demokratie zu vernichten«. Die Herren der neuen Demokratie in Manila scheinen den staatlich unterstützten Terror nur zu gerne zu dulden, trotz eines erschütternden Berichts verschiedener Menschenrechtsorganisationen, in dem sie die Präsidentin im März dringendst aufforderten, die Bürgerwehren zu verbieten.

Mit dieser Taktik, die nur wenig Erfolge erzielt, ist es der Regierung nun endgültig gelungen, die Kluft des Mißtrauens und des Hasses zwischen ihr und der NPA als auch der National Democratic Front (NDF) unüberbrückbar zu machen. Einige Massaker schuldloser Dorfbewohner durch Soldaten im immer brutaler werdenden Krieg gegen die Guerilla haben das ihre zur erhöhten Spannung beigetragen. Das schrecklichste ereignete sich Mitte Februar nicht weit von Manila, bei dem fast 20 Frauen, Kinder und Alte einfach niedergemäht wurden.

Ähnlich katastrophal verliefen die Bemühungen, mit den Moslems im Süden einen Friedensvertrag abzuschließen. Ende Juli lehnte die Moro National Liberation Front (MNLF) einen neuerlichen Regierungsplan zur Beilegung des alten Konflikts radikal ab.

Chaos und Stillstand

Am 18. März tötete eine gewaltige Bombenexplosion vier Menschen auf der Festtribüne der Militärakademie in der nördlichen Stadt Baguio. Angeblich waren Mitglieder jener Gruppe von Offizieren dafür verantwortlich, die auch schon im Januar einen Putsch versucht hatten. Vier Tage später versicherte Corazon Aquino unter dem riesigen Loch im Dach der nur provisorisch reparierten Bühne den angehenden Offizieren, daß »nichts diese Präsidentin einschüchtern kann. Vernichtet den Feind zur linken und zur rechten«, rief sie die Jungsoldaten auf.

Die entschlossenen Worte konnten die relative Ohnmacht der »gelben Madonna« nicht vertuschen. Die Abwesenheit einer starken Führungshand und später der Interessenstreit zwischen Senatoren und Kongreßabgeordneten verhinderten in den Monaten bis zum Sommer die Verwirklichung all jener Programme und politischen Zielsetzungen, die für den Wiederaufbau des Landes am wichtigsten bleiben. In den Städten nahm die Kriminalität in erschreckendem Maß zu, auf dem Land verarmten immer mehr Familien und blieben ihren enttäuschten Hoffnungen überlassen.

Im ersten Quartal wurde wenigstens ein Wirtschaftswachstum von 5,7 Prozent erreicht. Optimisten erhofften sich noch im Juni ein Jahreswachstum von knapp sechs Prozent. Dafür waren Umschuldungsverhandlungen mit den wichtigsten Kreditgebern des Landes nicht nach Manilas Wunsch verlaufen. Die Auslandsschulden wuchsen inzwischen auf knapp 29 Milliarden Dollar an und werden mindestens 40 Prozent des Budgets als Schuldendienst vertilgen. Zugleich blieben ausländische Investoren skeptisch, die die Elite von Nationalökonomen mit allen nur erdenklichen Verlockungen zu Investitionen auf den Philippinen verleiten will. Vom Traumziel, bis 1991 ein durchschnittliches Jahreswachstum von sechs bis sieben Prozent zu erreichen, spricht fast niemand mehr. Dann erst könnten die Filipinos zu jenem Einkommen zurückfinden, das sie schon einmal 1981 genossen haben.

Bis zum 26. Juli hatte Aquino Sondervollmachten, die sie zum Erlaß von Dekreten mit Gesetzeswirkung berechtigten. Ab 27. Juli hatte das Parlament über neue Gesetze zu entscheiden.

Progressive Kabinettsmitglieder und Berater beschworen Cory, noch vor der Eröffnung des Kongresses ein konkretes Landreformprogramm als Dekret zu erlassen. Die konservative Lobby drängte hingegen auf einen Entscheid durch das Parlament – wohl wissend, daß auf diese Weise alle »radikalen« Ideen zur Bodenverteilung durch die starke Präsenz von Großgrundbesitzern in beiden Kammern abgeblockt werden können.

Das Resultat: Am 22. Juli erließ Aquino ein für sie typisches Dekret, in dem sie lediglich Richtlinien für ein erweitertes Landreformprogramm bekanntgab. Es sollten wohl auch Zuckerrohr- und Kokosnußplantagen umverteilt werden. Dazu zählt unter anderem die 6 000 Hektar große Hacienda Luisita in Tarlac, die Besitz der Präsidentin und ihrer Familie ist. Die Details des gesamten Plans sollten Kongreß und Senat binnen 90 Tagen nach der Parlamentseröffnung bestimmen. Bis zum September war keine einzige ernsthafte Parlamentsdebatte darüber geführt worden. Dafür hatten Abgeordnete einmal erhitzt darüber diskutiert, auf welcher Seite nun der liebe Gott stünde, auf der Seite der Großgrundbesitzer oder der Bauern. Ein Priester aus Bacolod, der die Szene beobachtete, urteilte überraschend: Natürlich sei Gott mit den Hacienderos. Und im ersten Monat des jungen Kongresses bekam auch der Flughafen von Manila einen neuen Namen: Benigno Aquino Airport.

Derweil intensivierten die Stadtpartisanen der NPA ihre Angriffe auf Polizisten und Soldaten in Manila. Bomben explodierten in Warenhäusern und in belebten Straßen. Die Filipinos reagierten kaum mehr darauf. Brutalität und Chaos zählten unter der jungen Demokratie offensichtlich zum Alltag. Zeitungsüberschriften ohne Bluttatmeldungen wurden als Seltenheit registriert. Die Ordnungshüter der Nation gingen ja auch mit gutem Beispiel voran: Sie hatten Arbeiter und Bauern getötet, auf Streikposten geschossen und auch sonst bei so mancher Gelegenheit mit dem Finger am Abzug für »Recht und Ordnung« gesorgt.

Es erregte auch nur momentanes Aufsehen, als am 2. August der erste Minister der Philippinen ermordet wurde. Als der Leiter des

Ressorts für Lokalregierung, José Ferrer, vom Kirchgang nach Hause fuhr, stoppten drei Männer seinen Wagen auf offener Straße in Manila. Im nächsten Augenblick durchsiebten zwei Maschinenpistolen das Auto samt Minister und Chauffeur. Wie bis dahin alle politischen Morde und Massaker unter Aquino wurde auch der Fall Ferrer nicht aufgeklärt.

Steht das Ende bevor?

Für die an Putschversuche, NPA-Angriffe und eine weiterhin unfähige Regierung gewohnten Filipinos waren die Monate Juli und August durchaus »friedlich«. Nur der Mord an Ferrer hatte Überraschung ausgelöst.

In Senat und Kongreß wurde heftig über die Auslandsschulden diskutiert und über Möglichkeiten, sie teilweise nicht mehr bezahlen zu müssen. Schließlich seien die Banken zu Marcos' Zeiten selbst verantwortlich für die Kreditvergabe an ein bekannt korruptes Regime gewesen.

Am 14. August gab die Regierung plötzlich eine Benzinpreissteigerung um 18 Prozent bekannt. Die Reserven zur Subvention der heimischen Raffinerien und Erdölunternehmen seien aufgebraucht, die internationalen Erdölpreise gestiegen, hieß es als Erklärung.

Eine dermaßen empfindliche Verteuerung bedeutete für Tausende von Jeepney-Fahrern und alle anderen Kleinunternehmer, die vom Gütertransport abhängig sind, die Bedrohung ihrer labilen Existenz. Der starke sozialistisch ausgerichtete Gewerkschaftsbund Kilusang Mayo Uno (KMU, Erste-Mai-Bewegung) rief daraufhin zum landesweiten Streik auf. Am 26. August stand der öffentliche Verkehr in den meisten Städten still. Bei gewaltsamen Demonstrationen wurden Hunderte festgenommen. Die Führungsspitze der Transportgewerkschaft der KMU wurde ebenfalls verhaftet.

Aquino erhoffte sich ein Abflauen des Protests, indem sie die Preiserhöhung für Benzin und andere Brennstoffe um die Hälfte auf neun Prozent reduzierte. Doch am 27. August wurde der bis dahin weitverbreitetste Streik unter der 18 Monate alten Aquino-Regierung fortgesetzt.

Die eigentliche Katastrophe begann dann kurz nach ein Uhr in der Früh am 28. August: Truppen vom Fort Magsaysay in Zentral-Luzon fuhren in gekaperten Autobussen und Schützenpanzern in Manila ein und belagerten den Malacañang-Präsidentenpalast. Zugleich eroberten Putschisten die staatliche Fernsehstation und einen zweiten Sender. Das Verteidigungsministerium im Camp Aguinaldo wurde gestürmt, ebenso die Kommandozentrale der Luftwaffe, Villamore Air Base bei Manila. Weitere wichtige Militäreinrichtungen und Lager wurden von den Rebellen eingenommen.

Im Camp Aguinaldo, wo er anderthalb Jahre zuvor fast auf den Tag genau als einer der wichtigsten Rebellen gegen Ferdinand Marcos auf der Seite von Juan Ponce Enrile gestanden hatte, verlautbarte Oberstleutnant Gregorio »Gringo« Honasan, daß sich der bis dahin brutalste und entschlossenste Putschversuch seiner Kameraden gegen die Ohnmacht Aquinos richte: »Wir schulden niemandem Loyalität außer dem Volk. Wir stehen zu unserer Sache, und wir sind bereit zu sterben für Gott, Vaterland und für euch (das Volk).«

Nach 24 Stunden regelrechter Straßenschlachten in weiten Teilen der Hauptstadt und um den Malacañang, nach der gewaltsamen Rückeroberung des Camp Aguinaldo unter Einsatz von Bomben und Haubitzen konnte die Nation und ihre Regierung traurige Bilanz ziehen. Mindestens 53 Tote und mehr als 300 Verletzte hatte der »schwarze Freitag« gefordert. Der einzige Sohn der Präsidentin, Benigno III, war angeschossen worden. Viel schlimmer noch: Corazon »Cory« Aquino war auf eindringlichste Weise gewarnt worden, daß ihr Regierungsstil bei niemandem so recht ankam, vor allem nicht bei der Armee.

Diesmal waren es keine Anhänger Ferdinand Marcos' gewesen, die die Initiative ergriffen hatten. Honasan und seine Kameraden im Offizierskorps gehörten der »Reformed Armed Forces«-Bewegung an, ohne deren Initiative »People Power« im Februar 1986 keine Macht gehabt hätte. Sie hatten die Nase voll von der unentschlossenen Politik ihrer obersten Befehlshaberin. Den Kommunisten hatte sie zu viel Spielraum gelassen, die versprochene »neue Politik« mußte auch jetzt noch Wunschtraum bleiben, Armut und Ausbeutung nahmen kein Ende. Und die Streitkräfte waren bisher eher als notwendiges Übel behandelt worden. Denn, so die jungen Offiziere, die engsten Berater Aquinos standen den Uniformen mißtrauisch gegenüber. Mißtrauen alleine aber bedeutet noch lange nicht Macht und Kontrolle. Der Beweis dafür war geliefert worden.

»Die Zustände erinnern an das Chaos vor der Ausrufung des Kriegsrechts«, kommentierte ein bekannter Journalist in den Tagen nach dem Putschversuch. Verteidigungsminister Rafael Ileto ließ durchblicken, daß die abermalige Ausrufung des Kriegsrechts durchaus notwendig werden könnte. Währenddessen rief Honasan, der im Zuge der Schlacht um Manila entkommen war, im Untergrund eine neue Regierung aus. Die moslemische MNLF schloß sich den Rebellen an.

Aquino überlebte diesmal noch. Das verdankte sie vor allem den USA. Washington erklärte noch am Tag des Putsches, daß die US-Regierung voll hinter der Präsidentin stünde. Doch die Aura der über allem stehenden, geliebten, unfehlbaren und aufrechten Cory war endgültig vernichtet. Die tapfere, aber unentschlossene Witwe hatte anderthalb Jahre im Präsidentensessel geschafft. Die Prophezeihung ihres Mannes, daß der Nachfolger Marcos' es höchstens auf ein halbes Jahr im Malacañang bringen könnte, war widerlegt worden. Die unvollendete Revolution im Aquino-Stil allerdings war gescheitert, und Benigno »Ninoy« könnte prinzipiell doch noch recht behalten.

Die Präsidentin ist gescheitert

Zeittafel

1521: Bei dem Versuch, einzelne Inseln für Spanien in Besitz zu nehmen, wird der Entdecker Ferdinand Magellan vom Häuptling Lapu Lapu erschlagen.
1543: Die Inseln werden nach dem spanischen Thronfolger Philipp benannt. Soldaten, Seefahrer und Mönche übernehmen in den folgenden Jahren die Kolonisierung des Landes.
1589: Abschaffung der Sklaverei. Die Filipinos bleiben jedoch faktisch Leibeigene der spanischen Kolonialherren.
Ab 1600: Die Missionierung der Philippinen wird kombiniert mit einem System, das Zwangsarbeit und Pflichtabgaben vorsieht. Wachsender Konflikt zwischen den spanischen Mönchen und einheimischen Geistlichen, die die Interessen ihrer Landsleute wahrzunehmen versuchen. Serie von lokalen und regionalen Aufständen und Rebellionen. Im Süden gelingt es der Kolonialmacht nicht, die Moros (moslemische Bevölkerung) zu missionieren und zu unterwerfen.
1762: Britisches Intermezzo in Manila; die Briten erobern die Hauptstadt und setzen sich vorübergehend dort fest.
1840/1842: Der philippinische Geistliche Apolinario de la Cruz gründet eine Ordensgemeinschaft, die sich direkt gegen die verhaßten spanischen Mönche richtet. Spaniern und Mestizen wird der Zugang zu dieser Bruderschaft verwehrt. Apolinario de la Cruz wird als Rebell verfolgt und nach seiner Gefangennahme erschossen.
1872/1896: Bürgerliche Reformbewegung des Schriftstellers und Arztes Dr. José Rizal. Die Bewegung wird abgelöst durch den revolutionären Geheimbund Katipunan, der Andres Bonifacio untersteht.
1896: Hinrichtung Rizals, gefolgt von einer Serie von Aufständen.
1898: Katipunan-Aufstand. Auseinandersetzung zwischen USA und Spanien um die Philippinen. Die Filipinos ergreifen die Partei der Amerikaner, weil sie sich davon Freiheit und Unabhängigkeit erhoffen. 12. 6. 1898 Ausrufung der Republik der Philippinen. USA annektieren das Land. Ausgleich zwischen USA und Spanien: Vereinigte Staaten übernehmen für 20 Millionen Dollar die Philippinen.
Ab 1907: Philippinen durch Kommissare im US-Kongreß vertreten.
1916: USA versprechen Philippinen die Unabhängigkeit (Jones Act).
1935: USA gewähren Teilautonomie.

1941: Japaner überfallen im Dezember die Philippinen, vertreiben die Amerikaner und besetzen das Land.
1942: Beginn des bewaffneten Widerstands der Hukbalahap (Huk).
1944: US-General MacArthur kehrt auf die Philippinen zurück.
1945: Vertreibung der Japaner durch gemeinsame Anstrengungen der USA und der Philippinen.
1946: Philippinen erhalten die Unabhängigkeit. Der Einfluß der USA bleibt jedoch bestehen, vor allem durch ein langfristiges Stützpunktabkommen.
1949/1952: Die Huk, die sich bald Volksbefreiungsarmee nennt, verstärkt ihre Aktivitäten gegen Amerikaner und philippinische Großgrundbesitzer.
1953/1957: Präsident Magsaysay verspricht soziale Reformen und drängt mit Hilfe des US-Geheimdienstes CIA den Einfluß der Huk zurück.
1965: Senator Ferdinand Marcos wird zum Präsidenten gewählt.
1968/69: Gründung der Kommunistischen Partei KPP und der Neuen Volksarmee NPA.
1969: Wiederwahl von Marcos. Studentische Unruhen.
1972: Im September verhängt Marcos das Kriegsrecht. Anschließend stattet der Präsident sich mit diktatorischen Vollmachten aus.
1973: Gründung der Nationalen Demokratischen Front NDF.
1976/79: Unter dem Eindruck der sozialen Krise gewinnt die NPA an Einfluß.
1981: Kriegsrecht wird im Vorfeld des Papst-Besuchs aufgehoben. Marcos behält jedoch seine diktatorischen Vollmachen.
1983: Ermordung von Oppositionsführer Benigno Aquino auf dem Flughafen von Manila.
1984: Wahlen zur Nationalversammlung. Bürgerliche Opposition gewinnt etwa ein Drittel der Stimmen. Etwa zehn Millionen Filipinos boykottieren die Abstimmung.
1986: Anfang Februar vorgezogene Präsidentschaftswahlen. Massiver Wahlbetrug durch Marcos, der sich selbst zum Gewinner erklärt. Ende Februar Sturz des Diktators, ausgelöst durch eine Rebellion von Teilen des Militärs, unterstützt durch die USA und vor allem durch einen friedlichen Aufstand der Bevölkerung. Corazon Aquino, die Witwe des ermordeten Senators, wird Nachfolgerin von Marcos. Aquino setzt die Freilassung von politischen Gefangenen durch und konzentriert ihre Politik auf den Prozeß der Demokratisierung und der Rückgewinnung der von Marcos gestohlenen Gelder und Güter. Sie erreicht die Zustimmung der Bevölkerung zur

neuen Verfassung und zur Fortsetzung ihrer Amtszeit als erste Präsidentin der Philippinen.
1987: Im Mai wird erstmals nach der neuen Verfassung der Kongreß gewählt. Überwältigende Zustimmung zu den Kandidaten der Regierungsparteien. Bittere Niederlage für die Linke. Ende August: Teile der Armee rebellieren gegen die Präsidentin. Mit mindestens 53 Toten der bis dahin blutigste Putschversuch.

Chronologie einer Dauerkrise
Anschläge und Putschversuche gegen die Regierung Aquino

6. Juli 1986: Der frühere Außenminister Arturo Tolentino verschanzt sich mit einigen hundert Soldaten im Manila-Hotel der Hauptstadt. Tolentino, der zuletzt unter Marcos Vizepräsident werden wollte, erklärt sich selbst zum amtierenden Staatsoberhaupt und die Aquino-Regierung als abgesetzt. Nach über 36 Stunden geben die Rebellen, die in telefonischem Kontakt mit Ferdinand Marcos gestanden haben, auf.
14. August 1986: Die Regierung Aquino gibt bekannt, ein Putsch innerhalb der Streitkräfte sei rechtzeitig entdeckt und vereitelt worden. Verteidigungsminister Enrile ist Urheber dieser Information. Nach seinen Angaben sollte die Präsidentin entführt und ihre Regierung gestürzt werden.
9. November 1986: Am Vorabend der Reise von Präsidentin Aquino nach Japan gibt es neue Putschgerüchte in Manila. Nach einem Plan, der »God Save the Queen« genannt wird, sollen Kabinettsmitglieder entlassen und durch eine Regierung unter der Führung von Juan Ponce Enrile ersetzt werden.
23. November 1986: Nach langem Zögern entläßt die Präsidentin Verteidigungsminister Enrile. Der Grund: Fast alle Putschpläne und Umsturzversuche haben mit Enrile zu tun.
7. Januar 1987: Marcosloyale Truppen besetzen eine Radio- und Fernsehstation in Quezon City und versuchen, militärische Einrichtungen unter ihre Kontrolle zu bringen. Die Überfälle sind, wie es heißt, Teil eines größeren Szenarios für die Rückkehr von Marcos.
18. April 1987: Aufständische Einheiten versuchen, militärische Zentren in Manila zu erstürmen, um Soldaten zu befreien, die in Verbindung mit den Putschversuchen vom Januar festgehalten werden.

Januar 1987: Soldaten belagern eine von Putschisten besetzte Radio- und Fernsehstation

6.–10. Juli 1987: Die Bewegungsfreiheit von Ferdinand Marcos auf Hawaii wird auf Anordnung der US-Regierung eingeschränkt, nachdem Pläne von Marcos zur Beschaffung größerer Mengen an Waffen und anderem Kriegsmaterial für einen Putsch bekannt geworden sind.

28./29. August 1987: Teile der Armee rebellieren gegen die Präsidentin. Sie greifen das Hauptquartier der Streitkräfte in Camp Aguinaldo an und übernehmen in einzelnen Landesteilen, etwa in Cebu City, die Kontrolle über regionale Militärkommandos. Der bislang schwerste Putsch gegen die Präsidentin wird zwar zurückgeschlagen; gleichzeitig werden jedoch die Schwächen der Aquino-Regierung überdeutlich.

Literaturverzeichnis

Abad, Ricardo G.; Cadelina, Rowe V.; Lopez-Gonzaga, Violeta (Herausgeber): Faces of Philippine Poverty: Four Cases from the Visayas. Manila 1986

Allen, James S.: The Radical Left on the Eve of War. Quezon City 1985

Bananal, Eduardo: The Presidents of the Philippines. Manila 1986

Bello, Walden; Elison, Elaine; Kinley, David: Development Debacle: The World Bank in the Philippines. San Francisco 1982

Canoy, Reuben R.: The Counterfeit Revolution; The Philippines from Martial Law to the Aquino Assassination. Manila 1980, 1981, 1984

Constantino, Renato: A Past Revisited. Manila 1975, 1981

Constantino, Renato: The Continuing Past. Quezon City 1978, 1979, 1982

Constantino, Renato: Neocolonial Identity and Counter Consciousness. London 1978

Crisostomo, Isabelo T.: Cory – Profile of a President. Quezon City 1986

De Jesus, C.; McCoy, Alfred W. (Herausgeber): Philippine Social History; Global Trade and Local Transformations. Quezon City 1982

De La Torre, Edicio: Touching Ground, Taking Root. Quezon City 1986

Deocadiz, Leo A.; Tsuda, Mamoru (Herausgeber): RP-Japan Relations and ADB; In Search of a New Horizon. A Business Day Book. Manila 1986

Gagelonia, Pedro A.: Filipino Nation; History and Government. Manila 1977

George, T.J.S.: Revolt in Mindanao; The Rise of Islam in Philippine Politics. Kuala Lumpur (Oxford University Press) 1980

Gowing, Peter G.; McAmis, Robert D. (Herausgeber); The Muslim Filipinos. Their History, Society and Contemporary Problems. Manila 1974

Guerrero, Amado: Philippine Society and Revolution. Manila 1970

Hurly, Vic: Swish of the Kris; The Story of the Moros. Originalausgabe: 1936, Reprint: 1977

Joaquin, Nick: The Aquinos of Tarlac. Manila 1983

Kerkvliet, Benedict J.: The Huk Rebellion; A Study of Peasant Revolt in the Philippines. Quezon City 1979, 1982

McDougald, Charles: The Marcos File. San Francisco 1987

Navarro-Predosa, Carmen: The Untold Story of Imelda Marcos. Manila 1969, 1986

Paez, Patricia Ann: The Bases Factor; Realpolitik of RP-USA Relations. Manila 1985

Rutten, Rosanne: Women Workers of Hacienda Milagros; Wage Labor and Household Subsistence on a Philippine Sugarcane Plantation. Amsterdam 1982

Salgado O.P., Pedro V.: Cory Aquino Militarization and Other Essays. Quezon City 1986

Salgado O.P., Pedro V.: The Philippine Economy; History and Analysis. Quezon City 1985

Saulo, Alfredo B.: Communism in the Philippines; An Introduction. Manila 1969

Simbulan, Roland G.: The Bases of Our Insecurity; A Study of the US Military Bases in the Philippines. Manila 1985 (zweite Auflage)

Sin, Jaime Cardinal: Selected Writings on Church-State Relations and Human Development. Manila 1984

Sitoy, Jr., T. Valentino: The Initial Encounter; A History of Christianity in the Philippines, Volume I. Quezon City 1985

Steinberg, David Joel: Philippine Collaboration in World War II. Manila 1967

Villegas, Bernardo M. und andere Herausgeber: The Philippines at the Crossroads: Some Visions for the Nation. Manila (Center for Research and Communication) 1986

Ferner Zeitschriften, Zeitungen, Statistiken, Parteipublikationen und Studien.

Abbildungsverzeichnis

medico international: S. 115, 124, 250, 251 und 278; Detlef Schumacher: S. 2; Lukas Schwarzacher: S. 15, 23, 25, 27, 28, 38, 40, 42, 55, 57, 58, 59, 78, 96, 99, 101, 113, 119, 131, 134, 140, 142, 150, 153, 165, 166, 174, 179, 180, 183, 192, 194, 201, 203, 210, 218, 221, 225, 227, 229, 230, 239, 241, 247, 253, 256, 264, 268 und 274; Hermann Vinke: S. 30, 74 und 170

Über die Autoren

Lukas Schwarzacher, geboren 1956, seit 1983 Südostasienkorrespondent für Zeitungen in der Bundesrepublik Deutschland und Österreich (»Frankfurter Rundschau«, »Kölner Stadt-Anzeiger«, Wiener »Presse« u. a.).

Hermann Vinke, geboren 1940, bis 1986 Südostasienkorrespondent des NDR- und WDR-Hörfunks, zur Zeit Hörfunkkorrespondent in Washington D. C. (USA), Autor mehrerer Bücher, unter anderem Biographien über Sophie Scholl, Carl von Ossietzky und Gustav Heinemann (Lamuv Taschenbuch 44).

Süd-Nord: Und nicht umgekehrt! Soll diese Welt eine Zukunft haben, muß der Konflikt gelöst werden, der das Überleben der Menschheit in Frage stellt: die Auseinandersetzung zwischen Arm und Reich, zwischen den sogenannten Entwicklungsländern und den Industrienationen.

Süd-Nord: Voraussetzung für die Lösung dieses Konflikts ist das Bewußtsein der Umstände, die Armut, Hunger, Unterdrückung und Abhängigkeit der Menschen in Afrika, Asien und Lateinamerika verursachen. Solange dem Süden im Norden kein Gehör geschenkt wird, bleibt die Ungleichheit in dieser Welt bestehen, ist kein Interessenausgleich möglich. Nein, dann darf sich hierzulande keiner wundern, wenn auch morgen Tausende sterben, weil ihnen das Nötigste zum Leben fehlt. Dann helfen keine Spenden, keine Nahrungsmittelhilfe, kein »Tag für Afrika« ... Dann bleibt es so, wie es ist: Wir profitieren vom Nord-Süd-Gefälle. Und Gefälle sagt der, der oben steht – für die anderen ist das eine mörderische Steigung.

Süd-Nord: Die neue Buchreihe will das komplizierte Verhältnis zwischen »Dritter Welt« und Industrienationen anhand konkreter Beispiele verständlich machen, wichtige Hintergrundinformationen liefern, Zusammenhänge aufzeigen, Anregungen geben, wie jede/r sich weiter informieren und engagieren kann.

Süd-Nord: Das sind keine wissenschaftlichen Studien, die durchgearbeitet werden müssen, sondern einführende Lesebücher, leicht verständlich geschrieben, keine Kenntnisse voraussetzend, mit vielen Abbildungen, mit Hinweisen, welche Projekte und Organisationen unterstützt werden sollten, mit Kontaktadressen ... Auch für Schule und Jugendarbeit geeignet.

Süd-Nord: Das sind Bücher für alle, die ihre Augen nicht verschließen, nicht untätig bleiben und mit einer Spende ihr Gewissen beruhigen wollen. Die sich fragen, was sie wissen müssen und was sie unternehmen können.

Süd-Nord: Das sind preiswerte Bücher mit 128 Seiten in einem handlichen Format. Jeder Band kostet 7,80 DM. Pro Halbjahr erscheinen sechs Titel.

ZUM BEISPIEL FRAUEN ALLTAG

Die Frauen der Welt leisten zwei Drittel der Arbeit, erhalten aber nur ein Zehntel des Einkommens und besitzen nur ein Prozent des Eigentums.

Süd-Nord
LAMUV

Beiträge aus China, Korea, Indien, Nigeria, Kenia, Südafrika, Ecuador, Bolivien, Kolumbien ... über Ehefrauen und Mütter auf dem Land und in der Stadt, über die Lasten des Alltags, ihre Arbeit in der Industrie ... ihre Versuche, sich zu organisieren –
Mit Kontaktadressen und Literaturhinweisen

Süd-Nord 1
7,80 DM/7,80 sFr/
60,80 S
Redaktion:
Ekkehard Launer/
Renate Wilke-Launer
ISBN 3-88977-127-0

ZUM BEISPIEL UMWELT ZERSTÖRUNG

»Die Natur hat genug für alle, aber nicht genug für die Gier von wenigen.«
Mahatma Gandhi

Süd-Nord
LAMUV

Themen: Abholzung der tropischen Urwälder, Vormarsch der Wüsten, Energiekrise, Der ökologische Kollaps des Sahel, Luftverschmutzung, Pestizide, Bhopal, Atomkraftwerke ... Auswirkungen des Rindfleisch-, Tabak- und Froschschenkel-Konsums –
Mit Kontaktadressen und Literaturhinweisen

Süd-Nord 2
7,80 DM/7,80 sFr/
60,80 S
Redaktion:
Uwe Hoering
ISBN 3-88977-128-9

ZUM BEISPIEL APARTHEID

»Als die Missionare erstmals nach Afrika kamen, hatten sie die Bibel, und wir hatten das Land. Sie sagten: 'Lasset uns beten.' Wir schlossen die Augen. Als wir sie wieder öffneten, hatten wir die Bibel, und sie hatten das Land.«

Bischof Desmond Tutu

Süd-Nord

LAMUV

Was ist eigentlich Apartheid? – Widerstand gegen die Rassentrennung – Die Bundesrepublik, ein Komplize der Apartheid – Schadet der Boykott den Schwarzen? – Was können wir tun? – Mit Kontaktadressen und Literaturhinweisen

Süd-Nord 3
7,80 DM/7,80 sFr/
60,80 S
Redaktion:
Ingeborg Wick
ISBN 3-88977-129-7

ZUM BEISPIEL CHILE

»Der Countdown für Pinochet läuft.«

Hortensia Bussi de Allende

Süd-Nord

LAMUV

Mord, Folter, Haft, Verbannung, Ausnahme- und Belagerungszustand ... die Opposition konnte nicht mundtot gemacht werden – Berichte über die Müllkinder von Conchalí, die klebstoffschnüffelnden Jugendlichen, das Leben in den Elendsvierteln und auf dem Lande, über die Situation der Mapuche-Indianer – Widerstand gegen die Militärdiktatur – Projekte, die der Unterstützung bedürfen – Aktionsmöglichkeiten ...

Süd-Nord 4
7,80 DM/7,80 sFr/
60,80 S
Redaktion:
Norbert Ahrens
ISBN 3-88977-130-0

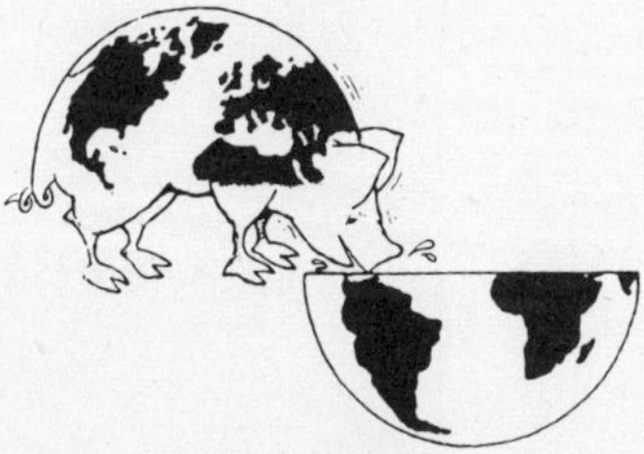